Das Dumping

Preis-Unterbietung im Welthandel

Von

Ludwig Dan. Pesl

Dr. jur. und Dr. scient. polit.

1921

München, Berlin, Leipzig

J. Schweitzer Verlag (Arthur S

DAS DUMPING

PREISUNTERBIETUNGEN IM WELTHANDEL

VON

LUDWIG DAN. PESL

DR. JUR. UND DR. SCIENT. POLIT.

1921

MÜNCHEN, BERLIN, LEIPZIG

J. SCHWEITZER VERLAG (ARTHUR SELLIER)

Druck von Dr. F. P. Datterer & Cie, Freising-München.

Herrn Geheimen Justiz- und Regierungsrat

Dr. Adolf Edler von Bachrach

in Dankbarkeit gewidmet.

Vorwort.

Die nachfolgende Arbeit bildet den Versuch einer Darstellung von Theorie und Praxis des Dumping, d. h. der Preisunterbietungen im Welthandel. Mit den theoretischen Fragen des Wettbewerbs auf fremden Märkten beschäftigte man sich vor dem Kriege nur wenig, höchstens wurden diese Fragen bei der Ausfuhrprämienwirtschaft und der Ausfuhrpolitik der Kartelle erörtert. Dumpingtheorien stellten bloss italienische Volkswirtschaftler und zwar kurz vor Kriegsausbruch auf; soweit diese Lehren von allgemeinerem Interesse sind, habe ich sie im Auszuge wiedergegeben, ohne in allen Einzelheiten dazu Stellung zu nehmen. In der Natur der Sache liegt es, dass ich zu einem grossen Teile die Verhältnisse vor dem Kriege, insbesondere aus den Zeiten niedergehenden Wirtschaftslebens, die vor allem zur vermehrten Ausfuhr der überschüssigen Erzeugnisse drängten, meiner Untersuchung zugrunde legte. — Allgemeiner beschäftigte man sich mit Dumpingfragen erst seit der Beendigung des Krieges, als deutsche Waren in grossem Umfange in das Ausland verschleudert wurden (Valuta-Dumping). Wenn auch diese unverständigen, kurzsichtigen Ausverkäufe allmählich aufhörten, so zwingen nunmehr die von der deutschen Regierung übernommenen Verpflichtung aus dem Versailler Schmachvertrag und dem sog. Abkommen von Spa das Deutsche Reich zur Ausfuhr ungeheurer Mengen von Waren aller Art, insbesondere von Kohlen. Die Länder, die diese Waren erhalten, also vor allem Frankreich, sind dadurch instandgesetzt, sie auf dem Weltmarkte zu bringen und sie billig zu verkaufen, billiger als irgend ein anderer Verkäufer und dadurch „Dumping“ in bisher unerhörtem Masse vorzunehmen. Bereits entstehen in zahlreichen Ländern lebhafte Klagen über die Überschwemmung mit Waren, die Deutschland auf Grund der sog. „Wiedergutmachungen“ an seine Feinde unentgeltlich liefern muss. Die Wirkung wird sein, dass auch immer mehr Industrieunternehmungen in den Ländern, denen unsere Lieferungen zugute kommen, in ihrem Bestande geschwächt oder ganz vernichtet werden. Warenlieferungen auf Grund von Sklaven- und Frondiensten ohne entsprechende Gegenleistungen müssen den Volkswirtschaften jener Länder, die diese Waren erhalten, zum grössten Schaden gereichen; die bereits entstandene und fortwährend zunehmende Arbeitslosigkeit in diesen Ländern ist ein Beweis hiefür. Zu beachten ist dabei, dass das Deutsche Reich zugleich immer mehr als Käufer auf dem Weltmarkte ausscheiden muss. Doch gehören weder diese Fragen noch die über die Wirkung der von England, Frankreich und anderen Ländern durch Gesetz angenommenen Abgaben von 50 v. H. des Wertes der deutschen Einfuhr in diese Länder in den Rahmen der vorliegenden Untersuchung.

München, im April 1921. **Dr. Pesl.**

Inhaltsübersicht.

I. Einleitung.

Schon lange vor dem Kriege wurden von Jahr zu Jahr Stimmen im Auslande gegen den deutschen Handel und die deutsche Industrie lauter. Mit Neid und Missgunst, bisweilen aber auch mit Bewunderung sah man einen Staat, der noch vor wenigen Jahrzehnten keine bedeutendere Rolle im Leben der Völker spielte, politisch und wirtschaftlich emporsteigen. Die Gründung des Deutschen Reiches, die Bevölkerungszunahme, deutscher Fleiss und deutsche Arbeit und nicht zuletzt die französischen Milliarden — ein Segen und Fluch zugleich — brachten die deutsche Volkswirtschaft zu ungeahntem Blühen und in verhältnismässig sehr kurzer Zeit hatte Deutschland die meisten alten und neuen Industrie- und Handelsländer, schliesslich Frankreich und die Vereinigten Staaten von Nordamerika überflügelt und ohne Ausbruch des Weltkrieges hätte Deutschland voraussichtlich in den Jahren 1916 bis 1917 selbst England erreicht und wäre an erster Stelle gestanden. Dank des mehr als vier Jahrzehnte ungestörten Friedens, des neuerwachten deutschen Unternehmungsgeistes, der ungeheueren Entwicklung der Verkehrsmittel zu Land und zu Wasser, der technischen und wissenschaftlichen Errungenschaften und der hohen Ausbildung des zeitgemässen Geldverkehrs, der Erwerbung von Kolonien, der Schaffung einer grossen Handelsflotte, deren Flagge auf allen Weltmeeren wehte, der deutschen Niederlassungen an allen Orten der Erde war Deutschland in die Reihe der Welthandelsvölker getreten. Die Grundlagen waren gut; sie beruhten auf deutscher Arbeit und Organisation, auf dem stark ausgebildeten Pflichtgefühl, auf Gewissenhaftigkeit und der wissenschaftlichen Durchbildung aller Zweige deutscher Arbeit. Als Bismarck wenige Jahre nach seinem Rücktritte im Hafen von Hamburg eine Rundfahrt auf einem der neuen transatlantischen Dampfer der Hamburg-Amerika-Linie unternahm, sagte er, der noch kein Schiff von solchen Ausmassen gesehen hatte, beim Anblick der vielen Dampfer, der Docks- und Riesenkräne und des mächtigen Hafenbildes zu seiner Begleitung: „Sie sehen mich ergriffen und bewegt. Ja, das ist eine neue Zeit — eine ganz neue Welt." Fürst Bülow, der diese Geschichte in seiner „Deutschen Politik" erzählt, nennt es ein ergreifendes und unmittelbares Zeugnis für die Erkenntnis der aufdämmernden neuen Zeit. Dass eine solche beispiellose Entwicklung deutscher Macht von der übrigen Welt nicht mit Freude gesehen wurde, konnte uns nicht überraschen, wohl aber, dass man die Grundlagen unserer wirtschaftlichen Entwicklung, besonders unseres Welthandels, nicht in den deutschen guten Eigenschaften erkennen wollte, sondern zu einem sehr grossen Teil in unlauteren Machenschaften. Man warf den Deutschen vor, sie seien auf dem Weltmarkte keine ehrlichen Mitbewerber, sondern sie erreichten ihre Erfolge in der Hauptsache dadurch, dass sie alle anderen Mitbewerber unterböten, ihre Waren häufig ohne Gewinn, ja sogar mit Verlust in das Ausland verkauften. Der Zweck sei, die anderen Mitbewerber von den fremden Märkten zu verdrängen und sich so möglichst zum Alleinherrn dieser Märkte zu machen und dann durch Hinaufsetzen der Preise für ihre Erzeugnisse die früheren Verluste nicht bloss wett zu machen, sondern noch ungeheure Gewinne darüber hinaus zu erzielen. Diese Vorwürfe, die bei uns wenig Beachtung fanden, wurden besonders in dem amerikanischen, englischen und französischen Schrifttum erhoben und man führte für diese Art von Preisunterbietungen eine besondere Bezeichnung — Dumping — ein. „To dump"[1]) bedeutet zunächst ausladen, ausleeren aus einen Kippwagen und dann im übertragenen Sinne unterbieten, verschleudern. Die Bezeichnung Dumping wird von uns beibehalten, einmal weil diese Bezeichnung bereits in das wissenschaftliche Schrifttum übergegangen ist und sodann, weil unter diesem Begriffe ein besonderer wirtschaftlicher Vorgang verstanden wird, wenn auch dieser Begriff noch keineswegs eine allgemein gültige Bedeutung gefunden hat. Im vierten Hauptabschnitte unserer Abhandlung werden wir näher auf den Begriff des Dumping eingehen.

Nach Kriegsausbruch wurde nicht bloss in dem feindlichen, sondern auch im übrigen Auslande die Befürchtung gross, dass besonders Deutschland nach Beendigung des Krieges ungeheure Mengen aller Art von Industrie- und anderen Erzeugnissen auf den Weltmarkt zu billigen Preisen bringen werde, um die alten Märkte wiederzugewinnen und neue dazu. Die nach dem Kriege heimkehrenden Arbeiter würden in die Fabriken strömen, durch das grosse Angebot von Arbeitskräften würden die Löhne sehr bedeutend

---

[1]) a) Nach Skeat Walter W., An Etymological dictionary of the English Language, Oxford 1910 Art. Dump. ist das Wort dump vielleicht skandinavischen Ursprungs und bedeutet herabwerfen; mittelenglisch dumpan = to fall down plump (schwer herabfallen); isländisch dumpa = to thump (mit dumpfen Ton schlagen); schwedisch (Dialekt) dumpa = to make a noise (Lärm machen) und dance awk wardly (plumper Tanz); niederl. dompa = to fall down plump (schwer herabfallen) to thump; niederl. dompneus = a great nose (eine dicke Nase); die Stammwurzel erscheint im schwedischen Dialekt dimpa; to fall down plump (mit dumpfen Ton herabfallen);

b) nach Farmer, Americanisms, bedeutet dump auf einen Haufen werfen (to cast into a heap);

c) nach dem Standard Dictionary: plötzlich werfen, ausleeren (to throw or emply abruptly);

d) nach Oxford English Dictionary: auf einen Haufen schütten, wie wenn etwas aus einem Wagen kippt (to throw down as in tilting anything out of a cast) und Schutt abladen (to deposit rubbish);

e) Imperial Dictionary: plötzlich hinwerfen, um einen dumpfen Schall zu bewirken (to throw down suddenly as to cause a dump or thud); Waren billig verkaufen im Auslande durch Schutz des heimischen Marktes (to sell goods cheap abroad through protection in the home market);

f) Unload das gleichbedeutend mit dump ist, bedeutet nach dem Standard Dictionary und zwar in der amerikanischen Umgangssprache, den Verkauf von Waren namentlich in grossen Mengen, die schwer zu erhalten und zu versenden sind, (to sell especially in heavy quantities: said of stock hard or risky to carry);

g) nach H. W Fowler und F. G. Fowler. Oxford Dictionary of Current English, Oxford, 1911: mit einem Geräusch fallen lassen (let fall with a bump) und (kaufmännisch) Waren, die zu hohen Preisen auf dem einheimischen Markt unverkäuflich sind, senden auf fremden Markt zum Verkauf zu niedrigeren Preisen, um das Sinken des heimischen Preises zu vermeiden und einen neuen Markt zu gewinnen (send goods unsalable at high price in home market to foreign market for sale at low price, to avoid lowering home price and capture new market);

h) nach Muret-Sanders, Englisch-deutsches Handwörterbuch ist dump ein amerikanisches Wort und bedeutet heftig hinabwerfen; Lasten hinstellen, abwerfen, Steine usw. durch Kippen abladen; einen Karren umkippen.

fallen und so könnte Deutschland mit Leichtigkeit die Preise auf den fremden Märkten unterbieten. Die Vereinigten Staaten hatten die gleiche Besorgnis, aber nicht bloss vor den deutschen Waren, sondern vor allen europäischen, da auch im übrigen Europa die Voraussetzungen zu billiger Erzeugung ähnlich den deutschen seien. Wiederholt fanden Zusammenkünfte von Vertretern der feindlichen und neutralen Regierungen statt zur Beratung über Massnahmen, die man gegen eine Überflutung mit Waren besonders deutscher Herkunft treffen müsste; wir kommen noch darauf zurück. Man erklärte sogar allen Ernstes, in Deutschland seien während des Krieges namentlich ungeheure Mengen Zuckers aufgestapelt und man arbeite in zahlreichen Fabriken an der Herstellung von Waren aller Art, die sofort nach Friedensschluss ausgeführt würden.

Im folgenden soll nun zunächst dargestellt werden, in welcher Weise Preisunterbietungen im Handel, und zwar im inländischen und im ausländischen, stattfinden; erst wenn wir ein Bild davon gewonnen haben, können wir das Dumping im engeren Sinne erörtern.

Preisunterbietungen aller Art kamen und kommen zu allen Zeiten, auf allen Märkten, an jedem Ort und in jedem Land vor; wir sind an die Tatsache, dass die Kaufleute ihre gleichen Waren zu verschiedenen Preisen anbieten, so gewöhnt, dass wir gar nichts Auffälliges darin sehen. Das Bestreben jedes Unternehmers und jedes Kaufmannes geht dahin, den grösstmöglichen Gewinn zu erzielen. Die Gewährung von Rabatt, die Veranstaltung besonders billiger Verkaufstage und -wochen für bestimmte Waren, der Verkauf zu Fabrikpreisen, Ausverkäufe, Gelegenheitskäufe und viele andere Arten sind die Mittel, um durch ein billigeres Angebot die Kauflust zu wecken und einen verhältnismässig grösseren Gesamtgewinn als Andere zu erzielen. Nur wenn der Verkäufer sich unredlicher Mittel oder unwahrer Angaben hierbei bedient, ist die Sache anders, dann kann die Behörde einschreiten. Das gilt besonders hinsichtlich des „Schleuderns" d. h. des Verkaufs unter den üblichen Preisen. Das Gesetz gegen den unlauteren Wettbewerb[2]) wurde geschaffen, um die den Käufern und den ordentlichen mitbewerbenden Verkäufern gleich schädlichen Auswüchse im Handel zu bekämpfen. Die Begründung[3]) des Entwurfes eines Gesetzes gegen den unlauteren Wettbewerb sagt, dass auch das Schleudern unlauter sein könne; nach §§ 3, 4 des Gesetzes handle unlauter derjenige, der sich in öffentlichen Bekanntmachungen usw. unwahrerweise einer billigeren Preisstellung als die des Verkaufes ist, rühmt, nicht aber derjenige, welcher tatsächlich billiger verkauft als andere, auch wenn es zu dem Zwecke geschieht, um geschäftliche Vorteile zu erreichen, insbesondere um Kunden zu erwerben.

Es kann nun auch vorkommen und die Fälle sind gar nicht selten, dass eine Ware von einem Unternehmer oder Kaufmann zu den Selbstkosten oder sogar unter diesen, also mit Verlust, verkauft wird. Zunächst erscheint diese Tatsache befremdlich; aber es handelt sich hierbei regelmässig um Waren, die zu den üblichen Preisen nicht mehr verkauft werden können, entweder, weil für diese Waren keine grosse Nachfrage mehr besteht oder weil der Verkäufer diese bestimmte Ware nicht mehr führen will. Der erstere Fall kommt häufig vor bei allen Waren, die der Mode oder dem Geschmack unterworfen sind. Der zweite Fall bei Waren, die

[2]) Gesetz zur Bekämpfung des unlauteren Wettbewerbs vom 27. Mai 1896.
[3]) Reichstagsverh. 12. Legislaturperiode I. Sess. 1907/09 S. 10.

der Verkäufer um jeden Preis abgibt, um Raum für andere Waren zu schaffen. Abgesehen von diesen Fällen verkauft ein Kaufmann billiger und gegebenenfalls mit Verlust, um Kunden zu gewinnen, wenn er soeben ein Geschäft begründet hat. Bekannt ist auch die Tatsache, dass in vielen Geschäften bestimmte einzelne Waren sehr billig, selbst unter den Herstellungskosten verkauft werden, — sog. Lockwaren — um bei den Käufern den Eindruck zu erwecken, alle Waren dieses Geschäftes seien billig, um so möglichst viele Käufer zu gewinnen. Der Verlust an einer Warengattung wird hiebei nicht bloss durch den Verkauf der anderen Waren wettgemacht, sondern der Verkäufer pflegt häufig für diese anderen Waren einen höheren Preis zu verlangen als er sonst üblich ist; denn der Käufer ist meist nicht in der Lage, sofort festzustellen, ob die Preise allgemein niedriger sind als in anderen Geschäften. Beziehen sich alle diese Fälle auf den blossen Verkauf, so können noch andere Umstände eine niedrigere Preisstellung ermöglichen; diese Fälle sind wichtiger, denn sie betreffen die Herstellung. Die mannigfachsten Umstände können die Herstellung der gleichen Ware in verschiedenen Unternehmungen verschieden in den Kosten gestalten. Beschaffung billigerer Rohstoffe, zweckmässigere Arbeitsteilung, die Entlohnungsarten nach Stückzahl oder nach der Zeit, Anwendung besserer Maschinen oder von Maschinen überhaupt, Vergrösserung des Betriebs und dadurch Ermässigung der Kosten für die Einheit der hergestellten Waren und noch viele andere Umstände vermögen die Kosten der Herstellung einer und derselben Ware in dem einen Unternehmen billiger zu machen als in dem anderen, und deshalb kann der eine Unternehmer auch seine Erzeugnisse billiger verkaufen als der andere, um für die Einheit mindestens den gleichen Gewinn zu erzielen als der teurer Erzeugende. Eine wichtige Rolle spielen auch die Versendungskosten. Wer sein Unternehmen in der Nähe des grössten Marktes für seine Ware hat, der kann ohne weiteres auch schon deshalb billiger verkaufen. So betrugen vor dem Kriege z. B. die Versendungskosten von Ruhr- oder Saarkohlen nach München fast ebensoviel als die Preise für die Kohlen selbst im Ruhr- oder Saargebiet. Da sich die Preise auf den Märkten nach denen des billigst Erzeugenden und Anbietenden richten, so wurden häufig die teurer Erzeugenden wettbewerbsunfähig und schliesslich überhaupt verdrängt. Diese Verdrängung war in der Regel freilich nicht leicht, sondern es fanden schwere Kämpfe statt, bei denen schliesslich jeder Teil mehr oder weniger grosse Verluste hatte. Um diesem Übelstand abzuhelfen, fanden häufig Preis- und Erzeugungsübereinkommen statt. Die gewöhnlichste Form solcher Übereinkommen sind die Kartelle. Diese sind vertragsmässige, auf eine bestimmte Zeitdauer abgeschlossene Vereinigungen selbständig verbleibender Unternehmungen, welche verwandten oder annähernd gleiche Interessen verfolgenden Industrien angehören, zu dem Zwecke, sowohl die Erzeugung als den Absatz nach gemeinsamen Gesichtspunkten und im gemeinsamen Interesse zu regeln.[4]) Diese Kartelle spielen eine noch grössere Rolle bei der Herstellung von Waren für die Ausfuhr; ich bemerke gleich hier, dass ich grundsätzlich hierbei keinen Unterschied mache zwischenKartellen, Syndikaten, Ringen und sonstigen Vereinigungen; denn alle diese haben den gemeinschaftlichen Zweck, die Erzeugung, den Absatz, die Preise, die Verteilung der Märkte usw. zu regeln zum Vorteil der Vertragsschliessenden. Eine besondere Stellung nehmen nur die amerikanischen Trusts ein; das sind dauernde und organisch zu-

---

4) Riesser, Die Deutschen Grossbanken in ihrer Konzentration 4. Aufl. 1912, S. 146.

sammengefasste Vereinigungen von Unternehmungen, die ihre Selbständigkeit verlieren und durchaus nicht immer den gleichen Industriezweigen angehören, aber immer gemeinsame Interessen verfolgen. Eine dritte Form oder vielmehr eine besonders wichtige Abart der ersten Form sind die internationalen Kartelle, die in neuester Zeit bis zum Kriegsausbruch die grösste Bedeutung hatten. Von allen diesen Vereinigungen wird noch eingehend die Rede sein, da sie die grösste Rolle bei dem Dumping spielen und man vielfach diesen Vereinigungen ausschliesslich die Tätigkeit des Dumping zuschreibt.

Nachdem wir nunmehr die Preisunterbietungen im Inlande flüchtig kennen gelernt haben, kommen wir zu den Preisunterbietungen bei der Ausfuhr in das Ausland. Auf den ausländischen Märkten ist der Wettbewerb wesentlich grösser als im Inlande. Noch mehr als im Inlande kommt für den Verkauf das billigste Angebot in Betracht; deshalb bestrebt sich jedes Land und jeder Unternehmer die Ausfuhr möglichst billig zu gestalten. Im folgenden soll zunächst eine Übersicht der wichtigsten Formen gegeben werden, unter welchen die Ausfuhr begünstigt werden kann und zwar Massnahmen, die die einzelnen Unternehmer oder Unternehmervereinigungen selbst treffen und jene der Regierungen der Länder, um die Ausfuhr zu fördern. Die wichtigsten Massnahmen, die die Regierungen selbst treffen, um die Ausfuhr zu fördern, sind die Gewährung von Prämien und die Zurückvergütung von Zöllen und im Inlande erhobenen Verbrauchssteuern.

II. Förderung der Ausfuhr.

1. Rückvergütungen der Zölle und der Verbrauchssteuern.

Die Einführung eines Schutzzolles bezweckt bestimmte Zweige der einheimischen Erzeugung und Arbeit zu schützen gegen den Wettbewerb des Auslandes, insbesondere der ausländischen Industrieerzeugnisse, sei es um die Entstehung oder Entwicklung einheimischer Industrien zu fördern oder die bereits entwickelten Industrien auf ihrer Höhe zu halten. Eine billigere Einfuhr aus dem Auslande würde nicht bloss die einheimischen Gewinne beeinträchtigen, sondern, wenn das Eindringen fremder Waren besonders stark und zu sehr niedrigen Preisen erfolgt, Teile der einheimischen Industrie ganz vernichten können. Die Folge wäre einerseits eine Verminderung des Volkseinkommens und des Wohlstandes, anderseits des Anwachsens der Arbeitslosigkeit, Zunahme der Auswanderung usw. Auszuscheiden haben hier die reinen Finanzzölle, die nicht den Schutz eines einheimischen Gewerbes bezwecken, sondern bloss Erträgnisse für die Staatskassen und ferner die sog. Prohibitivzölle, das sind Zölle in solcher Höhe auf fremde Erzeugnisse, dass deren Einfuhr überhaupt unmöglich ist und für die einheimische Erzeugung Monopole schafft. Die Schutzzölle halten die Mitte und werden den Verhältnissen der einheimischen Erzeugung und Erzeugungsfähigkeit angepasst unter Berücksichtigung der ausländischen Zollsätze. Diese Zölle bedeuten eine mittelbare Staatshilfe für alle jene Unternehmungen, deren Tätigkeit einer Steigerung fähig ist. Die Folge ist auch gewöhnlich ein stärkerer innerer Wettbewerb; die Übererzeugung von Industriewaren oder Naturerzeugnissen gegenüber der einheimischen Nachfrage verlangt, wenn nicht die Preise zu stark fallen sollen, eine Ausfuhr, um den inneren Markt zu entlasten. Aber auf dem Weltmarkte herrschen andere Preise als im Inlande eines Staates; es besteht ein vermehrter Wettbewerb. Regelmässig sind die Preise auf dem Weltmarkte niedriger als die Preise für die gleichen Waren in einem durch Zölle geschützten Lande. Dazu kommt noch, dass zahlreiche Gegenstände im Inlande mit einer Verbrauchssteuer belastet sind und die Waren entsprechend verteuern. Um nun die Ausfuhr zu ermöglichen, findet bei einer grossen Anzahl von Waren eine Rückvergütung der gezahlten inneren Verbrauchssteuer oder des Zolles bei der Ausfuhr von Erzeugnissen statt, deren Roh- oder Halbstoffe bei der Einfuhr einem Finanz- oder Schutzzoll unterlagen. Diese für die wiederausgeführten Waren gewährten Entschädigungen (Bonifikationen, engl. Drawbacks) bilden den Gegensatz zu den eigentlichen Ausfuhrprämien, von den weiter unten die Rede sein wird, und bestehen in dem blossen Rückersatze der auf gewisse Ausfuhrerzeugnisse im Inlande gelegten Verbrauchssteuern oder Zollbeträge. Diese Vergütungen der Abgaben und Zölle bei der Ausfuhr sind vortrefflich, da dadurch alle Nachteile der Einrichtung von Schutzzöllen oder indirekten Steuern für die Ausfuhrindustrie aufgehoben werden und sie ausserdem die Einfuhr, die Ausfuhr und die einheimische Arbeit fördern. Ursprünglich verlangte man fast in allen Ländern, die einen Zoll zurückvergüteten, den Nachweis, dass für die ausgeführte Ware seinerzeit bei der Einfuhr der Roh- oder Halbstoffe, die für die nun ausgeführte Ware verarbeitet wurden, der Zoll tatsächlich gezahlt wurde, d. h. den Nachweis dafür, dass die in der Ausfuhrware verwendeten Stoffe dieselben sind, die eingeführt worden waren. Man verlangte daher gewöhnlich die Vorlegung einer Bestätigung über den gezahlten Zoll; dieser Schein wurde auf den Namen des Einführers ausgestellt und konnte nur von diesem zur Vergütung bei der Ausfuhr vorgelegt werden. Ausserdem musste häufig die Ausfuhr innerhalb einer bestimmten Zeit erfolgen. Wenn die Einfuhr bloss zu dem Zwecke erfolgte, um die eingeführte Ware nach Weiterverarbeitung (Veredelung) sofort wieder auszuführen, also im Inlande überhaupt nicht auf den Markt kam, so wurde der Zoll häufig nicht erhoben, sondern gestundet; er musste nachbezahlt werden, wenn die Ausfuhr nicht innerhalb der bestimmten Zeit geschah. Von dem Nachweise, dass die ausgeführte Ware mit der eingeführten gleich sei, sah man überall im Laufe der Zeit ab, weil die Feststellung des Nachweises vielfach sehr schwierig und häufig unmöglich war. An sich wäre dagegen nichts zu sagen, wenn nicht sich alsbald grosse Nachteile herausgestellt hätten. Durch die Entwicklung der Technik, die fortwährenden Erfindungen und Verbesserungen wurde häufig der eingeführte Rohstoff besser ausgebeutet als die Behörde angenommen hatte. Noch wichtiger war dieser Umstand bei der Vergütung der inneren Verbrauchssteuer. Von dem wichtigsten Fall, der Zuckerausbeute aus Rüben ist unten bei den Prämien die Rede. Wenn die Ausbeute grösser ist als sie der Staat für die Vergütungen der Verbrauchssteuer oder des Zolles zugrunde legt, so entsteht eine indirekte Ausfuhrprämie. Der Ausführer erhält vom Staate einen höheren Betrag zurück als er an Steuern oder Zöllen bezahlte. So klagten z. B. die Amsterdamer Kaffeebrenner[5]) 1907 darüber, dass den deutschen Ausführern der Einfuhrzoll zurückvergütet werde. Für je 100 kg für die Ausfuhr bestimmten gebrannten Kaffees werde der Zoll für 120 kg rohen Kaffees zurrückgegeben. Da nun angeblich durch Anwendung von Kunstmitteln das normale Brennen von Kaffee von 12—20 v. H. auf 12—14, ja sogar auf 10 v. H. herabgedrückt werde, so habe der deutsche Kaffee-

---

[5]) Österreich. Handelsmuseum 22. Bd. 1907 S. 88.

brenner bei Annahme von nur 13 v. H. Gewichtsschwund bloss 115 kg rohen Kaffee zur Gewinnung von 100 kg gebrannten Kaffees gebraucht, er erhalte also für 5 kg Rohware, die er tatsächlich nicht brannte, einen Zoll vergütet. Da der Zoll 40 Mk. für 100 kg betrage (1907), so erhalte er ungefähr 2 Mk. für je 100 kg gebrannten Kaffees zuviel zurück. Biete der niederländische Kaffeebrenner auf dem Markte gebrannten Kaffee an zu einem Preise, der weder Gewinn noch Verlust bringe, so könne der deutsche Brenner beim gleichen Angebot mindestens 2 Mk. Gewinn für 100 kg erzielen, ein genügend hoher Betrag um dem niederländischen Kaffeebrenner im eigenen Lande empfindlichen Wettbewerb zu bereiten; dabei seien die deutschen Kaffeebrenner auf die Ausfuhr angewiesen, da sie mehr brennen als sie selbst für ihren heimischen Markt benötigen.

Ein anderes Beispiel mittelbarer Ausfuhrprämien, wobei Deutschland stark benachteiligt wurde, war das französische Typenverfahren bei der Ausfuhr von Mehl. Das auszuführende Mehl wurde mit einer Anzahl auf dem Zollamte liegenden Typen verglichen, die nach Farbe und Mengengewicht verschieden waren, und darnach wurde der zurückvergütende Zoll berechnet. Bis 1895 bestanden vier Muster, die einer Ausbeute von 60, 70, 80 und 90 v. H. entsprachen; bei einer Ausfuhr von 60 kg feinsten Mehles wurde der Zollbetrag für 100 kg Getreide zurückvergütet; im Jahre 1896 wurde diese Type von 60 v. H. Ausbeute beseitigt und durch eine von 50 v. H. ersetzt. Da die französischen Typen aus geringwertigem Weizen sehr grob gemahlen waren, so ergab sich in Wirklichkeit eine Ausbeute von 62—65 v. H.; dadurch entstand für das französische feinste Mehl eine mittelbare Ausfuhrprämie von etwa 4—5 Fr. für je 100 kg und für die anderen Mehlsorten eine solche von 2—3 Fr., wodurch die französische Mehlausfuhr stark gesteigert wurde zum Nachteile der deutschen.[6])

Diese Beispiele mögen genügen; da das Ausbeuteverhältnis regelmässig günstig für die ausgeführte Ware angenommen wird, — denn der Staat kann nicht die Ausbeute der unter den besten Verhältnissen arbeitenden Unternehmungen für seine Verbrauchssteuern oder für die Rückvergütung der Zölle zugrunde legen, sondern nur die durchschnittliche Ausbeute —, so entsteht für die besser arbeitenden Unternehmer und Ausführer eine mittelbare Ausfuhrprämie. Bei der Ausfuhr von Waren, zu denen ausländische Roh- und Halbstoffe verwendet wurden und deshalb eine Zollzurückvergütung stattfindet, kann ebenfalls häufig eine mittelbare Ausfuhrprämie entstehen, wenn nämlich für die Ware nicht der hierfür eingeführte Stoff verwendet wurde, sondern ein minderwertigerer inländischer oder ein minderwertigerer ausländischer.

Während die Zurückvergütungen der inländischen Verbrauchssteuern oder des Zolles bei der Ausfuhr bloss den Grundsatz des Freihandels für den Weltmarkt wieder herstellen, sobald diese Zurückvergütungen genau in der Höhe der tatsächlich gezahlten oder gestundeten Steuern und Zölle erfolgen, verhält es sich anders, wenn diese Vergütungen höher sind, wenn sie also mittelbare Ausfuhrprämien bilden; in diesem Falle ist der Ausführer imstande, auf dem Weltmarkte schon deshalb einen niedrigeren Preis zu verlangen als es sonst der Fall wäre. Es liegt also ein Fall von Dumping vor, aber nicht eines Dumping, das bloss Deutschland anwendete, sondern alle Länder, die innere Verbrauchsabgaben und Zölle zurückvergüten. Als

---

6) Dönges B., Die handelspol. Bedeutung der Ausfuhrprämien. Diss. Frankf., 1907 S. 86 ff.

„unlauteren Wettbewerb" kann man eine solche Preisunterbietung nicht auffassen, schon weil jede Möglichkeit für einen Staat fehlt, die Zurückvergütung der Verbrauchssteuern und der Zölle ganz genau den tatsächlichen Verhältnissen anzupassen.

2. Staatliche Ausfuhrprämien.

Etwas anders verhält es sich mit den reinen staatlichen Ausfuhrprämien, die aber niemals eine bedeutende Rolle gespielt haben; sie gehören der Geschichte an. Ausfuhrprämien (franz. primes d'exportation, engl. bounties) wurden in England schon im Jahre 1688 für Getreide gewährt, um die Grundherren für die Bewilligung der Grundsteuer zu gewinnen und sollten zugleich die englische Schiffahrt schützen und fördern und wurden deshalb nur ausbezahlt, wenn das Getreide auf englischen Schiffen befördert wurde. Im 18. Jahrhundert wurden in Frankreich für Zucker und seit 1816 für Seide, Baumwolle, Seife und andere Ausfuhrwaren Prämien gezahlt. Prämien sind Unterstützungen des Staates, um einer darniederliegenden Industrie aufzuhelfen oder um die Folgen von Übererzeugung zu beseitigen. Diese Prämien entstanden zur Zeit des Merkantilsystems und waren ursprünglich blosse Zurückvergütungen der inländischen Verbrauchssteuern und der Zölle. Erst im Laufe der Zeit wurden die Prämien so bemessen, dass die inländische Ware völlig auf den fremden Märkten in Wettbewerb treten konnte; der Ausführende erhielt nicht bloss eine Zurückvergütung der Steuern und Zölle, sondern auch die Kosten der Versendung vergütet, weil der Staat die betreffende Ausfuhr und die hierfür tätigen Gewerbe erhalten oder fördern will, wenn dies auch auf Kosten der Allgemeinheit geschieht; den Vorteil davon hat der ausländische Verbraucher. Dieser Vorteil wird grösser, wenn die Prämie über die genannten Vergütungen und den Ersatz der Versendungskosten hinausgeht und der Weltmarktpreis höher ist als der Inlandspreis nach Abzug der Vergütungen und des Ersatzes der Kosten für die Versendung. Die über diese Beträge hinausgehenden Überschüsse erhält der Ausführer als Geschenk, während der inländische Verbraucher und Steuerpflichtige belastet wird. Da nun der Ausführer ohne weiteres imstande ist, im inländischen Wettbewerb die dort herrschenden Preise zu unterbieten, so erhält auch der Ausländer auf Kosten der Inländer ein Geschenk. Eine offene Prämie liegt immer vor, wenn der Staat bewusst mehr zurückvergütet als bloss die Verbrauchssteuern und Zölle. Beliebt waren solche Prämien niemals, abgesehen natürlich von den Industrien, denen sie zu teil wurden; sie haben in Deutschland niemals grosse Bedeutung erlangt, ausser bei der Ausfuhr von Zucker. Und doch können Prämien günstig sein, wenn sie vorübergehend und für eine entstehende Industrie genau erwogen, gewährt werden; aber sobald die Industrie fest begründet und auf Prämien nicht mehr angewiesen ist, müsste die Prämie verschwinden, da die Fortdauer derselben mehr Nachteile als Vorteile für das Inland hat. Es ist nicht anzunehmen, dass staatliche Prämien jemals wieder grössere Bedeutung gewinnen. Zu bemerken ist nur noch, dass Prämien wohl nur in einem Lande gewährt werden können, das durch einen Zoll geschützt ist.

Auf einen Fall der Ausfuhrprämien will ich etwas näher eingehen, weil dieser von der grössten Bedeutung wurde, zahlreiche grosse Länder an der Prämiengewährung teilnahmen, der Wettbewerb auf dem Weltmarkte ausserordentlich stark war und die Preise gegenseitig so unterboten wurden, dass der Zustand von allen Ländern als unhaltbar angesehen wurde und schliesslich deshalb auch zu internationalen Vereinbarungen führte und damit das Dumping zum ersten Male international geregelt wurde. Dieser Fall war die Ausfuhr von Zucker. Dieser ist im Inlande durch eine Verbrauchssteuer und durch den Zoll verteuert. Durch die Zurückvergütung des Zolles und des Ersatzes der Steuer oder durch Verzicht auf diese wurde die Ausfuhr ausserordentlich begünstigt auf Kosten der inländischen Verbraucher, die den Zucker teuerer als das Ausland bezahlen mussten und auf Kosten des Staates, dem durch diese Rückvergütungen ein erheblicher Teil der Einnahmen entging. Dazu kam noch, dass diese Zollrückvergütungen wirkliche Prämien wurden, da die Ausbeute von Zucker aus der Melasse wesentlich günstiger war, als die Gesetze angenommen hatten. Es wurden in den Jahren 1836—37 zu einem Doppelzentner Zucker 17,29 Doppelzentner Rüben verwendet; in den Jahren 1884—85 9,07 Doppelzentner und 1908—09 nur mehr 5,68 Doppelzentner, d. h. die Ausbeute an Zucker aus einem Doppelzentner Rüben stieg von 5,55 v. H. schliesslich auf 17,61 v. H.[7]) Das Gesetz nahm eine mittlere Ausbeute an und gewährte dadurch den besser und billiger arbeitenden Zuckerfabrikanten zunächst eine Steuervergünstigung; bei der Ausfuhr von Zucker erhielten die Ausführer die Steuer zurückvergütet. Da aber die Ausbeutemenge grösser war, so erhielten sie einen höheren Betrag vom Staat bezahlt, also eine mittelbare Ausfuhrprämie, die um so grösser war, je mehr sich von Jahr zu Jahr die Ausbeute der Zuckerrüben verbesserte und die Gesetzgebung sich dieser Lage nicht oder nicht rasch genug anpassen konnte; ganz abgesehen davon, dass der Staat seine Massnahmen nicht nach den unter den günstigsten Bedingungen erzeugenden Zuckerfabriken treffen konnte, wollte er nicht die übrigen in ihrem Bestande vernichten. Gegen diese Prämien entstand in Deutschland bald starke Gegnerschaft; man war unzufrieden, dass eine Industrie auf Kosten der Gesamtheit begünstigt wurde; aber andererseits entstanden auch Krisen infolge der Übererzeugung an Zucker; es war eine sehr grosse Anzahl von neuen Fabriken entstanden und die bisherigen vergrösserten ihren Umfang, so dass die Ausfuhr möglichst erleichtert werden musste, wenn nicht die Zuckerrübenbauern und die viele Tausende von Arbeitern beschäftigenden Zuckerfabriken schwer geschädigt werden sollten. Auch die Auslandsstaaten wehrten sich gegen die Zuckerprämienwirtschaft, da sie, soweit sie selbst eine bedeutende Zuckerindustrie besassen, in ihrem Absatz durch den billigeren Einfuhrzucker sowohl auf ihren eigenen Märkten als auf dem Weltmarkte sich benachteiligt fühlten. Am besten waren die Länder daran, die keine eigene nennenswerte Zuckerindustrie hatten, wie vor allem England, die auf diese Weise durch gegenseitige Preisunterbietung aller zuckerausführenden Länder den Zucker ausserordentlich billig erhielten. Allmählich hielt man in den meisten zuckerausführenden Ländern diesen Zustand des gegenseitigen Unterbietens für unhaltbar und suchte durch internationale Vereinbarungen die Ausfuhrprämien zu beseitigen oder wenigstens vertragsmässig zu regeln. Zwischen Frankreich, England, Belgien, den Niederlanden und dem deutschen Zollverein kam 1864 die erste Zuckerübereinkunft zustande, die aber nicht von langer Dauer war. Durch das deutsche Zuckersteuergesetz vom 31. Mai 1893 wurden offene Prämien auf fünf Jahre für die Ausfuhr gewährt; nach Ablauf dieser fünf Jahre erfolgte zunächst eine kleine Herabsetzung der Prämie, aber durch das Gesetz vom 27. Mai 1896 wurde die ursprüngliche Höhe der Prämie verdoppelt, was Frankreich bestimmte, durch ein Gesetz von 1897 seine versteckte Zucker-

[7]) Handwörterb. d. Staatsw. 3. Aufl. Bd. 8 S. 1070.

prämie durch eine offene zu ergänzen. Nun ging man neuerdings daran, die Prämien zu beseitigen, was durch die „Brüsseler Konvention“ vom 5. März 1902 geschah, an welcher sich Deutschland, Österreich-Ungarn, Frankreich, Belgien, Holland, Grossbritanien, Italien, Schweden, Norwegen und Spanien beteiligten; alle unmittelbaren und mittelbaren Prämien wurden abgeschafft; später traten noch andere Staaten diesem Übereinkommen bei. Da diese Vereinbarung, die erste und bisher einzige internationale Regelung einer Preisunterbietung — Dumping — ist, so sollen die wichtigten Bestimmungen der Übereinkunft hier wiedergegeben werden.

Art. 1. Die vertragschliessenden Staaten verpflichten sich von dem Zeitpunkte an, wo dieses Abkommen in Kraft tritt, die unmittelbaren und mittelbaren Prämien aufzuheben, welche die Erzeugung und die Ausfuhr von Zucker genossen haben und keinerlei solche Prämien während der ganzen Dauer dieses Abkommens einzuführen.

Es fallen unter diese Bestimmungen alle jene Vorteile, die sich unmittelbar oder mittelbar für die verschiedenen Arten der Erzeuger aus der Steuergesetzgebung der Staaten ergeben, namentlich

a) die unmittelbaren Begünstigungen, die für den Fall der Ausfuhr gewährt werden;
b) die unmittelbaren Vergütungen, die den Erzeugern zugewendet werden;
c) die Steuernachlässe, die zum ganzen oder zu einem Teilbetrag für einen Teil der Erzeugnisse gewährt werden;
d) die Vorteile, die sich aus Überschüssen der Zuckerausfuhr ergeben;
e) die Vorteile, die sich aus einer Übertreibung der Rückvergütungen (Drawbacks) ergeben;
f) die Vorteile, die sich aus jedem Überzoll ergeben, dessen Höhe die in Art. 3 festgesetzte Grenze überschreitet.

Art. 3. Der Überzoll, d. h. der Unterschied zwischen dem Zollsatze, dem der ausländische Zucker unterworfen ist und dem Steuersatze, den der inländische Zucker bezahlt, ist auf den Höchstbetrag von 6 Fr. für 100 kg raffinierten und mit diesen gleichhaltigen Zucker und auf 5,50 Fr. für anderen Zucker zu begrenzen; diese Bestimmung trifft nicht den Zollsatz der keinen Zucker erzeugenden Länder.

Art. 4. Die Einfuhr von Zucker aus solchen Ländern, welche in Zukunft noch Erzeugungs- oder Ausfuhrprämien bezahlen, ist mit einem besonderen Zoll zu belegen. Dieser Zoll darf nicht geringer sein als der Betrag der unmittelbaren und mittelbaren Prämien, die in dem Herkunftslande bezahlt werden, die Einfuhr von Prämienzucker kann völlig verhindert werden. Für die Bewertung der aus einem Überzoll entspringenden Vorteile wird der Betrag der Prämie von dem Betrag des Überzolles abgezogen, die Hälfte des Unterschiedes gilt als Betrag der Prämie.

Art. 5. Die Vertragsmächte verpflichten sich gegenseitig zu dem niedrigsten Einfuhrzollsatz den Zucker aus den Vertragsstaaten oder aus deren Kolonien zuzulassen, die keine Prämie bezahlen und sich den Bestimmungen des Art. 6 unterwerfen. — Rohrzucker und Rübenzucker können nicht mit verschiedenen Zöllen belegt werden.

Art. 6 bestimmt, dass Spanien, Italien, Rumänien und Schweden von der im Art. 1 enthaltenen Verpflichtung über die Erzeugungsprämie sowie den Verpflichtungen des Art. 3 und 4 solange entbunden sind, als sie keinen Zucker ausführen. Tritt dieser Fall ein, so müssen diese Staaten längstens binnen Jahresfrist ihre Zuckersteuergesetzgebung den Bestimmungen des Abkommens anpassen.

Art. 8 bestimmt, dass die Vertragsmächte und ihre Kolonien mit Ausnahme der autonomen englischen Kolonien und Britisch-Ostindien, Vorkehrungen treffen, um zu erreichen, dass Prämienzucker im Durchgangsverkehr die Vorteile des Vertrages auf dem Bestimmungsmarkte nicht geniesst.

Art. 11. Die Bestimmungen des Vertrages finden Anwendung auf die überseeischen Provinzen, Kolonien und fremden Besitzungen der Vertragsmächte. Es sind ausgenommen die britischen und niederländischen Besitzungen hinsichtlich Art. 5 und 8.

Die grossbritannische Regierung erklärt zu Art. 11:

1. Während der Geltung des Abkommens soll für Zucker aus den Kronkolonien keine unmittelbare oder mittelbare Prämie gewährt werden.
2. Als Ausnahmemassregel und weiter unter Vorbehalt ihrer Handlungsfreiheit hinsichtlich der friedlichen Beziehungen zwischen Grossbritannien und seinen Kolonien und Besitzungen wird während der Geltung des Abkommens dem Kolonialzucker gegenüber dem ausländischen Zucker kein Vorzug gewährt werden.
3. Das Abkommen soll den selbständigen Kolonien und Ostindien unterbreitet werden, damit sie die Möglichkeit haben ihm beizutreten. Im Namen der Kronkolonien kann die britische Regierung dem Abkommen beitreten.

Die niederländische Regierung erklärt, dass während der Geltung des Abkommens dem Zucker aus den niederländischen Kolonien keine unmittelbaren oder mittelbaren Prämien gewährt werden sollen und dass solcher Zucker in die Niederlande zu einem geringeren Satz eingeführt werden darf als der Zucker aus anderen Vertragsstaaten.

Dieses Brüsseler Übereinkommen galt zunächst bis zum 1. September 1908 und wurde durch die Zusatzakte von 1907 auf weitere fünf Jahre also bis 31. August 1913 verlängert. Aber England hatte erklärt, es müsse im Interesse seiner Zucker verarbeitenden Industrien von der Übereinkunft zurücktreten, wenn es nicht von der Verpflichtung entbunden werde, die Zuschlagszölle auf Prämienzucker zu erheben, obwohl diese auf Veranlassung Englands überhaupt zustande gekommen war. Dem Verlangen Englands wurde schliesslich stattgegeben und nur unter dieser Bedingung konnte die Übereinkunft überhaupt noch aufrecht erhalten werden. Wenn die Vertragsstaaten raffinierten Zucker aus England einführen, so sollten sie das Recht haben eine Erklärung darüber zu verlangen, ob der dazu verwendete Rohzucker aus Prämienstaaten stammt; ist dies der Fall, so muss dieser Zucker bei der Einfuhr in die Vertragsstaaten mit dem Zuschlagszoll belegt werden. Da Deutschland eine sehr grosse Rohzuckerausfuhr nach England hatte, so war dieses Zugeständnis für Deutschland sehr wichtig, insbesondere durch den immer stärkeren Mitbewerb Russlands, wodurch ein Rückgang der deutschen Zuckerausfuhr erwartet wurde. Dieser Rückgang könne, so nahm man an, nur durch Steigerung des Inlandsverbrauches wettgemacht werden, weshalb durch Gesetz vom 19. Februar 1908 die Verbrauchsabgabe auf Zucker von 14 Mk. auf 10 Mk. für den Doppelzentner herabgesetzt wurde; aber die Ausführung dieser Bestimmung wurde zunächst bis 1914 vertagt.

Eine solche internationale Regelung der Ausfuhr war gut und wäre ausgezeichnet gewesen, wenn alle Staaten sich dauernd an die Bestimmungen gehalten hätten; aber England hielt es für seine verarbeitende Industrie für besser, wenn es den Rohzucker dauernd infolge der gegenseitigen Unterbietungen der Zucker erzeugenden Länder möglichst billig erhalten würde; ausserdem hat England Kolonien, die Rohrzucker herstellen und sich benachteiligt fühlten, deshalb machte England zunächst Vorbehalte und trat schliesslich ganz zurück.

Neben den Zuckerprämien waren besonders die Ausfuhrprämien auf Branntwein in allen Ländern von der grössten Bedeutung. Am 24. Juni 1887 wurde das deutsche Branntweinsteuergesetz erlassen, das durch verschiedene Novellen ergänzt wurde. Es wurde für die Ausfuhr eine unmittelbare Prämie von 6 Mk. für jeden Hektoliter reinen Alkohols und 1.50 Mk. für denaturierten Spiritus bezahlt. Im Jahre 1901 wurde das Brennsteuergesetz geändert, durch welches eine mittelbare Ausfuhrprämie von etwas über 4 Mk. für 100 l bestehen blieb. Zum Schutz der einheimischen Brennereien wurde ein sehr hoher Zoll erhoben, der 1900 etwa 85 v. H. des Wertes der Einfuhr betrug. Alle Länder suchten die Ausfuhr durch Prämien oder Zoll- und Steuerrückvergütungen, die vielfach mittelbare Prämien infolge der besseren Technik fortgeschrittener Brennereien enthielten. Russland gewährte eine sehr bedeutende mittelbare Ausfuhrprämie, da die von der Regierung für die Steuer angenommene Ausbeute weit hinter der tatsächlichen zurückblieb, wozu 1894 noch eine unmittelbare Ausfuhrprämie von 3,5 bis 5 v. H. der Fabrikatsteuer kam. Italien vergütete bei der Ausfuhr 90 v. H. der Steuer zurück; Österreich zahlte ebenfalls eine unmittelbare Ausfuhrprämie. England vergütete bloss die Inlandverbrauchssteuer zurück ohne Prämien, ebenso Belgien. In Frankreich wurde der für die Ausfuhr bestimmte und der den Ausfuhrweinen beigemischte Alkohol von der Steuer befreit. Das Angebot auf dem Weltmarkt war sehr gross und nahm dauernd zu, andererseits suchten sich die meisten Länder durch hohe Schutz- und Finanzzölle zu schützen, so dass allmählich der internationale Branntweinhandel immer mehr zurückging. Die deutsche Ausfuhr war in den Jahren 1870 bis 1890 sehr gross (1880/4 jährlich 74 Millionen Liter, 1882 sogar 92 Millionen Liter, 1885 87 Millionen Liter usw.). Die Ausfuhr ging damals besonders nach Spanien, hörte aber nach 1892 fast ganz auf infolge der starken Unterbietung durch Russland, so dass Deutschland nicht mehr in Mitbewerb treten konnte. Während der Verbrauch zu Trinkzwecken ziemlich unverändert blieb, stieg der für technische Zwecke immer mehr und bildete zugleich einen Ersatz für die zurückgehende Ausfuhr, die zu Anfang des Jahrhunderts nur mehr 4—5 v. H. der Erzeugung betrug. Auch bei der Branntweinausfuhr dachte man wiederholt an internationale Vereinbarungen, die ebenso nützlich wie bei Zucker gewesen wären, aber sie kamen nicht zustande.

3. Unterscheidungszölle.

Zum Schlusse dieses Teiles über die staatlichen Förderungen der Ausfuhr bemerke ich noch, dass mit den genannten Massnahmen diese keineswegs erschöpft sind. Ich will noch einige davon nennen. Von einiger Bedeutung sind die Unterscheidungszölle (Differenzialzölle); das sind solche Zölle, die die Waren ein und derselben Gattung mit verschiedenen, höheren oder niedrigeren Zollsätzen belegen, je nachdem die Ware z. B. zu Land oder zu Wasser eingebracht wird, ob sie von diesem oder jenem Land stammt usw. So geniessen häufig die Waren, die aus den Kolonien eines Landes in das Mutterland eingeführt werden eine Begünstigung durch niedrigere Zollsätze. Der einheimische Unternehmer wird soweit als möglich seine Rohstoffe und sonstigen Waren aus den Kolonien beziehen, da er mit den billigeren Stoffen und Waren im Inlande und im Auslande besser in Wettbewerb treten kann. Das gleiche gilt von den Flaggenzuschlägen, die eine Form der Unterscheidungszölle sind; die gewöhnlichen Zollsätze erfahren einen Zuschlag, wenn die Einfuhr unter fremder Flagge erfolgt oder umgekehrt, die Einfuhr unter eigener Flagge ist begünstigt; der Einführer erhält dadurch insbesondere die Rohstoffe billiger und ist wettbewerbsfähiger. Diese Flaggenzuschläge haben grössere Bedeutung in England und Frankreich besonders im 19. Jahrhundert gehabt. Zur Zeit des Merkantilismus durften gewisse Waren z. B. nach England überhaupt nur auf englischen Schiffen gebracht werden. Der Underwood-Tarif der Vereinigten Staaten von Amerika vom 3. Oktober 1913 sagt in Abschnitt IV lit. J „Ein Differentialzoll von 10 v. H. des Wertes soll zusätzlich zu den gesetzlich vorgeschriebenen Zöllen von allen Gütern und Waren festgesetzt, erhoben und gezahlt werden, die auf anderen Schiffen als solchen der Vereinigten Staaten eingeführt werden." Und ebenso ermächtigt die spanische königliche Verordnung vom 23. März 1906 in Art. 3 Abs. 2 zu folgendem: „Die Regierung kann ausserdem Waren, die aus Ländern herstammen oder kommen, die spanische Schiffe und Waren durch ihr Zollsystem besonders ungünstigen Bedingungen gegenüberstellen, nach ihrem Ermessen mit Zollzuschlägen zu den Zollsätzen des ersten Tarifs belegen."

Diese Unterscheidungszölle, die sich in neuester Zeit besonders in Frankreich entwickelten, bezwecken entweder die Erleichterung des Handelsverkehrs mit gewissen auswärtigen Staaten, namentlich den Kolonien, oder die innere Ausbildung eines Schutzzollsystems, wozu die Flaggenzuschläge dienen. Die erstere Art der Unterscheidungszölle beruht entweder auf den von einem Staat dem anderen hinsichtlich seiner Schutzzölle vertragsmässig gemachten Zugeständnissen oder auf besonderen Zollerhöhungen als sog. Kampfzölle, d. h. Zölle, die auf die Erzeugnisse eines anderen Landes gelegt werden, um bestimmte Zölle oder sonstige handelspolitische Massnahmen des anderen Staates zu bekämpfen, damit diese Zölle oder Massnahmen womöglich aufgehoben werden.

Wichtiger als diese Unterscheidungszölle für den internationalen Wettbewerb ist die Eisenbahntarifpolitik eines Staates. Der Staat hat die Möglichkeit durch Ermässigung der Tarife die Ausfuhr von Erzeugnissen, insbesondere von Roh- und Halbstoffen und andererseits deren Einfuhr zu fördern. Diese Vorzugstarife, die in Deutschland eine grosse Rolle spielten, wurden vom Auslande sehr angefeindet als Begünstigung des deutschen Dumping. So schreibt Millioud,[8]) der deutsche Staat unterstütze die Industrien durch die Eisenbahnen hinsichtlich der Ausfuhr. Die Versendung eines Doppelwaggons Kohlen koste 37 Mk. von Duisburg nach Emden-Aussenhafen (260 km), gemäss dem Vorzugstarif für Kohlenausfuhr. Die Versendung der gleichen Menge Kohlen auf gleiche Entfernung zum Verbrauche im Inlande koste 64 Mk. und englische oder böhmlische Kohlen müssten bis zu 69 Mk. bezahlen. Die Fracht von Duisburg—Hamburg betrage für den Doppelwaggon Kohlen 57 Mk.; für die gleiche Strecke 367 km in umgekehrter Richtung müssten 86 Mk. und für englische Kohlen sogar 93 Mk. bezahlt werden. „Was ist das? Das ist Dumping. Ermutigung zu Dumping mittels der Vorzugstarife. Seht ihr hier nicht die Hand desselben Staates, welche sich gegen die Grenzen wendet um die fremden Märkte zu erobern." Diese Vorwürfe gehen insoferne fehl, als nicht bloss Deutschland, sondern auch alle anderen Länder für die Ausfuhr bestimmter Waren Vorzugstarife haben; bei Staatsbahnen seitens des Staates, bei privaten Eisenbahngesellschaften seitens dieser.

[8]) Millioud Maurice, La Caste dominante allemande. Paris 1916 S. 92.

4. Getreideeinfuhrscheine.

Eine besondere Bedeutung erlangten in Deutschland die Getreideeinfuhrscheine; da Deutschland wegen dieser vom Auslande vielfach und stark angegriffen wurde — Franzosen sprachen von einem deutschen Dumping agricole — so will ich ganz kurz ein Bild von dieser Aus- und Einfuhrpolitik zeichnen. Ende der 60er und Anfang der 70er Jahre des vergangenen Jahrhunderts klagte die deutsche Landwirtschaft über den freien Wettbewerb des ausländischen, besonders des russischen Getreides in Deutschland, das so billig eingeführt wurde, dass die deutsche Landwirtschaft in vielen Teilen Deutschlands schwer geschädigt wurde. Als nun durch das Gesetz vom 15. Juli 1879 ein Getreideschutzzoll eingeführt und dieser durch das Gesetz vom 21. Dezember 1887 erhöht wurde, da war allerdings die deutsche Landwirtschaft gegen zu billige Einfuhr geschützt, aber der Osten des Deutschen Reiches fühlte sich benachteiligt, da er auf Getreideausfuhr angewiesen und diese nun infolge allmählich höher gestiegenen Inlandspreise nicht mehr möglich war. Die Ausfuhr sank von 179 000 Tonnen im Jahre 1880 auf 2800 Tonnen im Jahre 1887, während die Einfuhr in der gleichen Zeit von 227 000 Tonnen auf 542 000 Tonnen stieg. Freilich in den Jahren nach Einführung der Getreidezölle stiegen die Inlandspreise sehr wenig infolge der guten Ernte und der Nähe der grossen Getreideausfuhrländer, vor allem Russlands. Der Osten Deutschlands erzeugte weit über seinen Bedarf, während der Westen getreidearm und auf die Einfuhr angewiesen war; eine Versorgung des Westens mit Getreide aus dem Osten war nicht gut möglich wegen der hohen Versendungskosten, so dass für den Westen die Einfuhr von ausländischem Getreide viel günstiger war; dazu kam noch, dass der Osten hauptsächlich Roggen erzeugte und Deutschland immer mehr Weizen verbrauchte. Ähnlich verhielt es sich mit dem Süden Deutschlands, das zweckmässiger Getreide aus Ungarn und auch aus Russland einführte. Als nun, wie gesagt, die Roggenausfuhr aus dem Osten wegen der gestiegenen Inlandsgetreidepreise fast ganz aufhörte, da verlangten die Grossgrundbesitzer, die im Inlande nicht verwertbare Getreideüberschüsse hatten, ihnen bei der Ausfuhr eine Prämie in der Höhe des Einfuhrzolles zu bezahlen und zwar ohne Rücksicht auf die Herkunft des auszuführenden Getreides. Regelmässig wurde, wie wir sahen, bei der Wiederausfuhr zollpflichtiger Waren der Zoll zurückvergütet; das war auch in Deutschland üblich; bei einer Anzahl von Waren fand diese Rückvergütung nur dann statt, wenn der Nachweis gebracht wurde, dass die ausgeführte Ware dieselbe war, die eingeführt worden war (Identitätsnachweis). Das war grundsätzlich auch in Deutschland bei Mehl und Getreide der Fall. Durch das Gesetz vom 23. Juni 1882 wurde aber den Mühlenbesitzern der Zoll für eine ihrer Ausfuhr von Mehl entsprechende Getreidemenge bei der Einfuhr erlassen, ohne Rücksicht darauf, ob das ausgeführte Mehl aus inländischem oder ausländischem Getreide gemahlen war. Und die gleiche Vergünstigung verlangte man für die Ausfuhr und Einfuhr von Getreide. Schon in den Jahren 1887—88 wurden im Reichstage verschiedene Anträge eingebracht, wonach bei der Ausfuhr von Getreide, gleichgültig woher es stamme, eine Rückvergütung des Zolles stattfinden solle. Aber erst der Abschluss des deutsch-russischen Handelsvertrages von 1894 gab Anlass zu dem Gesetze vom 14. April 1894 (betreffend die Abänderung des Zolltarifgesetzes vom 15. Juli 1879), dessen hauptsächlichster Inhalt in das Zolltarifgesetz vom 25. Dezember 1902 (in Kraft getreten am 1. März 1906) übernommen wurde. Nach diesem Gesetze wurden bei der Ausfuhr von Weizen, Roggen, Hafer, Gerste, Buchweizen, Hülsenfrüchten, Raps- und Rübsaat auf Antrag Einfuhrscheine erteilt, wenn die ausgeführte Menge mindestens 500 kg betrug. Der Inhaber dieser Einfuhrscheine sollte das Recht haben innerhalb sechs Monate eine der ausgeführten Menge entsprechende Menge der gleichen Warengattung, also z. B. Weizen, zollfrei einzuführen. Der Bundesrat, der in seiner Sitzung vom 12. April 1894 die Ausführungsvorschriften festsetzte, gestattete, dass mittels der Einfuhrscheine innerhalb vier Monate auch andere Waren zollfrei eingeführt werden dürfen; eine Liste bezeichnete diese Waren. Bar wurde der Einfuhrschein nicht herausbezahlt, aber jeder Inhaber eines Einfuhrscheines konnte diesen veräussern, was auch in grossem Umfange geschah. Das Zolltarifgesetz vom 25. Februar 1902 änderte die Bestimmungen des Gesetzes von 1894 wesentlich ab; die Einfuhrscheine sollten nach diesem Gesetze von 1894 nur als Zollzahlungsmittel für landwirtschaftliche Erzeugnisse der gleichen Gattung der ausgeführten dienen; das neue Gesetz gestattete, dass die Einfuhrscheine bei der Einfuhr irgend einer der genannten Getreidearten und sonstigen Erzeugnisse für den Zoll in Zahlung gegeben werden können, wobei die Liste der nicht landwirtschaftlichen Erzeugnisse auf Kaffee und Petroleum beschränkt wurde, bis schliesslich auch diese beiden beseitigt wurden.

Durch das Gesetz vom 14. April 1894 war der Identitätsnachweis beseitigt; die Wirkung war sehr günstig. Der Osten konnte nun den Roggen ausführen; den Einfuhrschein, den der Ausführer nicht selbst für eine Einfuhr verwenden wollte, verkaufte er an jemanden, der einführen wollte, z. B. an Einführer im Westen Deutschlands, die nun Weizen einführen konnten. Die Ausführer erhalten somit eine Ausfuhrprämie, die allerdings nicht bar ausbezahlt wird, von der Reichskasse, aber mittelbar hat doch diese die Kosten infolge geringerer Zolleingänge zu tragen. Deutsches Getreide wurde seit 1894 fast nur gegen Einfuhrschein ausgeführt; der Wert der Ausfuhr dieser landwirtschaftlichen Erzeugnisse betrug 1900 21 Millionen Mark, der der Einfuhr fast sechsmal soviel. Der Einfuhrschein batte nach Aufhebung des Identitätsnachweises einen Wert von etwa 35 Mk. für die Tonne, war also beinahe so hoch wie der Zoll. Der Getreideüberschuss des Ostens wurde in das Ausland ausgeführt und konnte infolge der gewährten Einfuhrscheine auf dem Weltmarkte in Wettbewerb treten; der Inlandspreis im Osten näherte sich dem Weltmarktpreise plus Getreidezoll; im Westen verhinderte die Verwendung der Einfuhrscheine, dass der Inlandspreis den Weltmarktpreis um mehr als den Zollbetrag überstieg. —

Die Hauptwirkung der Gewährung von Einfuhrscheinen und der Aufhebung des Identitätsnachweises war, zudem auch der Terminhandel mit Getreide usw. verboten war, dass vorübergehend grosse Getreidemengen in das Ausland gebracht wurden, wenn dann auch in den folgenden Monaten wieder, um dem inländischen Bedarf zu genügen, Getreide in grossen Mengen eingeführt werden musste. Durch die Einrichtung der Einfuhrscheine wurde die volle Wirkung des Zollschutzes für Getreide gesichert und die Getreideerzeuger und -händler hatten davon Vorteil. Besonders günstig war die Wirkung in den Jahren, in welchen die Ausfuhr grösser war als die Einfuhr; denn ohne die Einfuhrscheine wären die Preise stark gesunken und für die deutsche Landwirtschaft schädlich gewesen. Klagen erhoben bloss die Müller, da ihre Lage durch die Getreidescheine erschwert worden sei. Bemerken möchte ich noch, dass im Jahre 1894 6,7 Millionen Mark, 1904/5 31 4 Millionen Mark und 1910 122,4 Millionen Mark Zölle durch Einfuhrscheine beglichen wurden.

Was nun die Ausfuhr als solche betrifft, so kann nicht in Abrede gestellt werden, dass die Gewährung von Einfuhrscheinen die Wirkung von Ausfuhrprämien hatten; insbesondere wurde der überschüssige im Inlande nicht verbrauchte Roggen ausgeführt; der Ausführer erhielt den Weltmarktpreis plus Zoll (Einfuhrschein), aber andererseits musste, da Deutschland weit mehr Weizen verbrauchte, als es selbst erzeugte, Weizen eingeführt werden. Es ist richtig, dass die Roggen bauenden Länder, also vor allem Russland, den Mitbewerb des deutschen auf dem Weltmarkte gebrachten Roggens spürten, aber es ist falsch, deshalb Deutschland wegen des Einfuhrscheines einen Vorwurf zu machen. Die Gewährung von Einfuhrscheinen stellt bloss wieder den Freihandel her und die Lage der Dinge war z. B. für Russland daher nicht anders als wenn tatsächlich Freihandel bestanden hätte.

Es kann nicht überraschen, dass man auch in diesem System der Einfuhrscheine im Auslande einen „unlauteren Wettbewerb" sehen wollte; so sagt Henry Hauser,[9]) die Deutschen hätten zu den klassischen Formen des Dumping — den industriellen und kaufmännischen — eine neue Form gesetzt, das landwirtschaftliche — Dumping agricole — und zwar unter Mitwirkung des Staates. Nehmen wir an, schreibt er, der deutsche Inlandspreis für die Tonne Roggen sei 150 Mk., der Weltmarktpreis 110 Mk., so sei es für die Deutschen vorteilhaft auszuführen, da der Ausführer noch den Zoll von 50 Mk. erhalte, insgesamt erhalte er bei der Ausfuhr 110 Mk. und 50 Mk., also 160 Mk., um 10 Mk. mehr als wenn er in Deutschland verkauft hätte; kurz, wenn der Unterschied zwischen Inlandspreis und Weltmarktpreis sehr gering sei, so werde der ostelbische Grundbesitzer den Ausfuhrpreis bedeutend unter den Weltmarktpreis ermässigen und den Gewinn einstecken können. — Auf diese Vorwürfe will ich nicht näher eingehen, da die Ausführungen Hausers sich nicht durch Sachkenntnis auszeichnen. Es ist selbstverständlich, dass Deutschland Roggen auf dem Weltmarkte nicht über den Weltmarktpreis verkaufen konnte. Da Deutschland mehr Roggen baute, als es selbst verbrauchen konnte, so war es auf die Ausfuhr angewiesen. Russland, dem gegenüber Deutschland nach Hauser Dumping angewendet haben soll, lieferte nach Deutschland im Jahre 1913 304 000 Tonnen Roggen zum Preise von fast 36 Millionen Mark, während Deutschland nach Russland in gleichem Jahre 230 000 Tonnen zum Preise von 36 Millionen Mark ausführte. Ein Land, das gewaltige Überschüsse an Getreide hat, wie Russland, Kanada, Argentinien, Australien, Rumänien, Ungarn usw. kann wirksam Dumping anwenden, nicht aber Deutschland, dessen eigene Getreideerzeugung nicht für die Ernährung der Bevölkerung ausreicht.

Gerade Frankreich hatte seit langem eine ähnliche Getreideausfuhrpolitik wie Deutschland durch das System der. Admission temporaire; es durfte Getreide zollfrei nach Frankreich im Veredelungsverkehr gebracht werden, wenn dieselbe Menge Getreide oder eine entsprechende Menge Mehl wieder ausgeführt wurde; ein Identitätsnachweis wurde nicht verlangt. Auch Frankreich musste, wenn es Getreide ausführen wollte, den Zoll zurückvergüten, da es sonst nicht auf dem Weltmarkte in Wettbewerb mit dem übrigen Getreideangebot treten konnte; die Rückvergütung des Zolles stellt bloss, wie bereits betont, den Freihandel wieder her. Auf welche Weise gerade Frankreich seine Ausfuhr aller Art förderte, soll in folgendem Abschnitt dargestellt werden.

---

[9]) Hauser Henry, Les Méthodes allemandes d'expansion économique. Paris 1915 S. 132.

5. Ausfuhrprämien Frankreichs.

Besonders entwickelt war seit mehr als einem Jahrhundert in Frankreich die Einrichtung der Ausfuhrprämien. Man unterschied zwischen Prime und Drawback; unter Prime verstand man die Vergütung, welche bei der Ausfuhr gewährt wurde, auch ohne dass ein Nachweis der erfolgten Einfuhr nötig war; unter Drawback dagegen eine solche, bei welcher eine Bestätigung über bereits geleistete Zollzahlung vorzulegen war; aber im Laufe der Zeit verwischten sich die Unterschiede. Es gab kaum einen Gegenstand, dessen Ausfuhr von Bedeutung war, der nicht sich einer staatlichen Begünstigung erfreut hätte. Auch in Frankreich bestand die Einrichtung, dass die zur Verarbeitung bestimmten Waren aus dem Auslande zollfrei eingeführt werden durften; an diese zollfreie Einfuhr war ebenfalls wie in anderen Ländern die Bedingung geknüpft, dass die Wiederausfuhr der verarbeiteten Waren innerhalb einer gewissen Zeit erfolgen müsse. Schon eine Verfügung vom 12. Juli 1672 ordnete an, dass die von der ostindischen Compagnie eingeführten Zeuge, falls sie zur Wiederausfuhr nach Färbung und Appretierung bestimmt erklärt wurden, von den Einfuhr- und Ausfuhrzöllen befreit sein sollten. Allgemein wurde aber dieser Grundsatz der zollfreien Einfuhr bei Zusicherung der Wiederausfuhr innerhalb einer gewissen Zeit erst durch das Gesetz vom 5. Juli 1836 anerkannt; die erste Verfügung auf Grund dieses Gesetzes war die vom 13. Mai 1837 und bezog sich auf die Bedruckung bestimmter Stoffe (foulards); da an der Identität der eingeführten und ausgeführten Ware festgehalten wurde, so musste jedes Stück bei der Einfuhr gestempelt werden und innerhalb drei Monaten die Ausfuhr erfolgen. Die nächste Verordnung vom 23. August 1841 liess die zollfreie Einfuhr von Eisenblechen und eisernen Geräten zwecks Verzinkung derselben zu. Im Laufe der folgenden Jahre wurden noch zahlreiche solche Verordnungen erlassen, die sich auf gewalztes und sonst bearbeitetes Eisen für den Bau von Schiffen und die Herstellung von Kesseln, auf Reis zur Schälung und Reinigung, auf Olivenöl zur weiteren Veredelung usw. bezogen. Trotzdem hatten alle diese Verordnungen keine sehr grosse Bedeutung, da immer an der Identität festgehalten wurde; erst als seit 1850 darauf verzichtet wurde, nahm die Einfuhr von Waren aller Art zwecks Veredelung und sonstiger Weiterverarbeitung sehr stark zu; denn der Nachweis, dass die ausgeführte Ware eben dieselbe sei, die eingeführt worden war, war mit grossen Schwierigkeiten verbunden; denn nicht immer liessen sich Stempel oder sonstige Kennzeichen anbringen; durch die Beseitigung des Identitätsnachweises fielen diese Schwierigkeiten weg; man ging aber noch weiter, indem man nicht mehr verlangte, dass die gleiche Menge der gleichen Ware wieder ausgeführt werden dürfe, sondern es genügte die Ausfuhr der gleichen Menge der gleichen Art. So bestimmte das Dekret vom 8. September 1851 hinsichtlich Roheisens für Maschinenbau bloss, dass eine der eingeführten Menge Roheisens gleiche Menge verarbeiteten Eisens wieder ausgeführt werden dürfe und das Dekret vom 14. Februar 1852 gestattete sogar die Ausfuhr von Giessereiwaren an Stelle des eingeführten Roheisens. Besonders wichtig waren diese Zugeständnisse bei Getreide, wovon bereits die Rede war.

Bei der Einfuhr von Waren, die nach der Weiterverarbeitung wieder ausgeführt werden sollten, wurden Begleitscheine ausgestellt, die sog. titres d'acquit-à-caution. In dem Schein war erklärt, dass der an sich auf der eingeführten Ware liegende Zoll oder die innere Steuer einstweilen nicht erhoben werde, da die Ware für die Wiederausfuhr bestimmt sei. Je mehr der Nachweis der Identität verschwand, um so wichtiger wurden diese Scheine. Die Unternehmer oder Kaufleute, die Waren zollfrei einführten, mussten sich bemühen, innerhalb der gesetzten Frist eine der Einfuhr gleiche Menge entsprechender Waren wieder auszuführen, um nicht den Zoll oder die Steuer nachzahlen zu müssen. Wollten sie aber nicht ausführen, so verkauften sie die Scheine an jemanden, der einführen wollte, da im Laufe der Zeit diese titres d'acquit-à-caution auch zur zollfreien Einfuhr anderer Waren benutzt werden konnten, während sie ursprünglich hauptsächlich für Getreide und Eisen ausgestellt wurden. Besonders verwendete man im Süden Frankreichs zur Getreideeinfuhr diese Einfuhrscheine, die die Müller im Norden Frankreichs für die Mehlausfuhr erhalten hatten. Als nach 1871 Frankreich auf alle wichtigen Rohstoffe hohe Wertzölle legte, da sollten, um die Wettbewerbsfähigkeit der französischen Industrie nicht zu schädigen, bei der Ausfuhr von Waren die Zölle zurückvergütet werden; es wurden Einfuhrscheine erteilt, die zur zollfreien Einfuhr von Rohstoffen verwendet werden konnten. Ausser der Getreideeinführung hatten namentlich die Eisenindustrien im Westen und Süden Frankreichs grossen Vorteil von dieser Einrichtung, da sie viele Waren ausführten, für welche nur inländisches Roheisen verarbeitet worden war; da sie aber für die Ausfuhr Einfuhrscheine erhielten, so verkauften sie diese hauptsächlich an Eisenindustrien im Norden Frankreichs, welche vortreffliches englisches Roheisen einführen wollten. Mit diesen Einfuhrscheinen wurde ein lebhafter Handel getrieben und schlossen eine mittelbare Ausfuhrprämie in sich. Ein interessantes Beispiel für die Wirkung dieser Scheine auf die deutsche Industrie erzählt G. von Tiedemann,[10]) Mitarbeiter Bismarcks und späterer preussischer Bevollmächtigter beim Bundesrat in seinen Erinnerungen an Bismarck. Als Bismarck in den 70er Jahren der öffentlichen Meinung folgend sich schutzzöllnerischen Anschauungen gegenüber ablehnend verhielt, erzählte ihm Tiedemann, er habe in seinem früheren landrätlichen Kreise einen Sägefabrikanten kennen gelernt, dessen Geschäftsgeheimnis darin bestanden habe, seinen Laubholzsägen eine grosse Geschmeidigkeit zu geben, dass sie zusammengerollt werden konnten und nie der Gefahr des Zerbrechens ausgesetzt waren; diese Sägen hätten starken Absatz in Süddeutschland, besonders im Schwarzwalde, gefunden. Plötzlich seien in Frankreich Sägen ähnlicher Art aufgetaucht; ein dortiger Konkurrent habe das gleiche Mittel, sie geschmeidig zu machen, gefunden. Durch Anwendung des titre d'acquit-à-caution sei es nun den Franzosen gelungen, die deutschen Sägen vom süddeutschen Markte vollständig zu verdrängen. Die Sache sei sehr einfach. „Jeder französische Fabrikant, der Eisen- oder Stahlwaren in das Ausland ausführte, erhielt von der Zollverwaltung einen Schein, der ihn berechtigte, eine gleiche Quantität Roheisen zollfrei aus dem Auslande einzuführen. Diesen Schein konnte er beliebig verkaufen. Gelang ihm dies, so war er imstande, den Preis seiner Waren im Auslande um die Summe niedriger zu normieren, die ihm für den verkauften Acquit gezahlt worden war. In dem vorliegenden Falle entsprach diese Summe so ziemlich genau dem Geschäftsgewinn, den mein Freund machen musste, wenn er bestehen wollte. Seine Sägen kosteten ihm, um eine beliebige Summe zu nennen 10, er konnte sie, wollte er einen Profit machen, nicht unter 11 verkaufen, dem Franzosen kosteten sie gleichfalls 10, er

---

[10]) Tiedemann, Gustav v., Persönliche Erinnerungen an den Fürsten Bismarck, Leipzig 1898 S. 36.

brauchte aber keinen Profit, denn diesen hatte er schon durch Veräusserung seines Acquits gemacht. Dem Franzosen war es mithin ohne Schaden möglich, seine Waren in Deutschland für 10, d. h. für die Herstellungskosten loszuschlagen. Der Fabrikant im Kreise Mettmann konnte infolgedessen nicht mehr konkurieren, er war ruiniert.“ Diese Erzählung habe auf Fürsten Bismarck sichtlich Eindruck gemacht; Tiedemann habe noch am gleichen Abend an die Minister Camphausen, Hofmann und von Bülow schreiben müssen, um sie zu veranlassen, amtliche Erhebungen über die Handhabung der titres d'acquit an der französischen Grenze anzustellen; daran habe sich das Verlangen geknüpft, eine Untersuchung über die Lage der deutschen Eisenindustrien zu veranstalten; das schutzzöllnerische Steinchen sei in das Rollen gekommen, das im Laufe der nächsten Monate zu einer Lawine gewachsen sei, die das ganze bisher unumschränkt herrschende Freihandelssystem zertrümmern sollte.

Diese titres d'acquit spielten gerade in der französischen Eisenindustrie eine sehr grosse Rolle, da eine grosse Anzahl französischer Eisenindustrieller nur französisches Eisen verarbeiteten und diese Waren ausführten, ohne auf die Vergünstigung der zollfreien Einfuhr von Roheisen zu verzichten, da sie diese Erlaubnisscheine an andere Industrien vorteilhaft verkaufen konnten, die Roheisen tatsächlich einführen wollten. Diese Scheine verkaufte der Ausführer an einen Vermittler in der Art, dass er unter Berufung auf die Einfuhrerlaubnis einen Stellvertreter mit der Einfuhr beauftragte; der Name dieses Stellvertreters wurde aber erst in den Schein eingetragen, sobald der Vermittler einen Käufer der Vollmacht gefunden hatte, so dass also die zollfreie Einfuhr der Form nach im Namen des berechtigten Fabrikanten erfolgte. Da der Handel mit diesen Einfuhr- und Ausfuhrscheinen zu grossen Unzuträglichkeiten führte und für viele französische Industrien selbst von Nachteil war, so wurden durch verschiedene Verordnungen Beschränkungen eingeführt und der Handel mit diesen Scheinen endlich ganz beseitigt.

Abgesehen von diesen Titres d'acquit-à-caution, die als eine mittelbare Ausfuhrprämie besonders die deutsche Eisenindustrie benachteiligten, gewährte der französische Staat in grösstem Umfange unmittelbare und mittelbare Ausfuhrprämien, auf die ich nicht näher eingehe, ich verweise auf die gründliche Darstellung von Lexis.[11]) Bemerken möchte ich noch, dass die französischen Zollvergütungen fast immer Ausfuhrprämien, offene und versteckte, enthielten, wozu noch ein starker Schutzzoll kam.

Ich habe hier in grösster Kürze eine Übersicht über die wichtigsten Ausfuhrförderungen Frankreichs gegeben, weil gerade auch von Frankreich dauernd Vorwürfe Deutschland gegenüber gemacht wurden, obwohl in Frankreich die Ausfuhrvergütungen aller Art eine wesentlich grössere Rolle von jeher bildeten als in Deutschland. Aber auch alle anderen Länder, wie England, die Vereinigten Staaten von Amerika, Italien, Spanien usw. usw. suchten mit allen möglichen Mitteln die Ausfuhr bestimmter Waren zu fördern und taten das mit vollem Recht. Jeder Staat hat nicht bloss das Recht, sondern auch die Pflicht dafür zu sorgen, dass seine Volkswirtschaft gedeiht und blüht und dazu dient in erster Reihe die Steigerung der Erzeugung und die Ausfuhr von Waren, die im Inlande keinen Absatz finden. Ob einem anderen Lande diese Ausfuhr erwünscht ist oder nicht, ist eine Frage für sich. In welcher Weise sich Staaten gegen Einfuhr, insbesondere gegen billige Einfuhr schützten oder zu schützen versuchten, wird weiter unten gezeigt werden.

---

[11]) Lexis, W., Die französischen Ausfuhrprämien. Bonn 1870.

III. Die Ausfuhrpolitik der Kartelle.

Weit grössere Bedeutung als jemals die staatlichen Prämien erlangte in neuerer Zeit die Prämienpolitik der Kartelle, wobei im folgenden kein Unterschied zwischen Kartellen, Trusts, Syndikaten und sonstigen Vereinbarungen gemacht werden soll, da hinsichtlich der Preispolitik für jede dieser Vereinigungen so ziemlich das gleiche gilt, ganz abgesehen davon, dass häufig zwischen Kartellen, Syndikaten usw. kein Unterschied oder wenigstens kein wesentlicher besteht. Auf den Unterschied zwischen Kartellen und Trusts habe ich schon hingewiesen.

Hauptzwecke der Kartelle sind die Ausschaltung oder Milderung des Wettbewerbs gleicher Unternehmungen, Beeinflussung der Preise, Regelung der Erzeugung, Erhöhung der Gewinne und die Verteilung der inneren und äusseren Märkte unter die Mitglieder. Die Bildung der Kartelle wird überaus begünstigt durch das Bestehen eines Schutzzolles, aber auch in Ländern ohne einen solchen Zoll gibt es Kartelle und ihre Zahl wächst von Jahr zu Jahr. Aber ein Schutzzoll erleichtert es den Kartellen die Inlandspreise für ihre Erzeugnisse zu erhöhen, da sie gegen fremden Wettbewerb stark gesichert sind, um so stärker, je höher der Zoll ist. Von diesen hohen Inlandspreisen sind in erster Reihe die weiterverarbeitenden Industrien geschädigt, die die Rohstoffe und die Halbstoffe häufig zu Preisen von den Roh- und Halbstoffkartellen erhalten, dass sie mit ihren Erzeugnissen auf dem Weltmarkte nicht mehr oder nur schwer in Mitbewerb treten können. Deshalb versuchten nicht selten diese Kartelle die Ausfuhr der weiterverarbeitenden Industrien durch Gewährung von Prämien zu fördern. Die Gründe hierfür liegen zum Teil in den Forderungen dieser Industrien und der öffentlichen Meinung, zum grösseren Teil jedoch in der Erkenntnis, dass sie selbst grosse Nachteile erleiden würden, wenn diese weiterverarbeitenden Industrien geschwächt würden; denn der Inlandsmarkt ist für die Kartelle regelmässig von ungleich grösserem Werte als der Auslandsmarkt. Im Auslande sind ihre Gewinne verhältnismässig gering für jede Wareneinheit im Gegensatz zu den Gewinnen im Inlande; dort haben sie mit dem Wettbewerb zahlreicher Mitbewerber zu kämpfen, hier sind sie mehr oder weniger Herren des Marktes und können die Preise selbst festsetzen, besonders bei Bestehen eines Schutzzolles.

Die frühesten Prämien,[12]) die von Kartellen gewährt wurden, sind die der Roheisenkartelle an die Walzwerke in den 80er Jahren. Das Kohlensyndikat erhob von seiner Begründung (1893) ab von den Rechnungsbeträgen Umlagen hauptsächlich für Ausfuhrentschädigungen von stark schwankender Höhe; 3 bis 10 v. H. betrugen jeweils diese Umlagen. Das Kokssyndikat gab schon 1892 eine Prämie von 1,50 Mk. für jede Tonne ausgeführten Roheisens; auch hier wurden die Mittel für die Beihilfe durch Umlagen aufgebracht. Für bestimmte Eisensorten wurden die Prämien stark erhöht. Das Roheisensyndikat gab 1897 in Verbindung mit dem Siegerländer Eisenstein- und dem Kohlensyndikat fast 7 Mk. Ausfuhrprämie für jede Tonne verarbeiteten Roheisens an die Siegerländer Halbstoffabrikanten; 1898 wurde wegen der günstigen Verhältnisse dieser Industrien die Unter-

---

[12]) Nach Morgenroth, W., Die Exportpolitik der Kartelle, München 1907.

stützung nicht mehr bezahlt, aber wieder von 1901 ab, als eine Zeit des wirtschaftlichen Niederganges begann; auch die Trägerwalzwerke, die Blechfabriken und die Kesselfabriken erhielten bis 1898 und in erhöhtem Masse wieder von 1901 an Ausfuhrbeihilfen; desgleichen die Drahtwalzwerke seitens des Halbzeugverbandes und vom Roheisen- und dem Kohlensyndikat; diese Drahtwalzwerke zahlten ihrerseits an die Weiterverarbeiter Ausfuhrprämien 1898 in der Höhe von 10 Mk., 1900 sogar 20 Mk. und diese Weiterverarbeiter wiederum an ihre Abnehmer wie z. B. an die Drahtstiftfabrikanten. Gerade der 1900 einsetzende wirtschaftliche Rückgang der deutschen Industrien zwang viele Kartelle zu immer stärkerer Prämiengewährung, wozu allerdings kam, dass manche Kartelle trotz des wirtschaftlichen Rückganges die Inlandspreise nicht ermässigten und lange laufende Verträge nicht änderten; es entstanden damals lebhafte Klagen über dieses durchaus unbegründete und wirtschaftlich unberechtigte Festhalten an den hohen Preisen aus günstigeren Jahren; so blieb den Kartellen nichts übrig als erhöhte Ausfuhrprämien zu gewähren; aber da die Kartelle untereinander, die Kartelle an ihre Abnehmer, diese wieder an ihre Abnehmer usw. Prämien in verschiedenster Höhe und Weise gaben, so fehlte schliesslich jede Übersichtlichkeit und so schufen 1902 das Kohlensyndikat, der Halbzeugverband und der Trägerverband eine gemeinschaftliche Hauptstelle die „Abrechnungsstelle für die Ausfuhr" mit dem Sitze in Düsseldorf; an die Stelle der beiden letzteren Verbände trat später der Stahlwerksverband. An diese Abrechnungsstelle waren nun die Anträge auf Gewährung von Ausfuhrvergütungen zu richten, um die Richtigkeit der Angaben der Ausfuhr zu prüfen. Die Höhe dieser Vergütungen wurden jedes Vierteljahr genau festgesetzt. Gerade diese Abrechnungsstelle wurde im Auslande stark angefeindet als die Hauptstelle der Förderung des systematischen unberechtigten Dumping. Der Vorwurf war ganz unbegründet; denn die ganze Prämienwirtschaft hatte keine grosse Bedeutung; zunächst waren die Prämien keine ständige Einrichtung, mit welcher die Ausführenden bestimmt rechnen und darnach ihre Erzeugung regeln konnten; ferner gaben nur bestimmte Kartelle Prämien in sehr verschiedener, meistens unzureichender und sehr stark schwankender Höhe. Der grösste Nachteil lag aber darin, dass Kartelle Prämien nur wieder an Kartelle, nicht an einzelne Werke gaben; aber gerade zahlreiche weiterverarbeitende Industrien waren nicht kartelliert und mochten diese noch so dringend auf die Ausfuhr angewiesen gewesen sein, für sie gab es keine Ausfuhrunterstützungen. Dabei verfuhren die Ausfuhrprämien gewährenden Kartelle selbst häufig ganz anders, d. h. sie wussten, um welchen Betrag sie die Preise ihrer Ausfuhrerzeugnisse ermässigen mussten, damit sie auf ausländischen Märkten überhaupt verkauft werden konnten. Morgenroth [13]) führt hierfür zwei Beispiele an. Im November 1900 gab das Walzdrahtkartell seinen Abnehmern eine Ausfuhrvergütung von 15 Mk. für die Tonne; gleichzeitig aber kostete die Tonne Walzdraht den inländischen Weiterverarbeitern (Mitgliedern des Drahtstiftkartells) zum Verkauf für deutsche Verbraucher 185 Mk. und zum Verkauf für die Ausfuhr 170 Mk., dagegen den ausländischen Weiterverarbeitern durch die Ausfuhr des Walzdrahtkartells selbst nur 115 Mk. Ebenso gestaltete das Roheisensyndikat seinen Auslandspreis um 30 bis 40 Mk. für die Tonne Roheisen niedriger als seinen Inlandspreis, während es den inländischen Abnehmern

---

[13]) Morgenroth a. a. O. S. 59.

eine Ausfuhrvergütung von nur 10 Mk. zuerkannte. Mit Recht sagt Morgenroth, die Kartellprämie sei nicht wie die staatliche Ausfuhrprämie eine unmittelbare Ausfuhrförderung, sie stelle vielmehr eine blosse Entschädigung für die Nachteile dar, die den deutschen Ausfuhrindustrien daraus erwachsen, dass sie infolge der Wirksamkeit der Kartelle mit teuereren Rohstoffen zu rechnen hätten als die ausländischen Mitbewerber; ja in den meisten Fällen erreiche diese Entschädigung gar nicht die Höhe der vorherigen Materialverteuerung; die Prämien bewirkten also durchaus noch keine Hebung der Ausfuhr, sie brächten die betreffenden Industrien höchstens wieder auf die vorherige Höhe ihrer Ausfuhrfähigkeit. — Das ist durchaus richtig, solange nicht die Prämien regelmässig gewährt werden, auf dass der Ausführer jederzeit damit rechnen kann und solange sie nicht so hoch sind, dass sie wirklich imstande sind, die Ausfuhr zu fördern. Dazu kommt noch, dass die Kartelle die Prämien aus ihren Einnahmen zahlen, also müssen mittelbar die Abnehmer der Kartelle sie aufbringen; diese erhalten mit der an sie gezahlten Prämie einen Teil des von ihnen für die gekauften Waren gezahlten Preises zurück. Um so unbefriedigender ist die Prämienwirtschaft der Kartelle, als diese, soweit sie selbst Prämien gewähren — also die grossen Roh- und Halbstoffkartelle — tatsächlich mit ihren Auslandspreisen oft sehr weit herabgehen, aber sich den hierdurch entstehenden Gewinnentgang durch hohe Inlandspreise vergüten lassen. Bemerken möchte ich, dass Erzeugungsbeschränkungen bei Kartellen nicht selten vorkommen, wenn auch grundsätzlich solche Einschränkungen vermieden werden wegen der grossen Nachteile, die für das betreffende Unternehmen selbst hinsichtlich der Verkürzung der Arbeitszeit, der Nichtbeschäftigung oder nicht vollen Beschäftigung der Arbeiter, des Stillstehens der Maschinen usw. eintreten. Im einzelnen Falle hält es das Kartell doch für zweckmässiger, eine Betriebseinschränkung vorzunehmen, wenn augenblicklich sein Vorteil daraus ihm gross genug erscheint, so dass es sich über andere Bedenken ruhig hinwegsetzt. Wir dürfen aber nicht vergessen, dass die Kartelle gerade so wie jeder einzelne Unternehmer in erster Reihe seinen eigenen Vorteil und nicht den der Allgemeinheit, des Staates im Auge hat. Einen solchen Fall berichtete Graf von Kanitz[14]) in der 209. Sitzung des Reichstages 1902: „Ich darf doch auch daran erinnern, dass es nicht bloss Produktionsbeschränkungen sind, sondern dass das Kohlensyndikat auch Prämien zahlt an einzelne Zechen für Minderförderung. So ist im Oktober oder November vorigen Jahres vom Syndikat der Beschluss gefasst worden, wonach diejenigen Zechen, welche freiwillig weniger fördern als nach ihrer Beteiligungsziffer ihnen gestattet ist, per Tonne 1 Mk. Entschädigung erhalten. Auf Grund des Beschlusses ist z. B. der Zeche Stock und Scherenberg eine derartige Prämie von Mk. 36000 vom Syndikat dafür zugeführt worden, dass diese Zeche sich verpflichtete 36000 Tonnen Kohlen weniger zu fördern und auf den Markt zu bringen. Dass durch solche Manipulationen das Angebot auf dem Markte herabgedrückt, folglich der Preis gesteigert wird, das liegt ja auf der Hand, und dass diese Preistreibereien unserer ganzen verarbeitenden Industrie zum schweren Schaden gereichen, das ist nach meiner Überzeugung ganz unumstösslich sicher. Diese hohen Preise wirken ebenso nachteilig auf unsere Industrie, wie die billigen Auslandsverkäufe von Rohstoffen und Halbzeugen." Soviel über die Prämienpolitik der Kartelle; von ihrer Ausfuhrpreispolitik ist im siebten Abschnitte eingehend die Rede.

---

[14]) Reichstagsverh. Stenogr. Berichte 1902 S. 6148.

IV. Begriffserklärungen des Dumping.

Im folgenden gebe ich eine Anzahl von Begriffserklärungen des Dumping, woraus hervorgeht, dass der Begriff nicht im mindestens weder in der Praxis noch in der Theorie feststeht.

Feld[15]) sagt, Dumping im engeren Sinn ist das Verfahren, welches den Ausfuhrpreis niedrigerer stellt als den einheimischen Marktpreis. Man wendet aber die Bezeichnung auch an, wenn Waren unter den Herstellungskosten verkauft werden, besonders wenn damit eine Überflutung des fremden Marktes verbunden ist, oder aber auch, wenn auf dem inländischen Markte der Wettbewerb durch Unterbieten verdrängt werden soll. Dann wieder gilt als Dumping, wenn europäische Länder die Erzeugnisse ihrer Unternehmungen nach Amerika werfen zu jedem erreichbaren Preis.

Im Plutus[16]) nennt Feld Dumping die Schleuderausfuhr, die die Ware im Auslande billiger abgibt als im Inlande.

Oehring[17]) nennt Dumping eine Konkurrenzmethode, durch welche die Industrie eines Landes die Verhältnisse ihres Inlandsmarktes zu einer Stärkung ihrer Konkurrenzkraft gegen andere Industrien auf deren heimischen oder neutralen Märkten zwecks Gewinnuug von Absatzmärkten ausnützt und zwar in einer Weise, welche vermöge der Stützung auf zwei Faktoren — staatliche Förderungsmassnahmen auf der einen Seite und autonome Industrieorganisation auf der anderen Seite — ihr künstliches Übergewicht zum Schaden der Konkurrenten verleiht; je nach der gegenwärtigen Lage in den Konkurrenzländern legen Antidumpingkämpfe das Hauptgewicht auf die Mitwirkung des Staates oder auf die Rolle der Industrieorganisationen. Und weiter gipfeln dementsprechend die Bestrebungen darin, eine kongruente Mitwirkung des eigenen Staates zu propagieren oder die Einsetzung von Gegenmassnahmen zu erwirken, welche die Möglichkeiten des Dumping ausschliessen. Die Vertreter der letzteren Forderung insbesondere drücken dem Dumping den Stempel des unlauteren Wettbewerbs auf und schaffen damit zu dem Begriff des strafrechtlich unlauteren Wettbewerbs den neuen Begriff eines völkerrechtlich unlauteren Wettbewerbs. Die Einen sehen die Unlauterkeit in der Methode an sich, die Anderen nur in der Möglichkeit unlauterer Handhabung. Dumping ist demnach zunächst eine Form der Absatztechnik, insbesondere der Exporttechnik; seine spezifische Natur im Gegensatz zu anderen Mitteln und Arten dieser Technik ist der Verkauf von Industrieprodukten im Auslande zu niedrigeren Preisen als auf dem Inlandsmarkte.

In den englischen Reports[18]) of the Tariff Commission wird unter Dumping weniger der Auslandsverkauf zu niedrigeren als im Inlande üblichen Preisen verstanden, als vielmehr der Auslandsverkauf unter den eigenen Selbstkosten.

Millioud[19]) sagt, Dumping besteht in dem Verkaufe zu niedrigen Preisen, um den Wettbewerb zu vernichten und sich des Marktes zu bemächtigen.

---

[15]) Feld Wilh., Anti-Dumping, Prämienklausel und Ausgleichszölle, im Archiv f. Sozialwiss. und Sozialpolitik, 44. Bd 1917 S. 462.

[16]) Feld, W., im Plutus 1917 S. 264.

[17]) Plutus 1917 S. 230.

[18]) Plutus 1917 S. 231.

[19]) Millioud, M., a. a. O. S. 87.

Mény[20]) erklärt, Dumping könne erläutert werden als der Ausfuhrverkauf unter dem Herstellungspreis.

Hauser Henry[21]) nennt Dumping die Preispolitik, die darin besteht, für das gleiche Erzeugnis zwei Preise festzusetzen: einen verhältnismässig hohen Preis für den einheimischen Markt, einen niedrigeren und je nach den Einzelfällen veränderlichen für die fremden Märkte.

Cabiati Attilio[22]) sagt: Das Dumping ist nichts anderes als eine Anwendung des Prinzips der Preisveränderungen, mittels welcher die Unternehmer in den Unternehmungen mit sinkenden Kosten den grösstmöglichen Nutzen erzielen.

Jannacone[23]) sagt: Das Dumping ist eine Form der Veränderung des Preises einer Ware, wodurch die Unternehmer — regelmässig kartelliert oder sonst durch Vereinbarungen zusammengeschlossen, um auf die Preisbestimmung auf dem einheimischen Markt und auf die Verteilung der Verkaufsmengen zwischen dem einheimischen und dem fremden Markte Einfluss zu gewinnen — auf dem fremden Markte zu einem niedrigeren Preise verkaufen als auf dem einheimischen, wofern ein Schutzzoll oder andere gleich wirksame Hindernisse das Zurückfluten der Waren von dem Markte mit den niedrigeren Preisen nach jenem mit den höheren Preisen verhindern. Eine solche Preisveränderung hat den Zweck, den Nutzen der Unternehmer so gross als möglich zu machen, sei es durch Verkauf der Waren im Auslande in Zeiten des wirtschaftlichen Niederganges; oder durch Verhinderung der Möglichkeit, dass der infolge der Entwicklung der Unternehmungen und der Vermehrung der Erzeugung entstehende Wettbewerb ihre Gewinne aufhebt; oder als Hilfe zur Verdrängung der mitbewerbenden Unternehmer auf den neutralen Märkten; oder durch Verpflichtuug der Mitbewerber sich mit ihnen zu internationalen Syndikaten zusammenzuschliessen.

In dem Bericht[24]) des englischen Board of Trade über die Ausfuhrpolitik der industriellen Syndikate wird Dumping bezeichnet als der Verkauf von Waren nach fremden Ländern zu Preisen, die beträchtlich niedriger sind als jene, zu welchen die gleichen Waren in ihrem Erzeugungslande verkauft werden.

Dibblee S. B.[25]) unterscheidet zwei Arten von Dumping: Das Dumping der Engländer besteht darin, den Überschuss an Erzeugnissen mit Verlust auf irgendeinem Markte zu verkaufen; ebenso handelten die grossen Amerikanischen Vereinigungen, die für ihre Erzeugnisse im Inlande die Preise festhalten und den Überfluss, der durch zeitweise Übererzeugung entsteht, im Auslande mit Verlust verkaufen. Das zweite Dumping ist das der Deutschen. Dieses besteht in der Bildung von Syndikaten ihrer Industrien, um im Inlande die Preise festzuhalten und die gleichen Güter zu niedrigeren Preisen im Auslande zu verkaufen, oft mit grossen Verlusten, um einen fremden Markt zu erobern; das deutsche Dumping erfolge systematisch und in böswilliger Absicht.

---

[20]) Mény, M., Le Dumping, Paris 1919, S. 10 „vente à l'exportation au-dessous du prix de revient".

[21]) Hauser, H., a. a. O. S. 115.

[22]) Cabiati, Attilio, Prime linee per una teoria del „dumping", in der Riforma Sociale 1914 S. 201.

[23]) Jannacone Pascale, „Il Dumping" e la discriminazione dei prezzi, in d. Riforma Sociale 1914 S. 275.

[24]) Industrial Commission vol. XIII. S. 454 zit. in d. Rif. Soz. 1914 S. 331.

[25]) Dibblee G. B., Germany's economic position and Englands commercial and industrial policy after the war. London 1916 S. 50.

Die Revenue-Bill der V.St.A. von 1916 versteht unter Dumping die systematische und allgemeine Einfuhr und den Verkauf von Waren aus einem fremden Lande nach den V.St. zu einem Preise der wesentlich niedriger ist, als zur Zeit der Ausfuhr nach den V.St. der Marktwert oder Grosshandelspreis jener Waren in den Hauptmarktorten des Landes ihrer Erzeugung oder anderer fremder Länder, in die sie gewöhnlich eingeführt werden, betrug, nachdem jenem Marktwert oder Grosshandelspreise noch Fracht, Abgaben und andere Lasten und Ausgaben zugeschlagen wurden, die notwendig mit der Einfuhr und dem Verkaufe in den V.St. verbunden sind, vorausgesetzt, dass solches geschieht mit der Absicht, eine Industrie in den V.St. zu vernichten oder zu schädigen oder das Emporkommen einer Industrie in den V.St. zu verhindern oder irgend einen Teil des Gewerbes und Handels solcher Waren in den V.St. zu beschränken oder zu monopolisieren.

Der Zolltarif Kanadas von 1907 betrachtet als Dumping die Einfuhr von Waren, wenn diese einer Klasse oder Art sind, wie sie in Kanada selbst hergestellt werden und der Ausfuhrpreis oder der an einen Einführer in Kanada wirklich zu zahlende Verkaufspreis niedriger ist als der übliche Marktpreis derselben Ware, falls diese zum heimischen Verbrauch nach den gewöhnlichen und üblichen Verhältnissen im Ausfuhrland zur Zeit ihrer Ausfuhr verkauft worden wäre.

Das australische Kartellgesetz (Australian Preservation Act 1905) versteht unter Dumping den Verkauf fremder, eingeführter Waren zu Verlustpreisen oder zu Preisen, die keinen Gewinn abwerfen, mit dem Zwecke, durch diesen Verkauf den einheimischen und jeden fremden anderen Mitbewerb zu beseitigen.

Ähnlich ist die Auffassung des Dumping nach dem neuseeländischen Gesetz von 1905.

Hookham,[26]) ein Engländer, unterschied in der englischen Zeitung „The Nation" vier Arten von Dumping:

a) Den Verkauf auf fremden Märkten zu billigeren Preisen als auf dem einheimischen.
b) Den Verkauf unter den Selbstkosten.
c) Andere wieder meinten, der Beweggrund sei entscheidend; wenn ein Land zeitweise unterboten würde, um seinen Handel zu vernichten, so sei das Dumping.
d) Den Verkauf auf fremden Märkten durch Unterbietung mit Hilfe von Ausfuhrprämien; Hookham entscheidet sich für diese Begriffsbestimmung des Dumping.

Wydgodzinsky[27]) versteht unter Dumping den vorübergehenden Verkauf im Auslande von ausgeführten Erzeugnissen unter den Selbstkosten.

Holder,[28]) Arthur E., Legislative Agent der American Federation of Labor, bezeichnet als Dumping das Loswerden von etwas, das man nicht will (getting rid of something that you don't want).

Die Encyclopaedia Britannica[29]) sagt von dem Worte Dumping „es wird bisweilen gebraucht von der Einfuhr fremder Waren zu Preisen unter den im Einfuhrland herrschenden Preisen; aber besonders wird der Ausdruck gebraucht für die Einfuhr zu Preisen unter den Selbstkosten bei den Überschüssen der Erzeugung in einem fremden Lande. — Die Möglich-

---

[26]) Wydgodzinski in „Recht und Wirtschaft", 5. Jahrg. 1916, S. 246.
[27]) In Recht und Wirtschaft a. a. O. S. 246.
[28]) Bei Feld im Arch. f. Soz. Wiss. und Soz.-Pol. a. a. O. S. 463.
[29]) 11. Aufl. 1910 Art. Dump.

keit diese Überschüsse im Ausland unter den Herstellungskosten zu verkaufen, hängt von den Preisen auf dem heimischen Markte ab, die künstlich auf einem genügend hohen Niveau infolge eines Monopols oder von Ausfuhrvergütungen stehen. Ein wesentlicher Umstand bei dem Verfahren des Dumping ist die Ermässigung der Gesamtkosten der Erzeugung durch die Herstellung in grossem Masse."

Taussig,[30]) Frank William, Professor an der Harwarduniversität, versteht unter Dumping den „soliden Verkauf einer Ware an einen Ausländer zu einem niedrigeren Preise als an einen einheimischen Verbraucher." —

Peper,[31]) Charles, ehemaliger Trade Adviser des U. S. Departement of State, erklärt: Dem amerikanischen Fabrikanten sei das Dumping ein bequemes Mittel gewesen, ihren Überschuss zu Schleuderpreisen an Ausländer zu verkaufen; sie hätten auch in den Tagen ihrer glücklichen Unkenntnis Südamerikas zweitklassige und unverkäufliche Waren in das unerfahren (benigthed) geglaubte Land geschickt. —

Schon 1815 sagte Lord Henry Brougham[32]) im englischen Parlament, dass es der Mühe wert sei einen Verlust bei der Ausfuhr von englischen Waren zu erleiden, um entstehende fremde Industrien schon in der Wiege zu ersticken; also Dumping zum Zwecke der Vernichtung fremder Industrien. —

Cron-Wolfgang, H. F.,[33]) erklärt Dumping als „Export von Waren zu Selbstkosten oder Verlustpreisen bei Schadloshaltung durch erhöhte Verkaufspreise auf dem geschützten Binnenmarkt".

Koopman, Hans Diddo,[34]) schreibt: „Beim Dumping exportiert meist eine Produzentenvereinigung das, was sie von ihren Fabrikaten im Inland nicht zu dem Marktpreis, den sie festgesetzt hat, absetzen kann, in ein fremdes Land. Der dort empfangene niedrige Preis stört die Mitglieder der Produzentenvereinigung bei fernerem Absatz im Inlande nicht, wohl aber den ausländischen Konkurrenten, dessen Fabrikate die Produzentenvereinigung aber in ihrer Heimat nicht zu fürchten braucht, da sie gegen Zufluss fremder Erzeugnisse durch Schutzzölle im Herstellungsland gesichert ist."

Der englische Gesetzentwurf „The Exports and Imports Regulation Bill 1919"[35]) versteht unter Dumping den Verkauf von Gütern in England unter dem Preise im Erzeugungslande; falls sie in diesem Lande nicht verkauft werden, so gilt der in einem dem Erzeugungslande nahegelegenen Markte erzielte Preis als massgebend.

Das englische Board of Trade[36]) vertrat nach der Begründung des eben genannten Entwurfes die Auffassung, dass auch die billigere Ausfuhr bei einer unterwertigen Valuta gleichsam als Dumping anzusehen sei.

Das Koalitionsprogramm Lloyd Georges[37]) vom Winter 1918/19 erklärte „Wenn die Erzeugung in der Heimat auf dem höchsten Stande gehalten werden soll, muss gegen den unlauteren Wettbewerb Sicherheit gewährt werden, der unsere Industrie bedrohen könnte, wenn auswärts erzeugte Güter auf unserem Markte unter den tatsächlichen Erzeugungskosten verkauft werden."

[30]) Bei Feld a. a. O. S. 462.
[31]) Bei Feld a. a. O. S. 464.
[32]) S. Morgenroth a. a. O. S. 38.
[33]) In dem Jahrb. f. Nationalök. u. Stat. Bd. 112 S. 177.
[34]) In der „Zukunft" Bd. 106 S. 309.
[35]) Plaut, Theodor, „Die Bedeutung des Dumping für die gegenwärtige englische Handelspolitik" im Weltwirtsch. Arch. Bd. 16 S. 406.
[36]) Plaut a. a. O. S. 406.
[37]) Plaut a. a. O. S. 403.

Der Schlussbericht des Balfourausschusses[38]) über die Bearbeitung der amerikanischen und sonstigen Antidumpinggesetzgebung versteht unter Dumping den Verkauf von Waren auf einem bestimmten Markte zu Preisen, die niedriger sind als die, zu welchen die Waren gemeinhin im Herstellungslande angeboten werden.

Die National Union of Manufacturers[39]) forderte eine Bestimmung der Regierung, dass alle Waren als Dumpingwaren gelten sollen, die unter Arbeitsverhältnissen hergestellt sind, die schlechter sind als die englischen.

Bonar Law[40]) hatte in der Parlamentssitzung vom 25. März 1919 mitgeteilt, dass gewisse japanische Baumwollwaren schon jetzt zu niedrigeren Preisen auf den englischen Markt kommen als die englischen Spinner die Rohbaumwolle erhalten und versteht deshalb unter Dumping jeden Mitbewerb, der sich auf billigere Arbeitskräfte stützt als sie der englischen Industrie zur Verfügung stehen.

Diese Übersicht der verschiedensten im inländischen und fremden Schrifttum gegebenen Erläuterungen des Begriffes Dumping möge zunächst genügen.

V. Dumping-Theorien italienischer Volkswirtschaftler.

Bevor wir nun selbst auf das Wesen des Dumping, auf seine Voraussetzungen, seine Wirkung auf das Inland und das Ausland und seine Zwecke näher eingehen, möchte ich einige Versuche der Bildung einer Theorie des Dumping geben, die italienische Volkswirtschaftler kurz vor dem Ausbruche des Weltkrieges gegeben haben und die, soweit ich sehen konnte, in dem wissenschaftlichen Schrifttum Deutschlands wie des Auslandes bisher noch keine Erwähnung, geschweige denn eine Erörterung fanden, wohl infolge der politischen Ereignisse, die die Behandlung solcher Fragen einstweilen in den Hintergrund drängten. Ich selbst muss es mir für diese Arbeit versagen, auf alle einzelnen Punkte dieser italienischen Theorie einzugehen; ich müsste sonst auch die verschiedenen Theorien über die Kostenlehre, die Grenznutzenlehre, die Preisbildung, den Satz von Angebot und Nachfrage und manche andere Lehre auseinandersetzen. Der Kenner der verschiedenen Theorien über diese Fragen wird in der im folgenden auszugsweise wiedergegebenen italienischen Dumpingtheorie bemerkenswerte Erörterungen finden. Da meine Arbeit keine kritische Untersuchung dieser italienischen Theorie sein soll, so habe ich nur hie und da auf diese zurückgegriffen und musste es tun, soweit die Theorie sich unmittelbar mit dem Dumping beschäftigte, insbesondere mit den Voraussetzungen und Wirkungen davon; ich behalte mir jedoch vor, in einer späteren Arbeit eingehend Stellung zu diesen Theorien zu nehmen.

Wie weiter unten erwähnt werden wird, klagten die italienischen Eisenindustriellen beständig über die deutsche Einfuhr von Eisen zu besonders niedrigen Preisen. Diese Klagen benützten vor allem die italienischen Volkswirtschaftler Cabiati und Jannacone zu der Aufstellung von Theorien des Dumping.

Cabiati[41]) entwickelt seine Anschauungen an Hand der Preisbildungslehre des italienischen Nationalökonomen Pareto (Manuale di economia poli-

---

[38]) Plaut a. a. O. S. 394.
[39]) Manchester Guardian vom 2. Sept. 1919. Zit. bei Plaut a. a. O. S. 394.
[40]) Plaut a. a. O. S. 394.
[41]) Cabiati a. a. O. S. 193 ff.

tica, Milano 1909) und bringt sofort zur Deutlichmachung seiner abstrakt-mathematischen Darlegungen ein praktisches Beispiel: Nehmeh wir an, schreibt er, in einem Lande werden 1000 Tonnen einer Ware verbraucht, deren Herstellung zu gleichbleibenden Kosten (costo constante) von 50 Lire für die Tonne erfolgt und diese Summe stelle andererseits infolge des freien Wettbewerbs den Marktpreis dar, dann sei es klar, dass bei einer Vergrösserung der Erzeugung zu gleichbleibenden Kosten der Preis ebenfalls gleich bleiben werde und nicht unter 50 Lire fallen könne.

Nehmen wir nun im Gegensatz dazu an, von einer Ware Y mit sinkenden Kosten (costi decrescenti) würden ebenfalls 1000 Tonnen zum Preis von 50 Lire gleich den Herstellungskosten zum Verkauf gebracht werden, so wissen die Unternehmer, dass bei Herstellung von 2000 Tonnen die Einheitskosten auf 30 Lire für die Tonne fallen werden. Sie verkaufen dann, so nehmen wir an, 1500 Tonnen auf den einheimischen Märkten zu 32 Lire die Tonne und führen die übrigen 500 Tonnen auf fremde Märkte zum Preis von 28 Lire aus. Es ergibt sich also

Bruttoeinnahmen	62 000	Lire
Herstellungskosten	60 000	„
Gewinn	2 000	Lire

In dem ersten Beispiel deckten die Einnahmen kaum die Kosten, während jetzt ein Gewinn von 2000 Lire erzielt wird. Die einheimischen Verbraucher zahlen allerdings mehr als die fremden, aber sie haben doch einen Vorteil von 18 Lire bei jeder Tonne gegenüber den früheren Preisen. Daraus ergeben sich diese Forderungen:

a) Das Dumping ist nichts anderes als eine Anwendung des Prinzips der Preisveränderungen, mittels welcher die Unternehmer in den Industrien mit fallenden Kosten den grösstmöglichen Nutzen erzielen.
b) Dieser grösstmögliche Nutzen der Unternehmer gereicht den Verbrauchern nicht zum Schaden, vielmehr zum Vorteil.
c) Für das Dumping ist es nicht notwendig, dass die Industrie, welche Dumping übt, durch einen Zoll geschützt ist oder dass die Unternehmer kartelliert sind.

Das Dumping könne bei freiem Wettbewerb vorhanden sein, wenn auch zuzugeben sei, dass ein Syndikat die Anwendung des Dumping erleichtere. Cabiati ging in den theoretisch-mathematischen Ausführungen davon aus, dass der innere Markt durch einen Zoll geschützt oder die Unternehmer kartelliert seien, aber er hebt hervor, dass diese beiden regelmässig angenommenen Voraussetzungen nicht vorhanden sein müssten. Freilich erscheine ein Dumping bei offenen Märkten auf den ersten Blick widerspruchsvoll, aber ein einfaches Beispiel beweise zur Genüge die Richtigkeit seiner Behauptung: Die beiden Märkte X (Inland) und Y (Ausland) stellen die gleiche Ware M her zu dem Einheitspreis von 10 Lire in X und von 12 Lire in Y. Der Unterschied des Preises beträgt also 2 Lire, die den Versendungskosten von einem Lande zum andern entsprechen, so dass zwischen den beiden Märkten keinerlei Handel mit der Ware M erfolge. Die auf dem Markte Y angebotenen und verbrauchten Waren betragen 1200 kg. Wenn nun die Unternehmer des Marktes Y die Erzeugung auf 2400 kg erhöhen, so gelingt es ihnen die Einheitskosten auf 8 Lire zu ermässigen und sie können nun 2000 kg der Ware M auf dem einheimischen Markte zu dem Einheitspreise von 10 Lire verkaufen und die übrigen 400 kg verschicken sie nach dem Markte X, wo der Preis 9 Lire betragen wird, also ergibt sich:

Kosten	2400 · 8 Lire	. . . .		= 19 200 Lire
Bruttoeinnahme	2000 · 10 „	20 000 Lire		
	400 · 7 „	2 800 „		= 22 800 „
			Gewinn	3 600 Lire.

Auch ein Zollschutz des Landes, in welches ausgeführt wird, bilde kein Hindernis für die Anwendung des Dumping. Auch hierfür gibt Cabiati ein Beispiel, wobei er der Einfachheit halber von den Versendungskosten absieht: Im Lande A werde eine Ware M zu den Grenzkosten von 10 Lire und die gleiche Ware im Lande B zu 12 Lire hergestellt; die Unternehmer in A erzeugen zu den Kosten von 7 bis 10 Lire, jene in B von 9 bis 12 Lire. Das Land B müsse unter dieser Voraussetzung einen Schutzzoll von 5 Lire festsetzen, um die einheimischen Unternehmer gegen den Mitbewerb der fremden Unternehmer, die billiger erzeugen, zu schützen. Der Preis der Ware betrage in A 10 Lire, in B 12 Lire. Nun begründe sich in A, das seinerseits ebenfalls durch Zoll geschützt sein kann, ein Syndikat, das 2400 Einheiten der Ware erzeuge; die Einheitskosten können nur auf 7 Lire ermässigt werden. In diesem Falle können, so soll angenommen werden, 2000 Einheiten im Inlande zum Preise von 9 Lire verkauft werden und 400 Einheiten im Auslande zu 6 Lire, also unter den Selbstkosten. Die Gewinn- und Verlustrechnung des Syndikats sei also:

Kosten der 2400 Einheiten zu 7 Lire		16 800 Lire
Einnahmen 2000 Einheiten zu 9 Lire =	18 000 Lire	
400 „ „ 6 „ =	2 400 „	= 20 400 „
		Gewinn 3 600 Lire

Das Vorhandensein des Zolles von 5 Lire in B habe nicht die Fähigkeit die Anwendung des Dumping zu verhindern; richtig sei, dass das Syndikat in B den Zoll von je 5 Lire für die 400 Einheiten zahlen muss, aber dieser Zoll werde ihm von den Verbrauchern in B ersetzt, welche die eingeführte Ware mit 11 Lire bezahlen müssen. Also bilde ein Schutzzoll kein Hindernis gegen den Verkauf unter den Selbstkosten, umgekehrt könne man eine andere Wahrheit aussprechen: damit ein Zoll einen Schutz gegen das Dumping schaffe, sei es notwendig, dass der Zoll nicht von den Unternehmern der geschützten Industrie verbraucht werde. Wenn in B der innere Wettbewerb die Herstellung von Waren in die Hände der Geschicktesten legte, die gezwungen wären den Preis auf die Höhe der Herstellungskosten zu ermässigen, d. h. auf 9 Lire, dann würde der Zoll tatsächlich ein unüberwindliches Hindernis für das Dumping bilden, weil das Syndikat, das zu 6 Lire verkaufen würde, den ganzen Zoll von 5 Lire zahlen müsste, aber höchstens 3 Lire auf seine Abnehmer in B überwälzen könnte; also je weniger der Zoll als Schutz wirke, desto mehr wirke er als Verteidigung gegen das Dumping. Sodann fänden unter solchen Voraussetzungen die Unternehmer in B, die sich gegen den Verkauf der fremden Waren unter den Selbstkosten schützen wollten, im fremden Dumping einen letzten Ansporn, sich zu kartellieren. Also begründe der Schutzzoll keine Voraussetzung für das Dumping.

Einzelne nennen, schreibt Cabiati, Dumping auch die vorübergehende Erscheinung des Verkaufs unter den Kosten, also den mit Verlust für die

Unternehmer, zu dem Zwecke, die Gegner zu vernichten und deren Kunden für sich zu gewinnen; aber diese Erscheinung habe mit dem Dumping, mit dem wir uns beschäftigen, nichts zu tun. Dumping stelle eine besondere Klasse des Systems der Preisvielheiten dar, welche den Zweck haben, die Kosten der Erzeugung zu mindern und dadurch den Gewinn zu vergrössern. Der Verkauf mit Verlust, um die Gegner zu schlagen, sei etwas ganz anderes und werde viel häufiger im Inlande als im Auslande angewendet und erfordere ganz andere Voraussetzungen als bei der Ausübung des Dumping. Der Verkauf mit Verlust im Inlande lasse das Kostengesetz (wachsende, fallende und gleichbleibende Kosten) ausser Acht und erstrecke sich auf alle Arten von Waren. Dumping dagegen setze mindestens zwei verschiedene Preise voraus, den einen über den Erzeugungskosten, den andern unter diesen. Das habe zur Folge, dass, während das Dumping unbegrenzte Zeit andauern könne, der Verkauf mit Verlust nur eine begrenzte Dauer haben könne.

Sodann geht Cabiati auf den uns Deutsche besonders interessierenden Fall des Dumping der deutschen Eisenindustrie gegenüber Italien ein. Ingenieur Falk, Vorsitzender der „Associazione metallurgici italiani", hatte in der Versammlung der „Società commerciali italiani" in Rom 1913 erklärt:[42])

„Der Stahlverband verkaufte die Eisen- und Stahlträger und andere Profileisen zu 130 Mk. = 164 Lire, die Tonne in Deutschland, ein Preis, alles andere eher als niedrig für Deutschland, das Mineralien und Kohlen im eigenen Hause in unmittelbarer Nähe der wichtigsten Eisenindustrien hat. Ferner verkaufte der Stahlverband zu 105 Mk. = 130 Lire nach der Schweiz, England, Holland usw.; das ist im wesentlichen das allgemeine Dumping, welches bei der Anwendung gegen den italienischen Markt sehr schlimm wäre, da 34 Lire Unterschied im Preise mehr als die Hälfte des italienischen Zolles auf dieselben Gegenstände bilden, so dass der Zoll beinahe alle Wirkung verlieren würde. Aber der Stahlverband verkaufte seine Erzeugnisse nach Italien um 75 Mk. = 93 Lire, ein Preis, der noch unter den Kosten des Rohstoffes ist, aus dem die Träger erst hergestellt werden. So blieb der italienische Zoll vollständig wirkungslos; die italienische Eisenindustrie war vollständig des Schutzzolles beraubt.

Die Zwecke dieser Handelspolitik des Stahlverbandes waren klar. In der Erkenntnis, dass die italienischen Unternehmer uneinig waren, unter sich in Wettbewerb traten und deshalb auch schwach und unfähig zum Widerstand gegen den ausländischen Wettbewerb waren, rechneten die Deutschen darauf, sie niederzwingen zu können derart, dass sie selbst Herren des italienischen Marktes bleiben würden und nach dem Verschwinden unserer Eisenindustrie die Preise in Italien zu der Höhe, die sie in Deutschland haben, erheben könnten. Die grossen Verluste, welche die Frankfurter Zeitung für den Stahlverband auf jährlich 800 000 Lire angibt, würde so ohne weiteres von den italienischen Verbrauchern ersetzt.

Wenn nicht die italienische Industrie gezeigt hätte, dass sie gesünder und stärker ist als die Fremden dachten! Trotz der sehr schweren Opfer haben unsere Industriellen einem unter so für sie ungünstigen Bedingungen geübten Wettbewerb Widerstand leisten können; sie schlossen sich ebenfalls zusammen, zur Regelung der Erzeugung, zur Einschränkung des inneren Wettbewerbs und zur Verteilung der Verarbeitung, um die Kosten herabzumindern.

---

[42]) Atti del convegno, in der Rivista delle Società Commerciali, suppl. al fasc. VI., Juli 1913.

Die deutschen Industriellen verzichteten dann auf die Fortsetzung des Kampfes, der ihnen zu kostspielig war; sie stimmten einem Übereinkommen zu, das wenigstens in bestimmten Umfange dem vernichtenden und ungesetzlichen Wettbewerb ein Ende bereitete.

Aber das Übereinkommen beschränkt sich darauf, dass das Dumping gegen Italien zwar gemildert, aber nicht beseitigt wurde. Nun werden die deutschen Unternehmer in Italien nicht mehr zu 75 Mk., sondern zu 100 Mk. verkaufen! Also zu einem Preise, der immer noch niedriger ist als der für alle anderen Märkte, für welche er 105 Mk. beträgt.

Man kann also nicht von einem Übereinkommen zum Schaden der Verbraucher sprechen, sondern nur von der Beendigung eines wirklich ungesetzlichen und unerträglichen Zustandes auf dem Wirtschaftsgebiete."

Tatsächlich haben diese Preisunterbietungen des deutschen Stahlverbandes in ganz Italien das grösste Aufsehen und den grössten Unwillen erregt und es kann nicht überraschen, dass während des Krieges in den meisten italienischen, sehr vielen französischen und anderen Zeitungen, Zeitschriften und zahlreichen Büchern, die sich mit dem deutschen Ausfuhrhandel befassten, immer wieder Anklagen meist, wie es bei diesen Völkern Sitte ist, mit schroffen, beschimpfenden und hasserfüllten Worten gegen diese deutsche Ausfuhrpolitik erhoben wurden.

Im März 1914, also vor dem Kriege, wandte sich Cabiati[43]) gegen diese Anklagen des Ingenieurs Falk. Die Politik des deutschen Syndikats könne nicht so vernichtend gewesen sein trotz der ungeheuren Preisermässigung von 55 Mk. für die Tonne Profileisens, das beweise der Umstand, dass das Syndikat bloss 800 000 Lire jährlich verloren habe, eine elende Ziffer gegenüber der Menge der Geschäfte, welche dieses Rieseninstitut mache. Sodann begreife man nicht recht, welches Interesse das Syndikat haben sollte, die italienische Eisenindustrie zu vernichten; jedenfalls habe dieses Interesse nicht das von Falk angenommene sein können, nämlich nach Vernichtung der italienischen Industrie die Preise auf dem italienischen Markte zur Höhe der in Deutschland verlangten zu erheben, weil in diesem Falle das Syndikat nicht eine Tonne Stahl mehr in Italien verkaufen würde; die englische, belgische und französische Industrie, die schon jetzt trotz dieser Preise mit Deutschland auf unseren Märkten in Wettbewerb treten, würden an die Stelle der Deutschen treten.

Richtig sei, dass wie La Metallurgia Italiana (Februar 1914 Seite 122 bis 123) schreibt, sich für einen grossen Teil der Eisenwaren ein internationales Syndikat mit dem Sitze in Düsseldorf begründet habe, wonach Deutschland, Frankreich und Belgien den italienischen Markt unter sich verteilten, den Norden — von der Linie Rom-Pescara nördlich — an Deutschland und Frankreich und den Süden an Belgien. Aber abgesehen davon, dass von diesem Übereinkommen England ausgeschlossen blieb, sei es klar, dass es nicht einen Augenblick zögern würde, an dem Tage zu erscheinen, an welchem nach der Vernichtung der italienischen Eisenindustrie Deutschland seine Preise auf die Höhe der in Deutschland geforderten erheben würde. Und wo das internationale Syndikat Widerstand leistete, könnte der italienische Verbraucher der Schwierigkeit begegnen; angenommen, die Ware würde von dem Stahlverbande zu 130 Mk. in Genua zum Verkaufe angeboten, während die belgischen Unternehmer in Neapel 120 Lire verlangten, so bräuchte sich bloss in Neapel eine Handelsfirma zu begründen,

[43]) Cabiati a. a. O. S. 222 ff.

welche die belgischen Waren zu 120 Lire kaufte und sie wieder im Norden Italiens zu 120 Lire zuzüglich der Versendungskosten verkaufte.

Ferner habe Ingenieur Falk die italienische Nachfrage nach der Ware ausser Betracht gelassen, was nicht ohne merkbaren Einfluss auf die Preiserhöhung sein könne. — Nach Cabiatis Darlegungen ist Dumping das Ergebnis folgender Veränderungen

a) der Nachfrage im Inland und im Auslande;

b) des Angebotes, das vom Kostengesetz abhänge und

c) des Preises im Inlande, der mit anderen Veränderungen den Preis im Auslande bestimme. Eines dieser Momente zu verändern sei nicht möglich, ohne das Syndikat zu zwingen, auch alle anderen zu ändern. Die Sache sei um so schwieriger, je mehr das Syndikat unüberwindliche Schranken bei seinem Handel im Auslande infolge des internationalen Wettbewerbs habe.

Wenn die italienische Eisenindustrie nicht vorhanden wäre, so würde für Italien, um die Tätigkeit des deutschen und des französisch-belgisch-deutschen Syndikats zu brechen, ein sehr einfaches Mittel genügen: Aufhebung der Zölle auf die Roh- und Halbstoffe. Der englische und amerikanische Mitbewerb würde wirksam werden, und unsere Metallindustriellen hätten die Stoffe sicher zu einem niedrigeren Preise als jetzt.

Ebensowenig lasse sich die Behauptung Falks aufrechterhalten, das jüngste Abkommen zwischen den italienischen und deutschen Eisenindustriellen sei nicht zum Schaden der Verbraucher; das Abkommen bringe unseren Verbrauchern einen Schaden genau in der Höhe des Unterschieds zwischen dem neuen deutschen Preise und dem früheren, d. i. 25 Mk. vermehrt mit der Zahl der Tonnen deutschen Eisens, das Italien kauft; nicht einen Centesimo mehr, nicht einen Centesimo weniger.

Das italienisch-deutsche Abkommen beleuchte im Gegenteil eine andere Wahrheit: die äusserste Schwierigkeit, Feinheit und Zartheit der Einflusszone des Dumping. Trotz des starken Schutzes, dessen sich das deutsche Syndikat zu Hause erfreue, trotz des Umstandes, dass die Ausfuhr unter den Selbstkosten kaum 1 v. H. der Gesamterzeugung der deutschen Eisenindustrie bilde, habe der Widerstand der italienischen Eisenindustriellen genügt, dass nach kurzer Zeit der Stahlverband seine Preispolitik nicht mehr verfolgen konnte und dieser Koloss sich den Vorstellungen unserer Industriellen fügen musste durch Erhöhung des Preises um 25 v. H. Das beweise, dass, wenn unsere Eisenindustrie ihre Erzeugung zu organisieren wüsste durch Verminderung der Kosten, sie nichts mehr von dem deutschen Dumping zu fürchten hätte. Das sei die Gefahr, die eines der gewichtigsten Hindernisse für die Ausübung des Dumping schaffe und die Industriellen zwinge, es mit der grössten Klugheit und innerhalb sehr enger Grenzen anzuwenden. Es genüge eine industrielle Verbesserung, eine Verminderung der Erzeugungskosten, die Öffnung eines neuen Erzeugungsmarktes, eine Herabsetzung der Frachten, ein Differenzialzoll für die Versendung in das Ausland, um mit einem Schlage die ganze von einer Industrie oder einem Syndikat angewandte Politik der „Preisvielheiten" zusammenstürzen zu lassen.

Und wie diese Politik der Preisvielheiten angewendet werde um den Unternehmungen den günstigsten Umfang zu geben, so sei es klar, wie gross die Gefahr einer Veränderung sei, unabhängig von dem Wollen des Syndikats, und dass diese Gefahr von einem Augenblick zum andern alle Voraussetzungen des Problems ändere und den Umfang des Unternehmens über den Haufen werfen könne.

Je grösser das Unternehmen sei, je grösser das in ihm angelegte Kapital, desto schwieriger werde die Anwendung des Dumping, einerseits weil die Grenzen innerhalb welcher die Preise sich ändern können, zu eng seien, da die Mindestmenge, welche das Unternehmen erzeugen muss, grösser sei und nicht unter die Verzinsung, Versicherung und Tilgung des angelegten Kapitals fallen und andererseits, weil jede Veränderung in dem Umfange des Unternehmens unmöglich oder vernichtend werden könne. —

Gegen diese Ausführungen Cabiatis wandte sich Achille Loria;[44]) er bestritt zunächst, dass Dumping auch beim Vorhandensein offener Märkte angewendet werden könne; vielmehr sei eine Ausfuhr zu Preisen unter dem Werte nur beim Vorhandensein eines Schutzzolles möglich; ebensowenig sei das Beispiel Cabiatis brauchbar, nach welchem ein Gewinn von 2000 Lire durch die Ausfuhr bei Vermehrung der Erzeugung erzielt würde; alle hätten Vorteil, die einheimischen Verbraucher, weil sie das Erzeugnis zu 32 Lire erhalten statt um 50 Lire wie bisher, und auch die ausländischen Verbraucher, die die Ware zu einem lächerlichen Preise erhalten. Und alles das, obwohl zwischen den beiden Ländern — Einfuhr- und Ausfuhrland — Freihandel herrsche. Aber warum, fragt Loria, zahlen die einheimischen Verbraucher 32 Lire statt bloss 28 Lire, um welchen Preis sie die Ware ja aus dem Auslande einführen könnten. Unter den von Cabiati angenommenen Voraussetzungen — offener Markt und Nichtberücksichtigung der Versendungskosten — müsse man den einheimischen Verbrauchern schon eine kindliche Gutmütigkeit zuerkennen oder das Fehlen des einfachsten Sinnes für einen Vorteil annehmen, wenn man glaube, dass sie weiterhin das einheimische Erzeugnis kaufen, während sie es aus dem Auslande mit einer Einsparung von 4 Lire für die Einheit wieder einführen könnten; sobald man die Vernunft und Notwendigkeit zugebe, dass sie dem Drange nach Gewinn folgen, so müsse man zwingend annehmen, dass sie die ausgeführte Ware wieder zurückführen; dann können die nationalen Unternehmer ihre Erzeugnisse im Inlande nicht mehr teuerer verkaufen und ihre Verluste, die sie durch die Ausfuhr unter den Selbstkosten erlitten haben, im Inlande nicht mehr ausgleichen. Aber das genüge nicht; die Ausfuhr unter dem Werte setze voraus, dass man das betreffende Erzeugnis im Auslande zu niedrigeren Kosten erzeuge als im Ausfuhrlande, denn andernfalls wäre keine Veranlassung zu einer Ausfuhr unter dem Werte. Bei freiem Austausch könne der ausländische Unternehmer immer seine Ware in das Land, das die Ausfuhr unter den Selbstkosten vornehme, ausführen und so den Preis auf die Höhe des ausländischen herabdrücken; er könne sogar noch mehr tun, er könne seinerseits unter den Selbstkosten ausführen und den Überpreis des Landes, das zuvor unter den Selbstkosten ausführte, beseitigen. Man könne also durchaus nicht der Behauptung Cabiatis zustimmen, Ausfuhr unter dem Werte begünstige die einheimischen Verbraucher, indem sie die Waren billiger als früher erhielten.

Wenn eine fremde Ware unter dem Werte vorhanden sei, so bräuchten die einheimischen Verbraucher nicht das einheimische Erzeugnis zu dem immerhin höheren als dem ausländischen Preise zu erwerben, da sie die Ware jederzeit von den ausländischen Unternehmern billiger kaufen können. Also wenn nach dem angenommenen Beispiel die Ware zu 28 Lire ausgeführt wird, so beweise dies zunächst, dass die Ware im Auslande zu

[44]) Loria Achille, Sul deprezzamento delle esportazioni, in d. Rif. Soc. 1914 S. 227 ff.

mindestens 28 Lire oder teuerer hergestellt wird; dann sei es aber klar, dass für die einheimischen Verbraucher die Möglichkeit, das einheimische Erzeugnis zu 32 Lire zu erwerben, noch keinen Gewinn bedeute, sondern im Gegenteil einen Verlust von 4 Lire. Es sei also unmöglich in dem System der Ausfuhr unter dem Wert die Quelle irgend eines Vorteils für die einheimischen Verbraucher zu erkennen. Ebensowenig könne die Ausfuhr unter dem Werte der Grund irgend einer Verminderung der Erzeugungskosten sein; die billigere Ausfuhr verringere allerdings die einheimischen Erzeugungskosten von 50 Lire auf 30 Lire, aber da die ausländische Erzeugung vorhanden sei, die zu 28 herstelle, so sei doch die einheimische Erzeugung immerhin um 2 Lire teuerer als der Preis, zu welchem man die Ware sich von auswärts verschaffen könne.

Auch die Analogie, welche man zwischen den Preisvielheiten (prezzi multipli) und der Ausfuhr mit Preisminderung finden wollte, sei in Wirklichkeit nicht vorhanden, da die Preisvielheiten sich bloss auf Waren beziehen, die wenigstens ein verschiedenes Aussehen haben (Plätze verschiedener Klassen, Schokolade in weissem oder in Goldpapier usw.), während das zur Ausfuhr mit Preisermässigung bestimmte Erzeugnis tatsächlich und offenkundig identisch ist mit dem auf dem einheimischen Markte verkauften und deshalb wieder zurückgeführt werden könne beim ersten Versuch des Ausführers, dem einheimischen Markt einen Differenzialpreis aufzuerlegen. Die Analogie der beiden Fälle bestünde bloss, wenn auf dem einheimischen Markte z. B. eine blaugefärbte Ware verlangt würde und auf dem ausländischen eine grüngefärbte, da in diesem Falle der einheimische Unternehmer für die erstere vom einheimischen Verbraucher einen höheren Preis verlangen könnte, ohne dass der Verbraucher daran dächte, die grüngefärbte Ware wieder einzuführen, die er nicht verwenden kann.

Das Problem werde verwickelter durch den Versuch Cabiatis ein neues Moment einzufügen: die Versendungskosten. Diese, sagt er, belasten die wiedereingeführte Ware und bewirken, dass die Ware einen begrenzt höheren Preis haben könne als den des teuerer verkauften einheimischen Erzeugnisses, was die Wiedereinfuhr unmöglich mache und die einheimischen Verbraucher zwinge, den von den einheimischen Unternehmern verlangten Differenzialpreis zu bezahlen. Er, Loria, könne entgegnen, dass die Versendungskosten den internationalen Handel wie ein Schutzzoll beeinflussen; er verweise aber auf eine bessere Beobachtung, nämlich darauf, dass die Versendungskosten, bevor sie den Wiedereinführer treffen, den Unternehmer selbst belasten, der mit Preisermässigung ausführt; der Unternehmer könne diese Kosten sich nicht vom ausländischen Verbraucher ersetzen lassen, wenn er den Ausfuhrpreis ermässigen wolle und müsse daher den Preis der im Inlande verkauften Menge entsprechend erhöhen.

Also müsse der einheimische Verbraucher für die wiedereingeführte Ware ein Mehr gleich den Versendungskosten der Wiedereinfuhr und ebenso für die einheimische Ware ein Mehr gleich den Versendungskosten für die Ausfuhr bezahlen.

Der Wiedereinführer verschaffe sich die Ware zu einem Einheitspreise gleich den Herstellungskosten plus des Unterschiedes zwischen den Versendungskosten und der Preisermässigung der ausgeführten Ware. Der Verbraucher der einheimischen Ware verschaffe sich diese zu einem Preise gleich den Herstellungskosten plus der Summe der Versendungskosten und der Preisermässigung der ausgeführten Waren vermehrt durch das Verhältnis zwischen der ausgeführten und der im Inlande verkauften Menge. Oder, wenn dieses Verhältnis gleich sei dem zwischen der Differenz und der Summe der Preisermässigung der Ausfuhr und den Versendungskosten, so seien die Kosten der Wiedereinfuhr ganz genau gleich den Erwerbungskosten des einheimischen Erzeugnisses. Wenn das Verhältnis zwischen der ausgeführten Menge und der im Inlande verkauften kleiner sei als das Verhältnis zwischen jener Differenz und dieser Summe, so sei die Einfuhr teuerer als der inländische Verbrauch; sei das Verhältnis grösser, so sei die Wiedereinfuhr günstiger als der Erwerb des einheimischen Erzeugnisses. Wenn z. B. die Preisermässigung für die Einheit der ausgeführten Ware 8 betrage, die Versendungskosten 10, so ist der Unterschied 2 und diese Ziffer stelle die Einheitskosten für die Wiedereinfuhr dar; andererseits müsse der Ausführer die im Inlande verkaufte Menge mit der Summe 10 + 8, vermehrt mit dem Verhältnis zwischen der ausgeführten und der im Inlande verkauften Menge belasten. Wenn nun dieses Verhältnis gleich oder geringer als das Verhältnis zwischen der Differenz (10—8) und der Summe (10 + 8) der Preisermässigung der Ausfuhr und der Versendungskosten ist, also $^1/_9$, so seien die Kosten der Wiedereinfuhr gleich oder grösser als die Kosten für den Erwerb im Inlande und demnach könne die Wiedereinfuhr nicht den höheren einheimischen Preis verhindern. Wenn aber umgekehrt das Verhältnis zwischen der ausgeführten Menge und der im Inlande verkauften grösser sei als das Verhältnis zwischen der Differenz und der Summe der Preisermässigung und der Versendungskosten, also grösser als $^1/_9$, so seien die Kosten der Wiedereinfuhr geringer als die Erwerbungskosten der Ware im Inlande und daher mache die Wiedereinfuhr einen höheren einheimischen Preis unmöglich. Das solle also besagen, dass die Kosten der Wiedereinfuhr grösser als die Erwerbskosten im Inlande nur dann seien, wenn das Verhältnis der unter den Kosten ausgeführten und der im Inlande verkauften Menge sehr klein sei, oder mit anderen Worten, sobald die Ausfuhr mit Preisermässigung sich innerhalb sehr bescheidener Grenzen halte. Sobald die Ausfuhr eine bemerkenswerte Ziffer erreiche, so sei der Preis der wiedereingeführten Ware geringer als der Preis im Inlande, der schon erhöht sei infolge der Preisermässigung für die Ausfuhr, was durchaus diesen höheren Preis unmöglich mache und das ganze Gebäude der Ausfuhr mit Preisermässigung zusammenbrechen lasse.

Loria weist auch den Einwand Cabiatis zurück, dass das System der Ausfuhr mit Preisermässigung wohl dem ausländischen Mitbewerb Widerstand leisten könne, es aber Hindernissen in dem Wettbewerb der einheimischen Unternehmer begegne, was sie hindern könnte im Inlande zu einem die Kosten wesentlich übersteigenden Preise zu verkaufen. Es sei zwar, meint Loria, theoretisch richtig, dass verschiedene Unternehmer die gleiche Ware zu verschiedenen Kosten herstellten, in Wirklichkeit bestehe keine logische Notwendigkeit dafür. Aber davon abgesehen, verschaffe ein höherer Preis im Inlande dem einheimischen Unternehmer keinen Sondergewinn, sondern er erhalte bloss den Ausgleich für den Verlust, den ihm die Ausfuhr mit Preisermässigung bringe; der einheimische Wettbewerb könne die einheimischen Unternehmer nicht hindern, den Preis für ihre Erzeugnisse zu erhöhen innerhalb dieser so festgesetzten Grenzen; nicht der einheimische Mitbewerb sei es, sondern der fremde, der einen höheren inländischen Preis, der zum Ausgleich der Ausfuhr mit Preisermässigung nötig sei, unmöglich mache.

Cabiati behaupte schliesslich, die Ausfuhr mit Preisermässigung sei durchaus unmöglich, wenn ein Schutzzoll in dem Lande, wohin ausgeführt werde, vorhanden sei, da ein solcher Zoll nur den Preis, zu welchem der Ausführer verkaufen könne, erhöhe und diesen verpflichte, die Einnahme dem Fiskus des Einfuhrlandes zurückzuerstatten. Loria sagt, das sei richtig, wenn es sich um einen Zoll handle, der schon vor der Ausfuhr vorhanden sei, aber unrichtig, wenn es sich um einen Zoll handle (wie jenen von Kanada von 1905), der jeweils nach der Ausfuhr mit Preisermässigung und zur Abwehr dieser erfolge. Unter solchen Bedingungen belaste der einzig zum Schutze der einheimischen Erzeugung, um diese vor dem Mitbewerbe der billigen Ausfuhr zu bewahren, festgesetzte Zoll nicht die einheimische Erzeugung, sondern treffe ausschliesslich den ausländischen Unternehmer, der die Preisermässigung vornehme; dieser Zoll müsse also so hoch sein wie der Einfuhrzoll und die Belastung durch die Preisermässigung; unter solchen Voraussetzungen belaste der Zoll tatsächlich die billige Ausfuhr mit einem Zuschlage, der auch die Möglichkeit diese vorzunehmen beseitigen könnte. —

Zu der Frage des Dumping der deutschen Eisenindustrie gegen Italien und zu den theoretischen Ausführungen Cabiatis und Lorias nahm auch ein Praktiker, R. Ridolfi,[45]) Direktor der Aktiengesellschaft „Ferro e Acciajo" Stellung. Gerade dessen Ansichten sind von besonderem Wert, weil sie von den Tatsachen ausgehen und die theoretischen Erörterungen beiseite lassen. Vor allem hält Ridolfi die Wahl des Beispiels Cabiatis für nicht glücklich, da niemals, am wenigsten auf dem Gebiete der Eisenerzeugung, besonders der Träger, eine Verdoppelung der Erzeugung die Herstellungskosten sich im Verhältnis von 5 zu 3 ermässige; ebensowenig sei es möglich durch Verdoppelung der Erzeugung den einheimischen Verbrauch um 50 v. H. zu steigern, die andern 50 v. H. auszuführen, den einheimischen Verkaufspreis um 36 v. H. zu senken (von 50 auf 32) und im Auslande einen um 44 v. H. ermässigten Preis (von 50 auf 28) zu erhalten. Wäre das Beispiel annehmbar, so würde Cabiati recht haben mit seiner Behauptung, das Dumping sei von Vorteil für die einheimischen Verbraucher; das treffe aber wenigstens beim deutschen Dumping nicht zu; im Gegenteil, die deutschen Unternehmer verlangten vor Gründung ihres Verbandes (Ende 1903) im Inlande für Träger durchschnittlich 100 Mk. für die Tonne ab Fabrik; sie führten dann einzeln, jede Fabrik auf eigene Rechnung, ihre Erzeugnisse aus unter bescheidener Anwendung der Methode der Preisvielheiten, von denen das Dumping ein Sonderfall sei, d. h. sie verkauften im Auslande zu billigeren Preisen, durchschnittlich zu 90 Mk. die Tonne; sie erhielten dann Aufmunterungen und Prämien, offene und versteckte, von ihren Kollegen — Gusseisen- und Kohlenindustriellen, — vom Staat und den Eisenbahnen zur Förderung der Ausfuhr, aber ihre Kräfte seien nicht geregelt, ihre Gewinne begrenzt, die ausgeführten Mengen bescheiden gewesen, und die Vermehrung der Erzeugung infolge der Ausfuhr unter den Selbstkosten habe nur geringen Einfluss auf die Verminderung der allgemeinen Unkosten haben können, weit entfernt von den 40 v. H. im Beispiele Cabiatis; klugerweise hätten sie sich organisiert, kühn ihre Handelszonen erweitert dank der Begründung ihres Verbandes. Und der Verband habe die einheimischen Verkaufspreise von 100 Mk. auf 130 Mk. erhöht, die Preise für die Weltausfuhr von 90 Mk. auf 110 Mk. ab Fabrik und so den Mitgliedern einen Gewinn von 30 Mk. für jede Tonne bei den Inlandsver-

[45]) Ridolfi, R., Il „Dumping" considerato dal lato pratico, in d. Rif. Soc. a. a. O. S. 277 ff.

käufen und von 20 Mk. bei den Auslandsverkäufen verschafft; der Verband sei wie früher mit der Anwendung des Prinzips der Preisvielheiten fortgefahren, habe davon seinen Gewinn gehabt, ohne seine Zuflucht zum wirklichen und eigentlichen Dumping zu nehmen, da der Preis von 110 Mk. für die tüchtigsten deutschen Unternehmer über den Selbstkosten sein musste. Der Unterschied zwischen den Preisen der gleichen für den inneren und den fremden Markt bestimmten Waren sei also erhöht worden, von 10 Mk. (100 Mk. — 90 Mk.) auf 20 Mk. (130 Mk. — 110 Mk.) d. h. verdoppelt. Die Kosten hierfür hätten die einheimischen Verbraucher der Rohstoffe und der Fertigwaren mit 30 Mk. für die Tonne und die Verbraucher in den von der deutschen Ausfuhr überschwemmten Ländern mit 20 Mk. für die Tonne tragen müssen. Der deutsche Staat habe sich nicht dagegen aufgelehnt und nicht daran gedacht, dass der Zollschutz, der die Schaffung des Verbandes begünstigte, verdient habe, beseitigt oder ermässigt zu werden.

Man könnte, meint Ridolfi, einwenden, die nationalen Eisenindustriellen bräuchten sich nicht zu beklagen, da nach den genannten Zahlen der deutsche Ausfuhrpreis für Träger vom Verbande um 20 Mk. für die Tonne (110 Mk. — 90 Mk.) erhöht worden sei gegenüber den Forderungen der nichtkartellierten deutschen Unternehmer; daraus folgere, dass der grösste Teil des Gewinnes, den die deutschen Fabrikanten vom Verbande erhielten, die fremden Verbraucher belastet habe; folglich könne man einwenden, auch die ausländischen Abnehmer hätten ihren Vorteil und auch die italienischen könnten die Preise für ihre Zeugnisse erhöhen. Das aber sei nicht der Fall gewesen und gerade deshalb klage man: „Die Gesetzmässigkeit des Weltsystems der Preisvielheiten kennen wir Italiener an, wir billigen es und wollen es nachahmen. Warum aber behandelt man Italien anders, Italien ganz allein? Während, wie wir sahen, durch Gründung des Verbandes die Preise für die Verbraucher im Inlande um 35 Mk. für die Tonne und um 20 Mk. für die Weltausfuhr erhöht wurden, wurden die Preise einzig und allein für Italien um 15 Mk. ermässigt, von 90 Mk. auf 75 Mk. und damit weit unter die Selbstkosten.“ Cabiati habe nun gesagt, um so leichter sei das Dumping, je geringer der Kostenunterschied der Ware im Inlande und im Auslande sei; für die Anwendung des Dumping müsse die Ware im Auslande zu den gleichen Kosten oder billiger als im Inlande hergestellt werden, denn andernfalls sei es lächerlich unter den Kosten zu verkaufen. — Die Kosten in Italien, sagt Ridolfi, seien nicht gleich den deutschen oder niedriger, sondern wesentlich höher und Deutschland verkaufe gleichwohl nach Italien unter den Selbstkosten. Der Verband habe 1910, 1911 und 1912 verkauft

im Inlande zu	130	Mk.	ab	Fabrik
nach der Schweiz zu	120—125	„	„	„
nach der übrigen Welt zu	103—110	„	„	„
nach Italien zu	75	„	„	„

Dagegen habe man sich in Italien gewehrt und das italienisch-deutsche Übereinkommen suche nur die Folgen dieses absurden und für beide Teile schädlichen Verfahrens auszuschalten oder zu mildern; die italienischen Eisenindustriellen hätten zu den Deutschen gesagt: „Behandelt uns, wie ihr die ganze Welt behandelt, keine Vergünstigung für uns, aber auch keine Benachteilung.“ Gleichwohl hätten sie die „Parität“ nicht erlangen können; der Unterschied des Preises auf dem Weltmarkte 1910—12 gegenüber dem einheimischen Preise von 20 Mk. für die Tonne (130 Mk.—110 Mk.) betrage jetzt (1913) nach dem Abkommen für Italien bis zu 25 Mk.; während der Weltausfuhrpreis im Augenblick des Abkommens 110 Mk. ab Fabrik gewesen sei, sei er für Italien auf 105 Mk. festgesetzt worden. „War es klug, während drei oder vier Jahre in dieser Weise Dumping gegen Italien anzuwenden? Was war der Beweggrund? Offensichtlich war der Grund kein volkswirtschaftliches Prinzip, sondern ein besonderer Zweck, d. h. der Wunsch die entstehende italienische Eisenindustrie zu unterdrücken und zurückzudrängen." Die Italiener hätten Widerstand geleistet und der deutsche Verband habe statt Boden zu gewinnen mit dem Verkauf von Trägern nach Italien zu aussergewöhnlich niedrigen Preisen und trotz der ungeheuren Verluste, die allerdings durch die höheren Preise für die deutschen Unternehmer ausgeglichen worden seien, die Ausfuhr seiner Träger nach Italien zurückgehen sehen. Vor der Gründung des Verbandes habe der Preis für Träger in Italien 90 Mk. betragen und nachher 75 Mk., obwohl diese Ermässigung nicht etwa durch ein Sinken der Rohstoffpreise gerechtfertigt gewesen sei, da diese von 1910—1913 sehr stark gestiegen seien; der Preis von 75 Mk. sei 1910—1913 unverändert geblieben, ein wirklicher „Preiskampf", aufs äusserste ausserhalb jeder wirtschaftlichen Erwägung. Und trotzdem habe der Verband keine Fortschritte gemacht; während 1903 die Einfuhr der deutschen Träger nach Italien 60 v. H. des italienischen Verbrauchs überstiegen habe, sei er gesunken auf

56 v. H. im Jahre 1907	28 v. H. im Jahre 1910
49 v. H. „ „ 1908	21 v. H. „ „ 1911
35 v. H. „ „ 1909	19 v. H. „ „ 1912

Wem habe der Kampf zum Vorteil gereicht? Die deutschen Verbraucher hätten Verluste erlitten; einigen Vorteil hätten unsere — die italienischen — Abnehmer der Rohstoffe und die Verarbeiter und die Verbraucher der Fertigwaren gehabt; aber man müsse doch diesen Verbrauchern zurufen „Gebt acht! diese besondere Behandlung Italiens verschafft den italienischen Eisenindustriellen einen Verlust x und den Verbrauchern einen Vorteil y; wir wollen nicht untersuchen ob x grösser ist als y oder y grösser als x, sondern wir sagen, diese euere Vorteile sind vorübergehend, sind eine Täuschung; seid nicht so unerfahren, zu glauben, dass Deutschland euch zu 75 Mk. anbietet, was es zu 120—130 Mk. den Schweizern und zu 115 Mk. fob Antwerpen der ganzen übrigen Welt verkauft und das bloss aus besonderer Vorliebe für den schönen Himmel Italiens. Unter dieser Bevorzugung verbirgt sich die Absicht, die italienische Eisenindustrie zu neutralisieren und dann, wenn dies gelungen ist, dann werdet ihr die Folgen spüren."

Die Erklärung Cabiatis, der Verband werde nach der Vernichtung der italienischen Eisenindustrie bei dem Versuch den Preis auf die Höhe der deutschen Inlandspreise zu bringen, keine Tonne mehr nach Italien ausführen, da an die Stelle Deutschland die englische, belgische und französische Industrie trete, weist Ridolfi als unzutreffend zurück, da Belgien und Frankreich mit dem Verband verbunden seien. Ebensowenig sei die Annahme Cabiatis stichhaltig, dass gegebenenfalls aus Süditalien Eisen nach Norditalien gebracht werden könne, weil das von Cabiati genommene Beispiel völlig irrig sei; aber selbst wenn es richtig sei, so würde der Kauf zu 120 Lire in Neapel, um dadurch dem Preise von 130 Lire in Genua zu begegnen, erfolglos sein, da die Kosten für die Versendung zum grossen Teil den Preisunterschied ausgleichen würden. Auch die Hoffnung Cabiatis auf englischen oder amerikanischen Mitbewerb sei unbegründet, da abgesehen von einer gewissen technischen und kaufmännischen Rückständigkeit dieser Länder, der Verband jährlich 100 000 Tonnen nach England und fast ebensoviel nach Amerika ausführe und weder Amerika noch England nach dem europäischen Kontinent ausführen. —

Während Cabiati die Ursache des Dumping in den billigeren Kosten infolge Vergrösserung der Erzeugung findet, versuchte ein anderer italienischer Volkswirtschaftler Pasquale Jannacone[46]) eine Theorie des Dumping zu geben ebenfalls auf Grund der Preisbildungslehre und im Anschluss an die Ausführungen Cabiatis. Jannacone führt aus:

Dumping ist ein Sonderfall einer allgemeinen volkswirtschaftlichen Erscheinung, nämlich der Veränderung (diversificazione, discriminazione) des Preises, zu welchem gleichzeitig Einheiten ein und derselben Ware verkauft werden. Drei Formen zum mindestens sind möglich:

1. Preisveränderungen nach Klassen der Käufer (persönliche Veränderungen);
2. Preisveränderungen nach Handelszonen innerhalb eines Landes (örtliche Veränderungen);
3. Preisveränderungen beim Verkauf nach verschiedenen Ländern (internationale Veränderungen).

Diese dritte Form ist es, der man gewöhnlich die Bezeichnung Dumping gibt, sobald der im Ausland verlangte Preis niedriger ist als der im Inlande geforderte. Eine Theorie des Dumping muss also von einer allgemeinen Theorie der Preisveränderungen ausgehen, wobei für alle drei Formen das Vorhandensein eines geschlossenen Marktes angenommen wird.

Der Preis einer Ware wird auf dem ganzen Markte für jede Einheit der gleiche sein unter folgenden Voraussetzungen:

a) Die einzelnen Einheiten sind sämtlich gleich und vertretbar (identiche e sostituibili);
b) es besteht kein Hindernis, die Ware von einem Punkt des Marktes an einen anderen zu schaffen (mobilità);
c) es besteht kein Hindernis an keinem Punkte des Marktes hinsichtlich der Nachfrage nach der Ware (trasferibilità della domanda);
d) alle Waren müssen gleichzeitig zum Verkauf stehen;
e) jeder Verkäufer ist frei im Verkaufe jeder beliebigen Menge zu einem bestimmten Preise und ebenso jeder Käufer zum Kauf jeder beliebigen Menge zu einem bestimmten Preis;
f) jeder Verkäufer ist völlig frei im Verhandeln mit jedem Käufer und jedem Verkäufer;
g) jeder Käufer ist frei im Verhandeln mit jedem Verkäufer und jedem Käufer.

Jede Veränderung dieser Voraussetzungen bildet sofort Schranken. Tritt keine Veränderung in diesen Voraussetzungen ein und bilden sich gleichwohl zwei verschiedene Preise an zwei verschiedenen Punkten des Marktes, so würde sofort eine „Arbitrage" einsetzen, ein Ausgleich mit der Wirkung, dass eine bestimmte Warenmenge dort, wo der billigere Preis vorhanden ist, gekauft und an die Stelle, wo der höhere Preis herrscht, gebracht wird. bis das Gleichgewicht des Preises wieder hergestellt ist. Solche Arbitragegeschäfte sind bekanntlich sehr häufig bei Wertpapieren an der Börse, aber auch bei anderen Waren. Eine Untersuchung über die Preisveränderungen ist nichts anderes als eine Untersuchung über die vorübergehenden oder dauernden Veränderungen der Voraussetzungen, unter welchen das Gesetz der Preisgleichheit (legge d'indifferenza del prezzo) herrscht. Es sollen zunächst an Beispielen diese abstrakten Darlegungen erläutert werden.

[46]) Jannacone a. a. O. S. 234 ff.

Preisveränderungen nach Käuferklassen. Sehr häufig, häufiger als wir es beachten, findet eine „persönliche Preisveränderung" statt, wodurch die Voraussetzung a — die Gleichheit der einzelnen Einheiten der Waren — verändert wird. Bekannt ist das Beispiel der verschiedenen Preise für ein und dieselbe Art Schokolade, je nachdem sie in Form von Tafeln oder Bonbons oder eingewickelt in farbiges Papier oder mit einem Wohlgeruch versehen verkauft wird. Die gleiche Preisveränderung findet sich bei sehr vielen anderen Gegenständen, die für den Gaumen oder die Eitelkeit verschiedener Käuferklassen bestimmt sind. In den meisten Fällen handelt es sich hierbei nicht etwa um Waren, deren Herstellung besondere technische Prozesse oder merkbare besondere Kosten erfordert; gleichwohl genügt eine Veränderung des Aussehens, um den verschiedenen Geschmack zu befriedigen, weshalb auch verschiedene Preise bezahlt werden. Auf demselben Grundsatze beruht auch die Abstufung der Eisenbahntarife nach Klassen von Reisenden; die Leistung ist die gleiche für Reisende erster und dritter Klasse bei der Zurücklegung der gleichen Strecke; aber die Leistung ist für die Reisenden erster Klasse mit einer gewissen Bequemlichkeit verbunden, deren sich die dritte Klasse nicht erfreut; das genügt zur Abstufung des Tarifes, nicht weil die Ausgaben für die Leistung der Fahrt verschieden sind, sondern weil die einen bereit sind eine grössere Summe für die oft kaum wahrnehmbare grössere Bequemlichkeit zu zahlen; deshalb kann ihrem Tarif ein grösserer Anteil der allgemeinen Unkosten aufgebürdet werden. So hat also die Änderung der Voraussetzung a — die Scheidung in verschiedene Verbraucherklassen — und infolgedessen die Veränderung des Preises ihren Grund in dem Willen der Verbraucher selbst, denn niemand ist gezwungen, äusserlich verschiedene Schokolade zu kaufen, im Theater im Sperrsitz oder im Rang zu sitzen oder erster Klasse zu fahren.

Es gibt noch andere Fälle der Preisveränderung hinsichtlich bestimmter Personen; in diesen Fällen muss, um die Preisveränderung aufrechtzuerhalten, zwischen den einzelnen Klassen der Käufer eine Schranke aufgerichtet werden, die in der Veränderung g besteht, d. h. in dem Verbot mit einander zu verhandeln. So gibt es in Belgien besondere Arbeiterzüge mit ermässigten Tarifen; nur die Personen, die einen entsprechenden Ausweis über ihre Arbeitereigenschaft haben, geniessen diese Ermässigungen; selbstverständlich können diese Fahrscheine und Ausweiskarten nicht an jemanden ausgestellt werden, der nicht Arbeiter ist. In der Schweiz gibt es bei einigen Bergbahnen verschiedene Tarife für die Fremden und die Einheimischen; die Fahrscheine für diese tragen die Aufschrift „Nur für Einheimische" und können nicht übertragen werden.[47])

Unter den Veränderungen der Voraussetzungen f und g findet sich häufig die Klausel des Nichtwiederverkaufs, um eine Preisveränderung zu begründen, so besonders bei industriellen Syndikaten. Ein niedrigerer Preis wird denen zugestanden, die sich verpflichten, bloss beim Syndikat zu kaufen und nicht bei einem Mitbewerber. Andererseits wird ein höherer Preis denen zugebilligt, die sich verpflichten eine bestimmte Ware zunächst dem Syndikat anzubieten; oder es wird ein gegenseitiger Kauf- und Verkaufsvertrag abgeschlossen oder die Käufer einer Syndikatsware verpflichten sich,

---

[47]) Ich erinnere an die Ermässigungen für Militärpersonen, Studenten usw., an die verschieden abgestuften Gebühren bei Brückenzöllen, bei Besuch von Vergnügungsunternehmungen usw., wo häufig Einheimische bevorzugt werden; ferner erhalten Kohlenbergarbeiter Kohlen billiger usw. (Der Verf.).

diese nicht wieder zu verkaufen. So hatte das westfälische Kohlensyndikat (1903) in seinen Verträgen mit den Giessereien die Klausel, dass die an diese verkaufte Kohle nur für die eigene Industrie und ihre Arbeiter verwendet, aber nicht wiederverkauft werden darf; und in den Verträgen mit den Grosshändlern ist die Vereinbarung getroffen, dass diese ohne Genehmigung des Syndikats die Kohle nicht an Eisen- und Stahlgiessereien, an Eisenbahngesellschaften, an Gasanstalten, an Ziegeleien und Kalkbrennereien verkaufen dürfen.

Eine Veränderung der Voraussetzung e und damit eine Preisveränderung kann sich ergeben, wenn die Käufer sich verpflichten, nicht unter einer bestimmten Menge zu kaufen. Bisweilen ist diese Form verbunden mit einer Veränderung der Voraussetzung a, wenn ein niedrigerer Preis denen zugestanden wird, die sich verpflichten eine bestimmte Menge einer Hauptware abzunehmen, zugleich aber auch eine Ware minderer Beschaffenheit oder überhaupt verschiedene Arten der gleichen Ware.

Die Preisveränderung nach Zonen. Die „persönliche Preisveränderung" scheidet den Markt nach den Klassen der miteinander Verhandelnden; die „örtliche Preisveränderung" scheidet den Markt nach bestimmt abgeteilten Zonen, in welchen verschiedene Preise herrschen; dabei kann innerhalb einer Zone auch eine Veränderung nach „Klassen" erfolgen, so dass die örtliche Preisveränderung mit der persönlichen verbunden ist. Auf dem theoretisch „vollkommenen Markt" (perfetto mercato) wird die Verschiebung einer Wareneinheit von einem Punkt zu einem anderen als sofort möglich und als kostenlos angenommen; in Wirklichkeit muss man die Beweglichkeit (mobilità) annehmen, sobald eine Ware von einem Ort mit niedrigeren Preisen an einen mit höheren Preisen verschickt werden kann zu einem Einheitspreis, der nicht höher sein darf als durch die Versendungskosten begründet ist. Die „Beweglichkeit" ist nicht bloss eine Funktion der Versendungskosten, sondern auch der Dehnbarkeit (elasticità) der Nachfrage nach Waren an zwei Orten. Die wirtschaftliche Entfernung — gemessen an den Versendungskosten — zwischen zwei Punkten des Marktes wirkt von selbst wie eine Schranke, welche die Voraussetzung a jedesmal ändert, wenn die Versendungskosten höher sind als der Preisunterschied. Folglich kann man für Waren, die für entfernte Märkte bestimmt sind, einen niedrigeren Preis ansetzen als für nähere Märkte oder für den Markt, an welchem die Ware erzeugt wird. Die auf entfernte Märkte gebrachte Ware muss, wenn sie wieder zurückgebracht werden soll, die Versendungskosten tragen und diese doppelte Belastung kann grösser sein als der Preisunterschied. Ferner kann der durch die Versendungskosten geschaffene Einfluss noch vergrössert werden durch eine Veränderung der Eisenbahntarife oder der Schiffsfrachten, welche ihrerseits wie ein Mittel wirken können zur Schaffung einer „örtlichen Veränderung" des Preises der versandten Ware. Wenn die Versendungskosten für einige Gruppen von Unternehmern höher sind und für andere niedriger, so können jene, die sich eines günstigeren Tarifes erfreuen, sich „Zonen" schaffen, in welchen sie gegen den Mitbewerb der Andern geschützt sind. Durch geheime Vereinbarungen, wie in den Vereinigten Staaten zwischen den Trusts und den Eisenbahnen oder durch offene Verträge wie in Deutschland und andern Ländern — Ausfuhrtarife, Schutztarife usw. — schafft die Eisenbahnverwaltung selbst eine Veränderung unter den „Klassen" und „Klassen" der Kunden; diese Begünstigten können ihrerseits eine örtliche Preisveränderung für ihre Erzeugnisse schaffen.

Die Preisveränderung von Zone zu Zone kann auch erreicht werden durch Vereinbarungen der Verkäufer, mittels deren sie die Märkte unter sich verteilen oder durch eine Verteilung der Kunden oder endlich durch eine Verteilung der Warenmenge, welche jeder verkaufen darf. Es handelt sich auch hierbei um Veränderungen der Voraussetzungen e, f, g. Wenn die Verkäufer so den Markt verteilen und sich die gegenseitige Freiheit zuerkennen, innerhalb ihrer Zone die Preise nach ihrem Gutdünken festzusetzen, andererseits aber sich verpflichten nicht in der Zone der andern zu verkaufen, so ist die Freiheit der Verkäufer, ihre „Beweglichkeit" auf dem theoretisch „vollkommenen Markt" verändert. Wenn die Kunden gezwungen sind, von bestimmten Verkäufern zu kaufen, so erleidet die Freiheit der Käufer eine Einschränkung. Und wenn die Warenmenge, die jeder Handelnde innerhalb einer bestimmten Zeit oder innerhalb eines bestimmten Gebietes verkaufen darf, festgesetzt ist, so ist das ein Hindernis für die „Beweglichkeit" der Ware.

Aber die Einheitlichkeit des Preises, die durch eine Veränderung der Voraussetzungen e, f oder g beeinträchtigt ist, kann wiederhergestellt werden durch Handlungen, die entgegengesetzt wirken. Eine Verteilung des Marktes in Zonen genügt nicht zur Aufrechterhaltung der Preisveränderungen, wenn ein Zwischenhandel die errichteten Schranken zerstört. So musste eine amerikanische Vereinigung, der Wire Nail Pool sich in den Jahren 1895/96 auflösen, weil die vermittelnde Tätigkeit von Kaufleuten die Gewinne aufhob, welche der Pool von den höheren Preisen in der „Zone" zu erhalten hoffte. Damit diese Wirkung nicht eintritt, muss entweder die „Beweglichkeit" der Ware (b) in den Frachttarifen eines jener oben erwähnten Hindernisse finden oder der Zwischenhandel muss vernichtet werden. Gerade deshalb suchen manche Syndikate, um die Preisverschiedenheiten aufrechtzuerhalten, die Grosshändler zu derselben Disziplin zu zwingen, die sie selbst haben und deshalb verlangen sie, dass jene Kaufleute nicht wiederverkaufen ausser an bestimmte Abnehmer oder innerhalb eines bestimmten Gebietes oder in bestimmten Mengen oder zu keinem andern als vom Syndikat festgesetzten Preise. Oder sie begrenzen den Gewinn oder sie machen wie in Deutschland das rheinisch-westfälische Kohlensyndikat den Zwischenhandel selbst zu einem Glied des Syndikats. Dieses Syndikat hatte 1907 in Antwerpen die Société générale charbonnière geschaffen, welche die Hälfte des Kapitals selbst zeichnete, während die andere Hälfte in den Besitz ihrer Agenten und der mit ihnen verbundenen Kaufleute überging und sich so zum alleinigen Organ des Kohlenversandes und -handels in Belgien machte.

Sodann kann die durch die Verteilung des Marktes in Zonen aufrechterhaltene Preisveränderung nach einiger Zeit beseitigt werden durch die Veränderung in der Nachfrage. Denn wenn die Beweglichkeit der Ware beeinträchtigt ist, tritt mit um so grösserem Nachdruck eine andere Kraft auf zur Aufrechterhaltung der Einheitlichkeit der Preise: die Veränderung der Nachfrage. Auf dem theoretisch „vollkommenen Markte" würde eine gelegentliche Veränderung der Voraussetzung b sofort ausgeglichen durch eine Veränderung von c. Auf den wirklichen Märkten sind die Hindernisse gegen diese Wirkung zahlreich und kräftig. Wenn es sich um ein Gut des Konsums handelt, ist es ausser an der Grenze der Zone nicht leicht, dass die Verbraucher in Masse die Zone mit den höheren Preisen verlassen, und sich der mit den niedrigeren Preisen zuwenden, sobald die Hindernisse, sich die Ware von anderswoher zu beschaffen, unüberwindlich sind. Aber wenn es sich um Kohlen, Mineralien oder einen anderen Rohstoff handelt und die Nachfrage nicht von den einzelnen Verbrauchern, sondern von Fabrikunternehmungen ausgeht, kann das Aufsuchen der Zone mit niedrigeren Preisen und das Sichabwenden von jener mit höheren Preisen, die Wirkungen, die man mit der Verteilung der Märkte zu erreichen hoffte, vernichten. Gewiss können in der Berechnung der Zweckmässigkeit eines Industrieunternehmens, den einen Markt zu verlassen und einen anderen aufzusuchen, viele Umstände mitspielen und der Preis der Rohstoffe ist bloss einer davon. Gleichwohl ist nicht selten zur Stärkung der örtlichen Preisveränderung auf der Grenze zwischen einer Zone mit hohen Preisen und der andern mit niedrigeren Preisen eine Schranke, welche hindert unter der Voraussetzung c zu handeln, z. B. eine Schranke durch die Vorschrift, dass die in jeder Zone festgesetzten Preise bloss für die Käufer gelten in dem Zeitpunkte, in welchem die Veränderung geschah, oder durch irgendeine Verbindung der örtlichen Veränderung mit irgendeiner Form der persönlichen Veränderung.

Internationale Preisänderung. Die Unterscheidung des „innern" Marktes und des „äusseren" und folglich des nationalen und internationalen Handels ist in der theoretischen Volkswirtschaft ziemlich schwierig. Nicht etwa aus logischen Mängeln oder infolge gesuchter Schwierigkeiten, die man oft den Theoretikern vorwirft, sondern nur aus dem Grunde, weil jene Unterscheidung in der Wirklichkeit der wirtschaftlichen Tatsachen nicht vorhanden ist, es nicht notwendig ist, die Unterscheidung zu machen und es nicht genügt, dass die Märkte zu Ländern gehören, die politisch verschieden sind. So zeigt sich das auch bei den Preisveränderungen. Die „Zonen", in welche der innere Markt einer Ware geteilt ist, haben häufig Grenzen, welche nichts mit den geographisch-politischen zu tun haben und so zugleich Teile des nationalen Gebietes und fremde Länder umfassen. Eine der vier Verkaufszonen des Rheinisch-westfälischen Kohlensyndikats umfasste Wiesbaden, Mainz, Frankfurt, Darmstadt, ganz Bayern r. d. Rh., Baden, Württemberg, die südliche Pfalz, Elsass Lothringen, Belgien, Holland, Luxemburg, Schweiz, Frankreich und Italien. Auch ein bestimmter Teil des nationalen Gebietes, der ursprünglich zu einer Zone mit hohen Preisen gehörte, bleibt nicht für immer bei dieser, bisweilen kommt er zu einer Zone, die fremde Länder einschliesst, wo Dumping geübt wird. Das kann dann leicht geschehen, wenn es sich um einen dem ausländischen Mitbewerb besonders ausgesetzten Teil des nationalen Gebietes handelt oder um ein Gebiet mit raschen und billigen Verbindungen mit dem Auslande; das gestattet dann nicht, hohe Preise aufrechtzuerhalten, sondern der Preis im nationalen Gebiete muss sich dem des Auslandes angleichen.

Wenn Dumping der Verkauf zu billigeren Preisen auf fremden Märkten ist, so ist manchesmal der fremde Markt das nationale Gebiet und der innere Markt ist der fremde Markt. Das belgische Syndikat für Gewehrschafte verkaufte seine Erzeugnisse nach England und den Vereinigten Staaten von Amerika teuerer als in Belgien und in dem übrigen Kontinent. Oder in einzelnen Jahren fällt der innere Markt zum grössten Teil mit dem nationalen Gebiet zusammen und der äussere Markt mit dem Auslande und in anderen Jahren ist es umgekehrt. Die Preise des Rheinisch-westfälischen Kohlensyndikats, die gewöhnlich im Auslande wesentlich niedriger als in Deutschland sind, waren 1901 in Deutschland niedriger als im Auslande.

Ebensowenig gelingt es immer den „inneren" Markt mit dem nationalen und den „äusseren" Markt mit dem fremden Staatsgebiete zusammenzufassen hinsichtlich der Voraussetzung b, d. h. der Beweglichkeit der Ware. Nicht bloss längs der Grenze sind Teile des fremden Gebietes näher — topographisch und wirtschaftlich — anderen Teilen des nationalen Gebietes, sondern, wie bereits bemerkt, sind häufig Schiffsfrachtgebühren und Eisenbahntarife so gestaltet, dass die Beweglichkeit der Ware weniger vollkommen ist zwischen dem einen und dem anderen Punkt des nationalen Marktes als zwischen demselben Punkt des nationalen Marktes und einem andern Punkt — oft in sehr grosser geographischer Entfernung — des fremden Marktes. Daraus folgt, dass in Anwendung dieser Unterscheidung ein Teil des fremden Gebietes als „innerer" Markt und ein Teil des nationalen Marktes als „äusserer" Markt angesehen werden kann.

Ebenso verhält es sich mit der „Verschiebbarkeit" der Nachfrage; auch hier kann der innere Markt äussere Gebiete umfassen und umgekehrt infolge der Verschiedenheiten der politischen Organisation, der Gesetze, der Gewohnheiten, der Sprache usw. in Gebieten, die politisch nicht zusammenhängen und immer hinsichtlich der Nachfrage eine Schranke bilden können. Aber nicht immer bilden diese Verschiedenheiten für sich allein schon eine Schranke, um die Voraussetzung c soweit zu verändern, um eine Preisverschiedenheit zu begründen und aufrechtzuerhalten. Anders ausgedrückt, die industriellen Unternehmungen können sich vom nationalen Markt auf den fremden verlegen, wenn auf diesem der Preis der Erzeugung beträchtlich niedriger ist als auf jenem. Einzelne deutsche Unternehmungen haben Tochterunternehmungen in fremden Ländern gegründet, wo z. B. Alkohol-, Eisen-, Kohlen- und andere Syndikate die Preise niedriger gehalten hatten als in Deutschland. Jedenfalls muss man sich gegenwärtig halten, dass die Grenzen eines nationalen Gebietes kein unüberwindliches Hindernis für die Verschiebung der Nachfrage bilden können.

Wenn man nach einem Unterscheidungsmerkmal zwischen dem innern und äussern Markt sucht, das deutlicher und besser als jedes andere dazu dient, den einen mit dem nationalen Gebiet und den andern mit dem fremden zusammenzuhalten, so ist in der gegenwärtigen Wirtschaftsordnung kein geeigneteres zu finden als jenes, das der Schutzzoll schafft. Obwohl auch unter anderen Formen verdeckt bisweilen ein innerer Zollschutz vorhanden ist, so bildet doch die an den politischen Grenzen des Landes vorhandene Schranke mit dem Zwecke, die Einfuhr und die Ausfuhr zu erschweren und eine dauernde Preisverschiedenheit in den durch die Grenze getrennten Ländern zu schaffen, zwei besondere Märkte.

Eine Zollschranke ist daher in den meisten Fällen ein Haupterfordernis für die internationale Preisveränderung. Diese Schranke allein kann genügen den Zurückfluss der in das Ausland billig verkauften Waren zu verhindern, um so mehr als zu der Veränderung der Beweglichkeit der Ware jene der Entfernung und der Versendungskosten kommen.

Eine internationale Preisveränderung kann jedoch auch ohne Zollschranken vorhanden sein oder mit einer Zollschranke, die niedriger ist als zur Schliessung des nationalen Marktes nötig wäre und ebenso ohne jene Hindernisse, welche bisweilen die Wirkung eines Zolles haben wie die Ausfuhrprämien oder die Abstufungen der Eisenbahn- und Schiffstarife, um die Ausfuhr zu begünstigen und die Einfuhr zu erschweren. Aber wenn keine Hindernisse gegen die Beweglichkeit der Ware vorhanden sind, wenn also die Voraussetzung b unberührt bleibt, so kommt das davon her, weil andere Voraussetzungen verändert sind. Das geschieht mit der Bildung internationaler Syndikate. Diese tun gerade das, was tatsächlich durch den Schutzzoll erreicht werden soll; sie erhalten den einheimischen Unternehmern den innern Markt. Die Grundlage der Vereinbarung ist gewöhnlich die folgende: der Weltmarkt ist ganz in Zonen geteilt und zwar in die einzelnen nationalen Märkte der am Syndikat beteiligten Unternehmer und in die neutralen Märkte. Der Verkauf auf dem nationalen Markt ist den einheimischen Unternehmern vorbehalten; die, je nachdem sie kartelliert sind oder nicht und je nach der Form ihrer Vereinigung, ihrerseits das eigene Gebiet in Handelszonen teilen oder die Kunden oder die zu verkaufenden Warenmengen unter sich verteilen. Die neutralen Märkte werden dann unter die Mitglieder des internationalen Syndikats verteilt nach denselben Grundsätzen wie die Verteilung innerhalb eines nationalen Marktes durch ein Syndikat. Die Preisveränderungen vermehren sich auf diese Weise; es lassen sich nämlich solche auf jedem nationalen und fremden Markte, in jeder Zone des nationalen Marktes und in den verschiedenen Teilen des neutralen Marktes machen.

Eine ziemlich genaue Darlegung der erforderlichen Bedingungen einer Preisveränderung und ihrer Formen in der Wirklichkeit schien eine unerlässliche Voraussetzung, um die logische Haltbarkeit der Folgerungen hinsichtlich der Lehre vom Dumping zu würdigen.

Cabiati behauptet vor allem

a) es ist nicht notwendig, dass die Industrie, welche Dumping übt, im eigenen Lande geschützt sei;
b) es ist auch nicht notwendig, dass ein Syndikat bestehe;
c) das Dumping ist eine Form der Preisveränderung, von den Unternehmern angewendet bei sinkenden Kosten, um den grösstmöglichen Nutzen zu erzielen und nicht anwendbar in Industrien mit gleichbleibenden oder steigenden Kosten;
d) das Dumping gereicht zum Vorteil der Abnehmer auf dem inneren Markt und jener auf dem fremden Markte, wo das Dumping geübt wird.

Dass die Preisveränderung nicht ein ausschliessliches Ergebnis des Monopols ist und weder notwendigerweise zwischen einer Zone und einer andern noch zwischen dem einen Markte und dem andern eine Schranke in der Form eines Schutzzolles bedarf, ergibt sich zur Genüge aus den bisherigen Erörterungen; diese zeigen auch hinreichend den Mechanismus eines Marktes und welche Veränderungen notwendig sind zur Erreichung bestimmter Erfolge. Die Folgerungen Cabiatis sind, wenn auch nicht irrig, so doch unzureichend; seine Darlegungen entbehren der Überzeugung.

Es genügt tatsächlich nicht zur Vornahme einer Preisveränderung, dass der Verkäufer darin seinen Vorteil findet; es muss noch dazu kommen, dass die Voraussetzungen auf den betreffenden Märkten ihm gestatten, solche Preisveränderungen vorzunehmen und aufrechtzuerhalten, d. h. es muss ihm gelingen für eine mehr oder weniger lange Zeit die Wirkung dieser oder jener Kräfte, welche die Preiseinheit festzuhalten streben, zu verändern oder in Schach zu halten.

Die Veränderungen der Voraussetzungen e, f, g: die Bestimmung der Höchstmenge einer Ware, die man verkaufen oder der Mindestmenge, die man kaufen kann; das Verbot an bestimmte Käufergruppen zu verkaufen oder von bestimmten Verkäufern zu kaufen; die Verteilung der Kunden oder der Handelszonen, die Klausel nicht wieder zu verkaufen usw., schliessen in sich ein Verträge, Übereinkommen, Vereinbarungen unter den Unternehmern oder die Herrschaft einiger Gruppen von ihnen über die andern oder die Regelung der Unterdrückung des Zwischenhandels. Alles eine Organisation der Industrie zu dem beabsichtigten Zwecke, Einfluss auf den

Preis zu gewinnen, was charakteristisch für die Koalition ist und nicht dem Grundsatze des freien industriellen Wettbewerbs entspricht. Will man annehmen, dass die Unternehmer nicht koaliert sind, dass sie keine Kartelle oder andere Vereinigungen, keine Syndikate begründen zur Regelung der Erzeugung, des Handels und der Preise, dann muss man zugeben, dass die Preisveränderung nicht durch Veränderungen der Voraussetzungen e, f und g geschaffen und aufrechterhalten wird. So bleiben nur die vier andern Voraussetzungen, wobei wir von der Veränderung der Voraussetzung d jetzt absehen können, weil diese dazu dienen würde, den Preis in verschiedenen Zeiten zu ändern, während unsere Prüfung auf den Veränderungen einer Wareneinheit, die gleichzeitig an verschiedene Klassen von Käufern oder an verschiedenen Orten verkauft wird, beruht. Betrachten wir also, ob das Dumping von einer nicht kartellierten Industrie geübt werden kann durch eine Veränderung der Voraussetzungen a, b, c, die nicht in einer Zollschranke besteht. Eine Veränderung der Voraussetzung a — Einheitlichkeit der Ware — ist von keiner grossen Bedeutung im internationalen Handel; sie kann bei einigen Gütern des Konsums vorhanden sein je nach dem Geschmacke und dem Reichtum der Abnehmer, aber nicht bei den grossen Kategorien der Roh- und Halbstoffe, die in gleichartigen Mengen zwecks Verarbeitung verkauft werden. Die Voraussetzung c wirkt nicht mit voller Kraft auf dem internationalen Markt, aber das genügt nicht, eine Preisveränderung zu schaffen. Man muss sich gegenwärtig halten, dass b und c zusammenwirken und sich ergänzen beim Gleichgewicht des Marktes. Wenn c schwach ist, verstärkt sich b und nur, wenn b auf unüberwindliche Hindernisse trifft, erweitert sich c; aber das reicht nicht aus um eine Voraussetzung zu ändern, es müssen beide verändert werden. Anders war es zu Zeiten, als die Märkte weniger organisiert waren; da waren die Hindernisse für die Verschiebung der Waren oft sehr stark; heute wandert eine Industrie nicht von einem Orte zu einem andern bloss wegen der Preisveränderung eines Erzeugungskoeffizienten.

Die entscheidende Voraussetzung also, damit Dumping von einer nicht kartellierten Industrie angewendet werden kann, besteht in einem Hindernisse der „Beweglichkeit“ der Ware von einem Markte mit niedrigerem Preise zu einem Markte mit höheren Preisen. Kann dies Hindernis durch einfache Entfernung und durch die Versendungskosten geschaffen werden? Gewöhnlich nicht, weil es zu leicht wäre es zu überwinden. Im Jahre 1900 kam die deutsche nach der Schweiz verschickte Kohle nach Deutschland zurück mit gutem Gewinn für die Käufer. Ein Dumping bloss im Vertrauen auf das Hindernis der Versendungskosten kann nur für sehr ferne Märkte und schwere Waren geübt werden z. B. bei Stahlplatten, welche England nach Indien, Australien, Kanada, Japan und Norwegen zu niedrigeren Preisen als den inländischen ausführt, aber das gilt nicht von allen Märkten. Und die wirtschaftliche Entfernung hinsichtlich der Versendungskosten ist ein Element, auf welches man nicht sicher rechnen kann, da man Arbitragegeschäfte auch bei Waren, die unterwegs sind, macht; und weil Vereinbarungen zwischen den Kaufleuten und den Eisenbahngesellschaften und vor allem, weil Veränderungen der Schiffstarife für die Rückfracht doch möglich sind. Man müsste auch, damit das Hindernis nicht beseitigt würde, den Zwischenhandel regeln oder festlegen und damit würde man zu einer besonderen Voraussetzung der Koalition zurückkommen. Damit also die „Beweglichkeit“ der Ware so verändert würde, um das Dumping unmöglich zu machen, ist es gewöhnlich notwendig, dass das durch die

Versendungskosten geschaffene Hindernis gestärkt wird durch ein anderes, starreres, dauernderes, welches den privaten Vereinbarungen entzogen ist, nämlich durch einen Schutzoll, der in Verbindung mit den Versendungskosten das Zurückströmen der Ware auch von den nächstgelegenen Punkten des fremden Marktes unmöglich macht.

Man könnte beinahe die Behauptung Cabiatis umkehren und sagen, damit Dumping dauernd angewendet werden kann, muss die betreffende Industrie kartelliert oder durch einen Zoll geschützt sein. Und diese Erklärung würde ganz im Einklang mit den Tatsachen stehen, da die Fälle von Dumping seitens nicht kartellierter und nicht geschützter Industrien sehr selten sind. Das systematische Dumping bildet einen Teil der Ausfuhrpolitik industrieller Syndikate vornehmlich der der Vereinigten Staaten von Amerika und Deutschlands, gerade weil diese Industrien durch die Vermehrung der Vorteile, welche ihnen ihre strategische Marktlage, ihre Vereinigung und der Schutzzoll verschaffen, in den günstigsten Verhältnissen zur Festsetzung und Aufrechterhaltung der Preisveränderungen sich befinden. Der Fall, den Cabiati bringt, wonach Dumping beim Bestehen offener Märkte und bei freiem industriellen Wettbewerb angewendet werden kann, ist ein ganz besonderer Einzelfall, nämlich der, dass der Preisunterschied zwischen zwei Märkten nach erfolgter Preiveränderung geringer ist als die Versendungskosten.

Es ist durchaus gewöhnlich, dass für die private Industrie eine Preisveränderung ein Mittel bildet um den Gewinn des Unternehmens höher zu gestalten als er wäre, wenn die gesamte Menge der Erzeugnisse zu einem Einheitspreise verkauft würde. Die Möglichkeit eines Unternehmens zur Vornahme von Preisveränderungen hängt von dem Vorhandensein der bisher schon besprochenen Voraussetzungen ab; aber die wirtschaftliche Zweckmässigkeit hängt von dem Masse und der Art und Weise ab, mit welchen die Veränderungen vorgenommen werden und von dem besonderen Zwecke der Veränderung.

Eine Preisveränderung kann erfolgen hinsichtlich:

α) einer gegebenen Menge von Waren, die schon hergestellt ist. In diesem Falle ändert sich weder die Form noch der Umfang der Unternehmungen; die Erzeugungskosten sind bereits fest gegeben und die Preisveränderung löst sich auf in eine vorübergehende Verteilung der Kostenbestandteile, hauptsächlich der allgemeinen Unkosten für die einzelnen Wareneinheiten;

β) einer Ware, welche in einer grösseren Menge hergestellt wird als jene, die man herstellen würde, wenn der Preis einheitlich wäre. In einem solchen Falle ändert sich zwecks Anpassung an die grössere Mengenerzeugung die Form und der Umfang der Unternehmen; damit ändern sich die Grenzkosten und die durchschnittlichen Einheitskosten der Erzeugung; und das Mass, in welchem es zweckmässig ist die Preisveränderungen vorzunehmen, ändert sich selbst mit der Veränderung dieser Elemente.

Ferner kann man eine Preisveränderung vornehmen wollen

γ) um auf dem äusseren Markt einen Teil der schon erzeugten Waren zu verkaufen, welcher auf dem einheimischen Markt nicht unterzubringen ist;

δ) um systematisch auf dem fremden Markte einen Teil der Übererzeugung zu verkaufen;

ε) um vom fremden Markte die mitbewerbenden Verkäufer zu verdrängen.

Die Formen $\alpha\varepsilon$, $\beta\varepsilon$, $\alpha\gamma$ und $\beta\delta$ bilden andere Formen des Dumping, welche nicht immer im gewöhnlichen Sprachgebrauch des Wortes unterschieden werden, was wahrscheinlich die Ursache vieler Missverständnisse ist. Die

Verbindungen $\alpha\delta$ und $\beta\gamma$ können ausser Betracht bleiben, da sich die Elemente, aus denen sie bestehen, gegenseitig ausschliessen, oder anders ausgedrückt: die Veränderung der Form α dient bloss zur Erreichung des besonderen Zweckes γ und jene der Form ε zur Erreichung des besonderen Zweckes δ und beide können zum Zwecke ε haben.

Die Veränderungen der Formen $\alpha\varepsilon$ und $\beta\varepsilon$ sind die kriegerischen Formen der Preisveränderungen; der besondere und unmittelbare Zweck bei deren Anwendung ist die Unterdrückung der Mitbewerber. Die Veränderungen der Formen $\alpha\gamma$ und $\beta\gamma$ sind Formen, die man in Ermangelung einer bezeichnenden Eigenschaftswortes „friedliche" nennen kann. Aber es ist klar, dass die einen wie die andern die Erzielung eines möglichst grossen Gewinnes für die Unternehmer haben; der Unterschied besteht in der Dauer und dem Risiko des Verfahrens, die grösser bei $\beta\varepsilon$ als bei $\alpha\varepsilon$ und beide grösser als bei $\beta\delta$ und grösser in diesem als bei $\alpha\gamma$ sind.

$\alpha\varepsilon$ und $\beta\varepsilon$ sind die Formen der Preisveränderungen, für welche einige Schriftsteller den Namen Dumping allein vorbehalten wollen. Weil zur möglichst raschen und festen Erreichung des Zweckes das Verfahren in manchen Fällen mit so unerbittlicher Ausdauer durch Verkauf unter den Selbstkosten geführt wurde, so schien es, dass das ein weiteres charakteristisches Merkmal des Dumping sei, während es tatsächlich in keiner einzigen seiner Formen der Art ist. Nach der allgemeinen Anschauung wäre Dumping der Verkauf auf fremden Märkten unter den Selbstkosten zum Zwecke die mitbewerbenden Unternehmer zu verdrängen.

Es ist ein sehr verbreiteter logischer Irrtum, wenn man die Merkmale einer Erscheinungsform der ganzen Art zuteilt; so wurden die bekannten Merkmale einer besonderen Form der Preisveränderungen auf den fremden und den einheimischen Märkten, die Formen $\alpha\varepsilon$ und $\beta\varepsilon$ jener der allgemeinen Preisveränderungen zugeschrieben, als ob die anderen Formen $\alpha\gamma$ und $\beta\delta$ gar nicht vorhanden wären. Aber in dem gleichen Irrtum kann man auch umgekehrt verfallen und das scheint bei Cabiati der Fall gewesen zu sein, wenn man nämlich dem Dumping die Merkmale der Form $\beta\delta$ zuteilt und nun daraus folgert, das sei die einzige Form der Preisveränderung auf den fremden und einheimischen Märkten, der der Name Dumping zukomme.

So betrachtet ein amtlicher Bericht des englischen Board of Trade (1903 Cd. 1761 S. 297) das Dumping als die Art und Weise, in welcher die industriellen Syndikate in Zeiten der Depression des einheimischen Marktes sich von dem Überschusse der Erzeugnisse zu befreien suchen und sie deshalb auf fremden Märkten zu wesentlich niedrigen Preisen verkaufen als sie auf den Märkten des Ursprungslandes verkauft werden, d. h. man erkennt dem Dumping bloss die Merkmale der Form $\alpha\gamma$ zu. So wird jede der möglichen Formen des Dumping von dem, der bloss eine besondere Frscheinungsform des Dumping betrachtet, als die einzige erklärt, der die Bezeichnung Dumping vorbehalten werden müsse Die Wahrheit ist, dass wir gegenüber den Tatsachen nicht a priori sagen können, ob ε vorhanden ist oder nicht; wir können bloss die vollendeten Tatsachen beurteilen. Verkauft das deutsche Stahlsyndikat seine Erzeugnisse billiger in Italien als in Deutschland einzig und allein, weil ihm die Politik der Preisveränderung vorteilhafter erscheint oder auch mit der geheimen Absicht sich des italienischen Marktes zu bemächtigen? Wir wissen es nicht; das Syndikat sagt es weder uns noch seinen Verbündeten und weiss es vielleicht selbst nicht. Aber eine Absicht schliesst theoretisch nicht eine andere aus; wir können auch nicht in Abrede stellen, dass in der Praxis das Syndikat zufrieden wäre beide Zwecke zu erreichen. Was wir tun können, ist, bei Kenntnis der Voraussetzungen des italienischen Marktes, die Wahrscheinlichkeiten zu bewerten, die das Syndikat hat, sich dessen durch Ausschliessung der italienischen Unternehmen und der fremden Mitbewerber zu bemächtigen.

Um nun zu dem allgemeinen Fall zurückzukehren, so muss man sagen, die Wahrscheinlichkeit sich eines fremden Marktes zu bemächtigen, ist sehr gering, wenn dieser Markt dem freien Wettbewerb der ganzen Welt offen steht; man müsste die Mitbewerber einen nach dem andern bekämpfen, ungeheure Mengen von Erzeugnissen zu vernichtenden Preisen verkaufen, den Kampf sehr lange Zeit führen ohne die Gewissheit zu haben, dass nicht der Wettbewerb wieder kommt, um von einer anderen Seite einen Angriff zu machen. Die Wahrscheinlichkeit eines Erfolges würde nur dann gross sein, wenn der Unternehmer, der Dumping anwendet, den grössten Teil der Welterzeugung in seiner Hand hielte, und seine Mitbewerber auf den fremden Märkten wenige und schwache Unternehmungen wären.

Wenn man auch die Unmöglichkeit oder die ungeheure Schwierigkeit erkannt hat, durch Dumping die Mitbewerber von den offenen Märkten zu verdrängen, so darf man gleichwohl nicht folgern, ein Dumping der Form $\alpha\varepsilon$ oder $\beta\varepsilon$ sei nicht vorhanden oder sei eine Erscheinung ganz anderer Art. Es ist vorhanden, aber das Ziel ist ein anderes: nicht die Unterdrückung der Mitbewerber, sondern die Errichtung eines internationalen Syndikats. So hatten einige Kriege, besonders zwischen Grossmächten, nicht den Zweck ein Volk zu vernichten und das ganze besetzte Gebiet zu erobern, sondern den Besiegten zu zwingen eine bestimmte, vom Sieger gewollte Politik zu befolgen; daher der offenbare Scheinwidersinn (paradosso), dass das unmittelbare Ergebnis eines Krieges die Bildung einer Alleanz zwischen den Kriegführenden ist. Es ist Tatsache, dass hinter dem Dumping, auf den einem unter nationalen Wettbewerbe ausgesetzten Märkten sehr häufig die Bildung eines internationalen Syndikats steht; insbesondere, wenn die mitbewerbenden Unternehmer bereits in nationalen Syndikaten zusammengeschlossen sind. Beispiele hierfür gibt es genug; zu den berühmtesten gehört das Stahlsyndikat, das sich seit 1883 wiederholt zwischen englischen, deutschen und belgischen Unternehmern bildete, denen sich später die französischen und zuletzt die amerikanischen Unternehmer anschlossen. Die englischen, französischen, belgischen und deutschen Zementfabrikanten trafen Vereinbarungen über die Ausfuhrbedingungen für den holländischen Markt bis zum Jahre 1914. Vereinbarungen wurden auch getroffen zwischen deutschen und belgischen Kohlenunternehmungen. Die belgischen Munitionsfabrikanten, geschädigt durch das von den Franzosen geübte Dumping, schlugen ein Übereinkommen vor und das internationale Munitionssyndikat wurde begründet. Stahlblech, Nägel, Nähgarne, Soda, Nitrat, Tabak usw. sind Gegenstände, deren Herstellungs- und Verkaufsbedingungen mehr oder weniger internationalen Vereinbarungen unterworfen wurden; auch auf dem Gebiete der elektrischen Industrie und der Schiffahrt sind Kämpfe und internationale Allianzen häufig.

Und der Grund Dumping anzuwenden, um zu einem Übereinkommen zu gelangen, ist leicht zu begreifen. Vor allem hat ein internationales Syndikat, das gewöhnlich auf dem Grundsatze der Verteilung der Märkte derart errichtet ist, dass den Unternehmern jedes Landes ausschliesslich das nationale Gebiet vorbehalten bleibt, im Wesen die gleiche Wirkung wie ein Schutzzoll; es schafft neue geschlossene Märkte, auch wenn Zollschranken diese nicht scheiden; sind solche Schranken vorhanden, so verstärkt sich die Wirkung dieses Schutzes.

Sodann ist das Dumping auf einem offenen Markte eine gewagte Sache von nicht langer Dauer. Nicht weil es notwendigerweise den Verkauf unter den Selbstkosten in sich schliesst; denn das ist weder ein logisches noch ein tatsächliches Erfordernis, notwendig ist nur, dass der Preis unter den Herstellungskosten der Mitbewerber, die bekämpft werden sollen, ist, damit diese gezwungen werden unter ihren eigenen Selbstkosten zu verkaufen. Gleichwohl gibt es auf einem offenen Markte zahlreiche Mitbewerber und neue kommen dazu; sie gehören verschiedenen Ländern an und bilden daher industrielle Formen und Organisationen, die nicht bloss verschieden sind, sondern sich auch beständig ändern. Die Industrie, welche Dumping mit Erfolg anwenden will, müsste daher selbst eine wirksamere Form und Organisation haben, niedrigere Erzeugungskosten als die andern, die Fähigkeit rasch den Umfang ihrer Unternehmungen zu ändern, andernfalls würde sie im Kampfe unterliegen. Die Verdrängung der Mitbewerber auf dem Kampffeld lässt sich auf einem andern Wege leichter und zweckmässiger erreichen. Durch die Verteilung der Märkte wird tatsächlich jeder nationale Markt geschlossener und man kann daher auch besser die Preise beherrschen; auf den neutralen Märkten wird der Mitbewerb durch die Begrenzung der Verkaufszonen und der Warenmengen eingeschränkt.

Das neue italienisch-deutsche Übereinkommen der Eisenindustriellen ist also kein absonderlicher Fall, welches auch seine Wirkungen sind; es ist eine der gewöhnlichsten Episoden des Wirtschaftskampfes auf dem internationalen Markte; Episoden, die es genug auf dem Gebiete des Eisens und Stahls gibt, gerade weil auf diesem Gebiete die Herrschaft umstritten ist von den am weitesten organisierten und am wirksamsten geschützten Unternehmungen der grössten Industrieländer der Welt.

Das Dumping ist also eine Form der Veränderung des Preises einer Ware, wodurch die Unternehmer — regelmässig kartelliert oder sonst durch Verträge zusammengeschlossen, um auf die Preisbestimmung auf dem innern Markt und auf die Verteilung der Verkaufsmengen zwischen dem einheimischen und dem fremden Markt Einfluss zu gewinnen — auf diesem zu einem niedrigeren Preise verkaufen als auf jenem, wofern ein Schutzzoll oder andere gleich wirksame Hindernisse das Zurückströmen der Ware von dem Markte mit den niedrigeren Preisen auf jenen mit den höheren verhindern. Eine solche Preisveränderung hat den Zweck, den Nutzen der Unternehmer so gross als möglich zu machen, sei es durch Verkauf der Waren im Auslande in Zeiten des wirtschaftlichen Niederganges ($\alpha\gamma$) oder durch Verhinderung der Möglichkeit, dass der infolge der Entwicklung der Unternehmungen und der Vergrösserung bei Erzeugung entstehende Wettbewerb ihre Gewinne beseitigt ($\beta\delta$); oder als Mittel zur Verdrängung der mitbewerbenden Unternehmer auf den neutralen Märkten; oder durch Verpflichtung der Mitbewerber sich mit ihnen zu internationalen Syndikaten zusammenzuschliessen ($\alpha\varepsilon$, $\beta\varepsilon$).

Die Form $\alpha\gamma$ braucht nicht besonders erläutert zu werden; sie ist bloss eine vorübergehende Erscheinung, die nicht wie das Dumping der Form ε den äusseren Markt zu erobern beabsichtigt, sondern ihm nur eine bestimmte Warenmenge in möglichst kurzer Zeit entziehen will, auch nicht wie das Dumping der Form $\beta\delta$ eine Veränderung des Umfangs und der Organisation der Unternehmungen verlangt, sondern sie will sie erhalten wie sie sind, den einheimischen Markt von dem Überschusse an Waren entlasten, welche andernfalls den Preis so drücken würden, dass jeder Gewinn der Unternehmer unmöglich wäre und daher den Gang der Erzeugung stören würde. —

Wie ich schon in der Einleitung zu diesem Kapitel bemerkte, versage ich es mir, diese Theorien der italienischen Volkswirtschaft kritisch zu untersuchen, wenn ich auch im folgenden wiederholt im einzelnen auf diese Lehren zurückkomme und ich gehe nunmehr zu den Voraussetzungen des Dumping über, und zwar zunächst zu der Frage, wann überhaupt eine Ausfuhr möglich oder notwendig ist und sodann auf die Preisbildung hierbei.

VI. Voraussetzungen für das Dumping.

1. Übererzeugung.

In der Einleitung haben wir eine Anzahl Fälle kennen gelernt, in denen auf den einheimischen Märkten Preisunterbietungen stattfinden. Die Ursachen, die hierfür massgebend sind, gelten im allgemeinen auch für die Preisunterbietungen bei der Ausfuhr in das Ausland, allerdings mit grossen Unterschieden. Der Hauptgrund zur billigeren Ausfuhr oder zur Ausfuhr überhaupt bildet die Übererzeugung, die selbst wieder aus verschiedenen Ursachen hervorgeht.

Kein Unternehmen kann genau soviel erzeugen, als voraussichtlich im Inlande verbraucht werden wird, abgesehen von den Unternehmungen, die nur auf Bestellung arbeiten; aber das sind regelmässig weiterverarbeitende Industrien und Industrien zur Herstellung von Fertigwaren, jedoch selbst diese sind oft gezwungen auf Vorrat zu erzeugen. Bei den grossen Roh- und Halbstoffunternehmungen lässt sich der Bedarf überhaupt nicht genau bestimmen, häufig nicht einmal annähernd schätzen. Ein Bergwerk wird andauernd Kohlen fördern, ohne Rücksicht darauf, ob die Mengen geförderter Kohlen alsbald verkauft werden können oder nicht; selbst wenn in normalen Zeiten der Verbrauch im allgemeinen wenig schwankend ist, so sind doch solche Schwankungen nicht selten; bisherige Abnehmer wenden sich ab, neue treten hinzu. Nun kommt es auch vor, dass aus irgend einem Grunde plötzlich die Nachfrage nach den Kohlen dieses Bergwerkes sehr gross wird; das Unternehmen wird der Nachfrage gerecht zu werden suchen durch Steigerung der Förderung; neue Flötze werden angebohrt, neue Arbeiter eingestellt usw. Wenn nun die Nachfrage wieder sinkt, sei es, weil Kunden diese Kohlen nicht mehr wünschen oder es tritt ein wirtschaftlicher Rückgang ein, so häufen sich die Vorräte. Besonders kommt auch in Betracht der immer steigendere Mitbewerb der andern Bergwerke. Nun würde eine Betriebseinschränkung naheliegen; eine solche wird der Unternehmer solange als möglich vermeiden, nicht bloss weil seine Einnahmen zurückgehen und unter Umständen eine grosse Anzahl Arbeiter beschäftigungslos werden, sondern weil die Nachteile noch grösser sein können; die Maschinen müssen häufig weiterarbeiten, die Dampfkessel müssen weiter geheizt werden im gleichen Umfange wie bisher, selbst wenn weniger erzeugt wird; das Anlagekapital muss verzinst werden, so dass die Unkosten des Betriebes verhältnismässig wenig sinken, selbst wenn eine Betriebseinschränkung erfolgt; mit anderen Worten: die allgemeinen Unkosten und Lasten besonders der Rohstoffunternehmungen vermindern sich nicht entsprechend der Verminderung der Erzeugung; einschränken lässt sich regelmässig bloss die Handarbeit in einem Betriebe. Aber die Handarbeit ist in vielen Rohstoff- und Halbzeugunternehmungen weniger wesentlich als die Maschine, die neben den Fabrikgebäuden das Kapital des Unternehmens darstellt. Die

Maschinen und sonstigen Anlagen müssen meistens andauernd in Betrieb sein, wenn sie nicht unbrauchbar werden sollen. Häufig wird eine Maschine, die längere Zeit ruht, wertlos und muss durch eine neue ersetzt werden. Die Hochöfen dürfen niemals erkalten; erkalten sie, so sind sie völlig unbrauchbar und müssen abgebrochen werden; ein Bergwerk, das stilliegt, kann durch eindringende Wasser ersaufen. Diese Beispiele lassen sich leicht vermehren, sie genügen aber zum Beweis dafür, dass der Unternehmer regelmässig nur in Notfällen zur Betriebseinschränkung schreitet; er wird lieber die Erzeugnisse zu den Selbstkosten und sogar zeitweise mit Verlust verkaufen, um nicht durch die Einschränkung des Betriebs unverhältnismässig grössere Verluste zu erleiden. Carnegie,[48]) sicher ein Sachkenner, äusserte einmal: „Die politische Ökonomie lehrt, dass die Waren nicht unter den Herstellungskosten verkauft werden können. Das war zweifellos richtig zur Zeit Adam Smith's, ist es aber heute nicht mehr. Wenn ein Gegenstand von einem kleinen Handwerker hergestellt wurde, der zwei oder drei Arbeiter und ein bis zwei Lehrlinge beschäftigte, so war es ihm leicht, die Erzeugung einzuschränken oder auch einzustellen. Heute, wo Unternehmungen in ungeheueren Gebäuden untergebracht sind, die ein Kapital von fünf bis zehn Millionen Dollars darstellen mit Tausenden von Arbeitern, ist es für diese Unternehmer billiger die Erzeugung fortzusetzen mit einem Verlust von so und so viel für ein Yard oder für eine Tonne als sie einzuschränken. Einstellung wäre eine Katastrophe. Um billig zu erzeugen, ist es notwendig, den vollen Betrieb aufrechtzuerhalten. — So kommt es, dass ein Gegenstand monatelang — und es gibt Fälle, in welchen dieser Zustand Jahre dauerte — hergestellt wird ohne Unternehmergewinne und ohne Zinsen für das Kapital, sondern mit einem fortwährenden Verlust des Anlagekapitals. Bei jeder jährlichen Rechnungslegung stellt der Unternehmer die Abnahme seines Kapitals fest und gleichwohl wäre eine Einstellung des Betriebes noch vernichtender gewesen."

Nun würde allerdings nach dem Grundsatze von Angebot und Nachfrage eine Betriebseinschränkung und die dadurch bewirkte Verminderung des Angebotes und die Steigerung der Nachfrage die Preise erhöhen lassen. Aber selbst wenn die Nachfrage sich in absehbarer Zeit vermehrte, so würde der Gewinn aus den höheren Preisen die Verluste durch Einschränkung des Betriebs nicht wettmachen können, wenigstens nicht in den grossen Rohstoffunternehmungen wie Bergwerken, Eisenhütten usw.

So berichtet Ashley,[49]) „dass im Jahre 1870 der Preis in Philadelphia für Eisenganz (pig-iron) durchschnittlich 33 Dollars 25 für die Tonne betrug, was wahrscheinlich nach den Erzeugungskosten eine gute Verzinsung des Anlagekapitals darstellte. Die ganze amerikanische Erzeugung in diesem Jahr betrug ungefähr 1 900 000 Tonnen und ebensoviel im folgenden Jahre. Die Preise stiegen 1871 und fast im ganzen Jahre 1872; der durchschnittliche Preis war im September 1872 53 Dollars 87. Grosse Kapitalien wurden neu angelegt, so dass die Erzeugung 1872 2 855 000 Tonnen und 1873 2 868 000 Tonnen betrug. Bis hierher bewährte sich die Theorie Ricardos. Aber dann fielen die Preise rascher als sie gestiegen waren. Im Dezember 1873 waren sie auf 32 Dollars 50 für die Tonne gefallen und im Dezember 1874 auf 24 Dollars. Im Jahre 1878 war der durchschnittliche Preis nur 17 Dollars 62. Die Unternehmer konnten die Erzeugung nicht so schnell

---

[48]) In der North American Review Febr. 1889 zit. bei Mény a. a. O. S. 30.

[49]) Ashley, The Tariff Problem, London 1904 S. 90 zit. bei Mény a. a. O. S. 32.

einschränken wie sie sie vermehrt hatten. Das Auslöschen der Hochöfen würde sie zum Verderben geführt haben. Sie fuhren fort mit Verlust zu erzeugen und um so verzweifelter zu kämpfen je mehr der Ruin nahte. Mehrere Unternehmungen brachen zusammen; andere überstanden die Krise, um günstigere Zeiten zu erleben. Aber während einer Zeit von sechs Jahren wurden Millionen Tonnen Eisens erzeugt und unter den Selbstkosten verkauft; die Unternehmer priesen sich glücklich, wenn der gezahlte Preis die Rohstoffe und die Arbeitslöhne decken konnte ohne Berücksichtigung der Zinsen und der Erneuerung ihres Materials."

Eine Übererzeugung ist sodann möglich infolge der Vergrösserung der Unternehmungen zum Zwecke billigerer Erzeugung. Der Übergang von der Handarbeit zur Maschinenarbeit hat die Preise für die Waren oft in ausserordentlicher Weise ermässigt; ich erinnere nur an das bekannte von Adam Smith gegebene Beispiel von der Stecknadel, wonach ein geschickter Handwerker in einem Tage höchstens eine Nadel herzustellen vermag, während eine Maschine zu Smith's Zeiten, zu deren Bedienung 10 Arbeiter erforderlich waren, 48000 Nadeln, also auf jeden Arbeiter 4800 Nadeln treffend, erzeugen konnte. Die Entdeckung neuer Naturkräfte, Erfindung neuer Maschinen, Verbesserung an Maschinen, bessere Arbeitsteilung usw. sind geeignet ohne weiteres die Erzeugung zu vermehren, ohne dass die Kosten unverhältnismässig steigen; regelmässig belasten die etwa entstehenden Mehrkosten das fertige Erzeugnis wenig oder gar nicht, häufig vermindern sie die Kosten. Ein Gegenstand aus Aluminium kostete vor 100 Jahren mehr als wenn er aus Gold hergestellt worden wäre; durch die Anwendung von Elektrizität zur Gewinnung des Aluminiums sank der Preis hierfür unter den Kupferpreis. Aber abgesehen von technischen Verbesserungen führt häufig schon die blosse Vermehrung der Erzeugung zu einer Verbilligung der Kosten und Preise. Cabiati[50]) bringt ein theoretisches Beispiel, wonach bei einer Verdoppelung der Erzeugung die Kosten hierfür von 50 auf 30 sinken. Dieses Beispiel wurde besonders von Ridolfi[51]) als irrig angefochten mit der Behauptung, es sei unmöglich den Beweis für eine solche Ermässigung der Erzeugungskosten zu bringen, wenigstens sei es unmöglich, dass in der Eisenindustrie die Kosten durch die Verdoppelung der Erzeugung im Verhältnis von 5 zu 3 sinken. — Zunächst kommt es für unsere Frage nicht darauf an, in welchem ziffermässigen Verhältnisse die Kosten bei der Vermehrung sinken, für uns genügt die Tatsache, dass sie sinken. Wie sehr die Kosten bei Herstellung einer Ware sinken können, zeigt ein praktisches Beispiel, das Bücher[52]) gibt. Die unmittelbaren Herstellungskosten eines Buches von 29 Bogen in Oktav, das 1898 in einer Auflage von 800 Exemplaren gedruckt wurde, stellten sich auf insgesamt 3467.07 Mk. (Satz, Druck, Papier 1717.65 Mk., Umschlag 16.80 Mk., Buchbinder 52.70 Mk., Prospekte 72.90 Mk., Honorar 1155 Mk., Zuschlag von 15 v. H. allgemeine Unkosten für Redaktion, Versendung, Lagermiete, Zinsen, Ver-trieb, Reklame usw. 452.22 Mk.). Das Buch wurde zu 10 Mk. Ladenpreis mit 25 v. H. Rabatt verkauft. Der Verleger erhielt also vom Exemplar 7,50 Mk. und es mussten 463 Exemplare abgesetzt werden, bis seine Herstellungskosten gedeckt waren. Wäre die Auflage kleiner oder grösser hergestellt worden, so würde dies für die Gesamtkosten nur geringe Unterschiede ergeben haben,

---

50) S. o. S. 28.

51) S. o. S. 36.

52) Bücher Karl, Der deutsche Buchhandel und die Wissenschaft, Leipzig 1903 S. 226 ff.

da, wenn der Satz einmal in der Presse ist, die weiteren Kosten (Druck, Papier, Buchbinderlohn usw.) nur 47 Pfennige für jedes Exemplar betragen, also 1,6 Pfennige für jeden Bogen. Berechnen wir nun, wie sich die Durchschnittskosten des Exemplars bei Auflagen verschiedener Höhe stellen und nehmen wir der Kürze wegen an, es werde die ganze Auflage bis zum letzten Exemplar abgesetzt, so müssen wir den Ladenpreis, der bei der Gewährung von 25 v. H. Rabatt an den Sortimenter zur Kostendeckung erforderlich ist, um ein Drittel höher annehmen. Es betragen

Bei einer Auflage von Exemplaren	Die ganzen Herstellungskosten *M*	die durchschn. Herstellungskosten für ein Exemplar *M*	der zur Kostendeckung notwendige Ladenpreis *M*
80	3129	39,11	52,15
150	3162	21,08	28,10
300	3232	10,77	14,36
500	3326	6,65	8,87
800	3467	4,33	5,77
1000	3561	3,56	4,75
1500	3796	2,53	3,37
2000	4031	2,02	2,69
3000	4501	1,50	2,00
5000	5441	1,09	1,45
10000	7791	0,78	1,04

Nun bin ich weit davon entfernt, annehmen zu wollen, eine solche Kostenermässigung würde oder könnte bei allen oder den meisten Industrieen stattfinden. Wenn wir im Einzelnen das Beispiel betrachten, so finden wir, dass ein Teil der Kosten nicht von der Ermässigung betroffen wird; so das Papier, wenn für den Verleger 1000 Bogen x kosten, so kosten ihm 2000 Bogen 2 x, 3000 Bogen 3 x usw.; den kleinen Rabatt bei einem Grosseinkauf können wir unbeachtet lassen; das gleiche gilt vom Umschlag, den Löhnen für den Drucker, Buchbinder und auch den hauptsächlichsten Bestandteilen des allgemeinen Zuschlages. Anders ist es mit dem Satz, dessen Kosten gleich gross sind, ob nun ein Exemplar oder 1000 oder 10000 Exemplare gedruckt werden; aber je mehr Fxemplare mit dem gleichen Satze gedruckt werden, desto geringer wird der Teil der Satzkosten, der auf ein Exemplar trifft. Diese Kosten gehören zu den Anlagekosten und diese lassen sich bei Vergrösserung der Erzeugnng ermässigen, nicht absolut, sondern verhältnismässig; aber auch diese Ermässigung kann nicht unbegrenzt fortgesetzt werden, da in unserem Beispiele die Schriften sich allmählich abnützen, so dass schliesslich der ganze Satz neuhergestellt werden muss; deshalb werden, um diese Kosten zu sparen, die Schriften verstählt und nicht selten nach Beendigung des Druckes nicht auseinandergenommen, sondern für späteren Neudruck der ganze Satz in Matrizen abgepresst (Stereotyp-Druck). Auch hinsichtlich des Honorars findet für ein jedes Exemplar eine Ermässigung statt, je mehr gedruckt wird unter der Voraussetzung, dass das Honorar ein einmaliger fester Betrag ist; sie ermässigen sich aber nicht, wenn es dem Verfasser, wie es häufig vorkommt, für jedes gedruckte oder verkaufte Exemplar gezahlt wird. Was von der Herstellung eines Buches gesagt ist, gilt ähnlich von jeder anderen Erzeugung; in den Kosten jeder Erzeugung sind Teile enthalten, die bei Vergrösserung der Erzeugung eine Ermässigung für jede Einheit des hergestellten Gegenstandes herbeiführen können, während andere Teile der Kosten sich nicht verringern. Auf diese Verbilligung der Kosten durch Vermehrung der Erzeugung wies in der 208. Reichstagssitzung 1902 der Abgeordnete Gamp hin mit den Worten: „Nun, meine Herren, stehen sie ja auch soweit im praktischen Leben, um zu wissen, dass sich die Produktionskosten eines Unternehmens ermässigen, wenn eine bestimmte Steigerung der Produktion eintritt. Nehmen Sie ein Werk, welches eine bestimmte Leistungsfähigkeit hat, und welches nur 80 v. H. seiner Leistungsfähigkeit ausnützen kann, um den inländischen Bedarf zu befriedigen, so würden sich, wenn es über die 80 v. H. hinausgehen und 20 v. H. mehr herstellen würde, für diese 20 v. H. ganz andere Produktionskosten ergeben, als für die 80 v. H.; es würden ganz minimale Mehrkosten entstehen durch die 20 v. H. Überproduktion, nämlich nur die Mehrkosten, die durch die verstärkte Abnutzung der Maschinen, durch Mehrverbrauch der Kohlen, von Schmieröl usw. und endlich durch die Arbeitslöhne entstehen. Dagegen tritt durch die 20 prozentige Mehrproduktion eine Steigerung der allgemeinen Verwaltungskosten, der Kosten des gesamten Verkaufsapparates, der Kosten für die Verzinsung und Unterhaltung der Anlagen nicht ein. Die Produktion die über den Inlandsbedarf hinausgeht, verursacht also vielleicht nur zwei Drittel oder die Hälfte der Kosten der Produktion, die zur Befriedigung des Inlandes dient."

Grundsätzlich findet eine Ermässigung nur hinsichtlich der Anlagekosten statt bei Vermehrung der Erzeugung, also hinsichtlich der Kosten für die Gebäude, Maschinen usw., wobei jedoch die Abnützung besonders der Maschinen berücksichtigt werden muss. Die infolge Vermehrung der Erzeugung erfolgende Ermässigung der Gesamtkosten für jede Einheit veranlasst die Unternehmer soviel zu erzeugen, wie es für sie am vorteilhaftesten erscheint unter Berücksichtigung der Absatzmöglichkeit. Der Unternehmer wird den Preis nicht nach den Kosten der Gesamterzeugung festsetzen, da er nicht weiss, ob er tatsächlich alle Gegenstände verkaufen kann, sondern er wird den Preis so bemessen, dass er auch einen Gewinn hat, wenn er nicht alle Gegenstände verkaufen kann. Ist die Nachfrage wider seine Erwartung geringer, so wird er mit dem Preise herabgehen, schliesslich bis auf die Selbstkosten oder gar so weit, dass der Preis die Kosten nicht mehr deckt. Um bei dem Beispiele mit den Büchern zu bleiben, so wird der Verleger bei einer Auflage von 1000 Exemplaren bestimmt mit dem Absatz von mindestens der Hälfte rechnen und deshalb den Preis so ansetzen, dass der Verkauf von ungefähr 500 Exemplaren die Kosten deckt und ihm einen angemessenen Gewinn verschafft; den Rest wird er unter Umständen, wie es tatsächlich häufig der Fall ist, nach Ablauf einer gewissen Zeit billiger verkaufen (Restauflagen).

Im Plutus gibt Oehring[53]) das folgende Beispiel der Verminderung der Produktionskosten bei grösserer Erzeugung. Er nimmt eine Erzeugung von 1000 Einheiten für den Inlandsmarkt an zum Bruttopreis von 1,50 Mk. für die Einheit; zwecks Erzielung eines Bruttoverdienstes von 33 $^1/_3$ v. H. = 500 M werden die Stücke zu je 2 Mk. verkauft, der Gesamterlös beträgt also 2000 Mk. Gelänge dem Unternehmer, fährt er fort, eine volle Ausnützung seiner Kapazität bis auf 3000 Stück, so würden sich die Herstellungskosten auf 1 Mk. für die Einheit ermässigen, und es wäre möglich, um den gleichen Verdienst von 500 Mk. zu erzielen, 2000 Stück zum Selbstherstellungspreise in das Ausland zu verkaufen, also:

---

[53]) Plutus 1917 S, 230.

Herstellungspreis 3000 Mk.

Verkaufspreis	für 1000	Stück	im Inlande	zu	je 1,50 Mk.	=	1500 Mk.
„	„ 2000	„	„ Auslande	„	„ 1,00 Mk.	=	2000 Mk.
							3500 Mk.

Gewinn 500 Mk.

Aus dieser Rechnung ersieht man, dass trotz billigeren Verkaufspreises eines Teiles der Erzeugung im Auslande die Rentabilität gleich bleiben könne, ohne dass der Inlandsverbraucher benachteiligt werde; im Gegenteil trete ein Gewinn für die nationale Wirtschaft ein dadurch, dass der Arbeiterbevölkerung eine Beschäftigung in weiterem Umfange gegeben werde. Die theoretische Möglichkeit des Dumping ohne Schädigung des Inlandes sei dadurch dargetan, wenn auch im praktischen Fall noch eine grosse Anzahl von Umständen zu berücksichtigen sein würde. — Mit dem letzteren Satz hat Oehring allerdings recht; insbesondere hat er die Versendungskosten nicht berücksichtigt; ausserdem ist das Beispiel sehr unglücklich gewählt; es fällt nämlich keinem Unternehmer ein seine Erzeugung zu vergrössern und zwar so überaus stark, auf das Dreifache, wenn sein Gesamtgewinn schliesslich der gleiche ist wie bei der Herstellung eines Drittels. Das Beispiel ist noch in manch anderer Hinsicht unrichtig, doch gehe ich nicht weiter darauf ein; richtig ist, dass tatsächlich bei einer Vergrösserung der Erzeugung die Kosten für die Einheit sinken, aber auch nur bis zu einer bestimmten Grenze.

Hier möchte ich noch kurz auf die oben wiedergegebenen italienische Lehre von den verschiedenen Kosten zu sprechen kommen. Cabiati, Loria, Jannacone usw. unterscheiden zwischen den gleichbleibenden, steigenden und fallenden Kosten (costi costanti, crescenti e decrescenti); es ist selbstverständlich, dass eine Verbilligung der Warenpreise nur eintreten kann, wenn bei Vergrösserung der Erzeugung die Kosten für die Einheit sinken: das ist regelmässig bei allen Industrien, die Maschinen und geschickte Arbeitsteilung anwenden, der Fall. Es gibt jedoch Erzeugungen, deren Kosten auch bei Vermehrung der Herstellung nicht sinken; das ist besonders der Fall bei den meisten rein handwerksmässig hergestellten Gegenständen; es ist in der Regel gleichgültig, ob der Handwerker ein Stück, zwei oder zehn Stücke herstellt. Die Fälle mit steigenden Kosten sind sehr selten, kommen jedoch vor, d. h. die Fälle, dass die Herstellung eines zweiten, dritten usw. Stückes teurer ist als die Herstellung eines Stückes; so wurde mir berichtet, dass eine Wagenfabrik maschinenmässig eine grosse Anzahl Wagen herstellte, die alle durchschnittlich genau gingen. Ein Besteller erhielt eine besonders genau gehende Wage und bestellte ein zweites Stück, das ebenso genau gehen sollte; die Fabrik erklärte ihm, der Preis für ein solch zweites Stück würde erheblich höher sein, denn um wieder dieselbe Genauigkeit zu erreichen, würde eine besondere Aufmerksamkeit auf den ganzen Erzeugungsprozess erforderlich sein. Dieselbe Erfahrung können wir bei Nachbestellungen feiner Uhrwerke, optischer Instrumente usw. machen. Für uns kommen aber alle diese Fälle nicht in Betracht, sondern bloss die der Erzeugung mit sinkenden Kosten.

Bei der Gewinnung von Rohstoffen verhält es sich ein wenig anders; für diese wie Kohlen, Eisen, Stahl usw. wird immer Nachfrage vorhanden sein; nur schwankt diese Nachfrage stark; in Zeiten wirtschaftlichen Aufschwungs ist sie sehr gross, in Zeiten des Niederganges geringer. Wenn nun ein Eisenwerk mehr Eisen erzeugt, als hierfür Nachfrage besteht, so kann der Unternehmer die Vorräte lagern lassen bis die Nachfrage wieder steigt, aber nur in seltenen Fällen wird er dies tun; da er nicht weiss, wann und in welcher Weise die grössere Nachfrage sich wieder einstellt; andererseits ist es für ihn regelmässig vorteilhafter die Vorräte billiger und selbst unter den Selbstkosten zu verkaufen, da er meist wieder neues Betriebskapital für die Lohnzahlung, Verzinsung der Anlagen usw. braucht und gerade in Zeiten wirtschaftlicher Ruhe oder Niedergangs schwer Kredit erhalten kann.

Ferner ist eine Übererzeugung dadurch möglich, dass überhaupt die Nachfrage nach einer bestimmten Ware sich mindert oder ganz aufhört; das geschieht besonders, wenn neue Erfindungen gemacht werden und wenn der Geschmack sich ändert. In diesen Fällen ist es dem Unternehmer nicht immer möglich sofort den ganzen Betrieb umzustellen; er wird noch eine gewisse Zeit fortfahren mit der Erzeugung der bisherigen Waren, bis die Umstellung erfolgt ist. So sank mit der allgemeinen Einführung der elektrischen Beleuchtung sehr rasch die Nachfrage nach Petroleumlampen und damit auch der Preis für diese; das gleiche gilt von den sog. Saisonwaren; auch bei diesen ist die Erzeugung häufig grösser als die Nachfrage und der Unternehmer verkauft, wenn die „Saison" ihrem Ende naht, diese Waren billiger und gegebenenfalls selbst unter den Selbstkosten.

Das sind nur einige Fälle von Übererzeugung; wenn nun diese Erzeugnisse selbst zu ermässigten Preisen im Inlande keinen Absatz finden können, weil dieser Markt bereits gesättigt ist, so wird der Unternehmer neue Märkte suchen, er wird diese Überschüsse ausführen zu Preisen, die auf jenen ausländischen Märkten herrschen.

Nun besteht an sich die Möglichkeit, dass der Unternehmer, um die Nachfrage zu vergrössern, den Betrieb einschränkt; aber wir haben bereits ausgeführt, dass eine solche Einschränkung nur selten möglich ist; aber selbst, wenn eine solche vorgenommen würde und die Preise infolge des verminderten Angebots erhöht werden könnten, so gleicht dieser Gewinn aus den höheren Preisen die Verluste aus der Einschränkung des Betriebes regelmässig nicht aus. Der Unternehmer wird deshalb wieder zu einer Ermässigung der Preise schreiten, um dadurch die Nachfrage zu erweitern, aber diese hat ihre Grenzen. Wenn die Eisenpreise sinken, so kann vorübergehend die Nachfrage steigen. Viele Abnehmer werden gewisse Vorräte zu den billigeren Preisen anschaffen, aber doch nur in beschränktem Umfange, da die Vorräte Kapital und Zinsen und andere Unkosten verschlingen, so dass es vorteilhafter sein kann bei Besserung der Wirtschaftslage das Rohmaterial teuerer zu kaufen, als billigere grosse Vorräte auf unbestimmte Zeit anzulegen. Das gilt besonders in Zeiten länger andauernden wirtschaftlichen Niederganges. In Italien[54]) fand in den Jahren 1907 und 1908 eine übermässige Erzeugung von Baumwollwaren statt, so dass alle Lagerräume überfüllt waren; es gingen günstige Jahre voraus, die Nachfrage war von Jahr zu Jahr gestiegen, nicht bloss in Italien, sondern in allen Ländern bis dann die Nachfrage wieder sank. In den meisten Ländern erfolgte seit 1906 eine Einschränkung der Erzeugung, da ein anderer Ausweg sich nicht bot; nur in Italien schritt man aus verschiedenen technischen und wirtschaftlichen Gründen zu keiner Einschränkung und so ergab sich ein Überangebot. Obwohl dann die Preise für Baumwollwaren in Italien aussergewöhnlich gering wurden, stieg doch die Nachfrage im Inlande kaum und so führte man aus und zwar zu Preisen, die weit unter den Selbstkosten waren. Das Beispiel zeigt, dass selbst Preisermässigungen bis unter die Selbstkosten im Inlande nicht

[54]) Cabiati Achille, L'Istituto Cotoniero Italiano e la Crisi, in der Riforma Sociale 1913 S. 274 ff.

immer die Nachfrage wirksam zu steigern vermögen; so bleibt bloss die Ausfuhr, gegebenenfalls mit grossen Verlusten.

Neben diesen Fällen von Übererzeugung, die eine Ausfuhr notwendig machen, kommen noch andere Fälle der Ausfuhr vor, die ihren Grund nicht in der mehr oder weniger zufälligen Übererzeugung haben; es gibt eine grosse Anzahl von Unternehmungen, die überhaupt bloss oder in der Hauptsache für die Ausfuhr arbeiten (Ausfuhr-Industrien). Es kann sich hierbei um Unternehmungen handeln, die nur solche Ware herstellen, für welche im Inlande überhaupt keine Nachfrage besteht; so stellte eine Fabrik in Österreich die türkischen Fez her; aus Deutschland und anderen Ländern wurden buntgemusterte Stoffe nach dem Orient ausgeführt, die in dem Erzeugungslande nicht verlangt wurden. Das gleiche gilt von bestimmten Glas- und Töpferwaren, Papiersorten, Büchern, Lederwaren usw. Mir wurde in England erzählt, dass eine deutsche Weisswarenfabrik ihre Erzeugnisse ausschliesslich an eine Londoner Firma liefern und nichts in Deutschland verkaufen durfte. Übrigens haben wir in Deutschland für den Inlandsmarkt die gleiche Erscheinung z. B. bei Warenhäusern, für welche gewisse Fabriken ausschliesslich erzeugen dürfen. Wieder andere Unternehmungen arbeiten zum Teil für das Inland, zum andern Teil für die Ausfuhr und das sind die wichtigsten und gewöhnlichsten Fälle in allen Ländern. Deutschland förderte Kohlen, goss Eisen, walzte Schienen für das Inland wie für die Ausfuhr, ebenso wie es England, Frankreich, die Vereinigten Staaten und andere Länder taten. Die einzelnen Länder sind auf den Warenaustausch angewiesen; darin besteht der Handel, über dessen Notwendigkeit kein Wort zu verlieren ist. Preisunterbietungen können sowohl hinsichtlich der tatsächlichen Übererzeugung erfolgen wie bei der normalen auf die Ausfuhr grundsätzlich und dauernd gerichteten Erzeugung. Doch davon später.

2. Überkapitalisierung.

In fremden Schrifttum wird neben der Übererzeugung als Ursache eines Dumping auch die Überkapitalisierung eines Unternehmens angeführt.[55])

Während die Verkäufe in das Ausland zu Verlustpreisen infolge einer Übererzeugung nur vorübergehend sein können und aufhören, sobald der Markt sich gesättigt hat, die Krise beendigt ist und die Verkäufe im Inlande ihren früheren Umfange wieder annehmen, ist das bei dem Dumping, das durch die Überkapitalisierung herbeigeführt wird, nicht der Fall. Diese Überkapitalisierung steht in engster Beziehung zur Übererzeugung und findet hauptsächlich statt bei Vereinigungen, die grosse Kapitalien brauchen, insbesondere bei den amerikanischen Trusts. In seiner ersten Botschaft an den Kongress der Vereinigten Staaten hob der Präsident Roosevelt die Missbräuche der Trusts hervor und nannte als einen solchen die Überkapitalisierung (overcapitalisation), oder volkstümlich Verwässerung (watering) bezeichnet, entsprechend einem Weinfälscher, der durch Hinzuschüttung von Wasser die Weinmenge vermehrt. Schon bei der Gründung eines Trusts wird dieser weit über den tatsächlichen Wert „finanziert"; häufig kommt es vor, dass ein Trust, dessen Wert 10 Millionen Dollars ist, mit 20, 40 oder mehr Millionen gegründet wird. Man suchte diese Überkapitalisierung zu rechtfertigen mit dem Hinweis darauf, man dürfe als Grundlage für die Bildung eines Trusts nicht den augenblicklichen wirklichen Wert der verschiedenen eingebrachten Gegenstände nehmen; haben diese vor der Gründung

---

[55]) nach Mény a. a. O. S. 40 ff.

einen Wert von 10 Millionen Dollars, so haben sie nachher einen viel grösseren; der Trust werde der Beherrscher des Marktes und habe keinen Wettbewerb mehr zu fürchten. Seine Gewinne würden verdoppelt oder vervierfacht gegenüber den Gewinnen, die die einzelnen Unternehmungen gezogen hätten, wenn sie unabhängig geblieben wären. Diese Steigerung der Gewinne berechtige, den Wert des Kapitals bei der Gründung der Trusts zu vermehren; nicht die Ergebnisse der Vergangenheit dürfen die Grundlage bilden, sondern die der Zukunft. Saint-Léon[56]) erklärt, das heisse den soliden Boden der Wirklichkeit aufgeben und das Gebiet der Berechnungen und Einbildungen betreten. — Diese Überkapitalisierung ist in den Vereinigten Staaten sehr gewöhnlich; beim Zuckertrust z. B. um das Doppelte; der wirkliche Wert des Trustunternehmens betrug im Juni 1899 nicht über 35 Millionen Dollars, aber sein Kapital war 75 Millionen. Ebenso ist das Kapital des Silbertrusts (International Silver Co.) um das Doppelte zu hoch. Der Rasiermessertrust (National shear Co.) hat ein Kapital 5 mal höher als der wirkliche Wert der Vereinigten Fabriken. Beim Whiskytrust erreichte 1898 die Überkapitalisierung das Verhältnis von 1 zu 6. Die Folge dieser Überkapitalisierung ist das Bestreben oder die Notwendigkeit des Trusts einerseits die Verkaufspreise im Inlande zu erhöhen, anderseits die überschüssigen Erzeugnisse in das Ausland zu bringen. Deshalb sehe man, sagt Mény, das Dumping als notwendige Folge dieser Überkapitalisierung und Übererzeugung, die unvermeidlich sei; es sei das Dumping für die Bedürfnisse des fixen Kapitals, was Ashley,[57]) ein „Dumping from weakness" (aus Schwäche) nenne, im Gegensatz zu dem anderen Dumping — dem „Dumping from strength" — das angewendet werde, um den Wettbewerber zu vernichten. Dieses Dumping „from weakness" sei schwerer, da es tieferen und dauernderen Ursachen entspringe und auch fast dauernd sei, während das Dumping „from strength" tatsächlich als vorübergehend betrachtet werden könne; denn wenn man mit Verlust verkaufe, um den Wettbewerber zu beseitigen oder den eigenen Markt zu entlasten, so könne man den Augenblick voraussehen, in welchem das Dumping nicht mehr notwendig sei. Das Dumping „from weakness" werde fast dauernd angewendet, um so mehr als, wie Ashley bemerkt, der Verkauf im Ausland zu einem sehr niedrigen Preise in Verbindung mit einem Verkauf im Inland zu höheren Preisen einen grösseren Gewinn verschaffen könne als der blosse Verkauf im Inland zu normal erhöhten Preisen. Die Überkapitalisierung führe notwendigerweise zur Überzeugung, selbst in Zeiten wirtschaftlichen Niederganges und beide eng miteinander verbunden, zwängen die Unternehmer zum Dumping. —

Andrew Carnegie,[58]) der grosse amerikanische Industrielle, sagte: „zunächst ist die wichtige Tatsache zu beachten, dass die mächtigste Waffe zur Eroberung fremder Märkte der Besitz eines gewinnbringenden inneren Marktes ist. Man kann als Axion annehmen, dass die Nation, die sich der inneren Nachfrage nach irgend einer Ware versichert hat, schliesslich mit dieser Ware die neutralen Märkte der Erde beherrschen wird. Das „Gesetz des Überschusses" zieht immer mehr die Aufmerksamkeit auf sich. Die industriellen Unternehmungen vergrössern sich von Jahr zu Jahr bis sie riesengross werden aus dem einfachen Grunde, weil je mehr die Herstellung

---

[56]) Saint-Léon Martin Cartells et Trusts, Paris 1903 zit. nach Mény a. a. O. S. 43.

[57]) Ashley a. a. O. S 91.

[58]) A. Rectorial Adress to the University of Saint-Andrews 1902 S. 14 zit. nach Mény a. a. O. S. 142.

eines bestimmten Gegenstandes vermehrt wird, desto mehr sich die Herstellungskosten mindern und zwar, weil es eine Quote der Erzeugungskosten gibt, die sich auf die Masse verteilt. Ein gleich wichtiges Moment ist, dass der Industrielle, der den Ruf hat, niemals die Arbeit einzustellen, und den Arbeitern dauernde Beschäftigung sichert, die beste Handarbeit gewinnt und sich erhält. Der Grossindustrielle kann in den verschiedenen Ländern der Welt sich zahlreicher Abschlüsse versichern, die er selbsti mt Verlust in Zeiten wirtschaftlichen Niedergangs eingeht und er wird Erfolg haben auch auf dem einheimischen Markt, da er weiss, schliesslich sei es besser den ganzen Tag zu arbeiten als mit gekürzter Zeit oder die Arbeit ganz einzustellen. Also jene, die den besten einheimischen Markt besitzen, können den fremden Märkten ohne direkten Gewinn oder selbst mit Verlust liefern." Und „nicht die Grösse der Einfuhren entmutigt die nationale Industrie,sondern die Furcht den inneren Markt zu verlieren durch die Tätigkeit eines vernichtenden Mitbewerbs, die sie in die Unmöglichkeit versetzt, die ungeheuren Kapitalien anzulegen, welche allein ihnen gestatten, den Kopf aufrecht zu erhalten und welche die Lösung, zu siegen oder zu sterben, beseitigt und ihrerseits selbst das Geheimnis des Sieges in dem Kampfe um das Leben ist". —

* * *

Es ist eine durchaus gesunde Entwicklung, wenn immerfort erzeugt wird; ein Stillstand wäre Rückschritt und ebenso ist es eine natürliche Erscheinung, wenn neue Unternehmungen entstehen und alte sich vergrössern; gesund und natürlich ist diese Entwicklung, solange unsere Volkswirtschaft fortschreitet, solange mit der Bildung und dem Blühen des Volkswohlstandes die Bedürfnisse nach Erzeugnissen der Industrie wachsen und solange sich für die Überschüsse der Erzeugnisse neue Märkte auch im Auslande eröffnen. Völker, die Jahrtausende gegen europäische Kultur und Zivilisation abgeschlossen waren, traten in der jüngsten Gegenwart in die Klasse der modernen Staaten. Der Handel bringt Gegenstände, die zunächst ungern, allmählich aber immer mehr abgenommen werden, besonders im Austausch gegen einheimische Erzeugnisse. Man mag das Verschwinden alter Zivilisation und Kultur bedauern, aber die Welt schreitet vorwärts. Es ist nicht bloss das Bestreben Einzelner in steigendem Masse an den Errungenschaften der Gegenwart teilzunehmen, sondern ganze Völker zeigen dieses Bestreben. Alle ausführenden Industrieländer wetteifern, ihre Erzeugnisse in jedem Teile der Erde abzusetzen und da ihre Unternehmungen fortwährend vergrössert wurden und werden, so müssen sie ihre Überschüsse ausführen, wenn nicht die Volkswirtschaft des Ausfuhrlandes herabsinken soll. Von Zeit zu Zeit entstehen allerdings Rückschläge — Krisen —, die die ganze Volkswirtschaft eines Landes erschüttern können und bei dem Zusammenhang aller Kulturländer auch die übrigen Staaten mehr oder weniger in Mitleidenschaft ziehen. Gerade die ungeheure Erzeugung eines Landes an Industriewaren führt notwendigerweise zu einer Übersättigung des inneren Marktes; die Nachfrage stockt und da der innere Markt für eine Volkswirtschaft von weitaus grösserer Bedeutung ist als der Weltmarkt, so lässt sich bisweilen durch eine Verbilligung der Waren, durch ein Herabgehen mit den Preisen die entstehende Krise im Keim ersticken oder doch mildern. Aber andererseits kann die Krise gefördert und ihre Dauer verlängert werden, wenn die Unternehmer die Sachlage verkennen, auf die in blühenden Zeiten hohen Gewinne nicht verzichten wollen und die Preise hochhalten. Gerade in solchen Zeiten versuchen Unternehmer ihre Ausfuhr zu steigern um den inländischen Markt zu entlasten und sie begnügen sich bei der Ausfuhr mit geringeren Gewinnen, verkaufen selbst ohne Gewinn und vorübergehend sogar mit Verlust. So sagte Minister Müller[59]) im Reichstag in der Sitzung vom 4. November 1902, als damals eine Zeit grossen wirtschaftlichen Niedergangs seit 1900 eingesetzt hatte: „Ich glaube, dass wir alle Ursache haben, uns darüber zu freuen, dass die schweren Schäden, die wir sonst erlebt haben würden, durch den Export grosser Quantitäten von Rohstoffen und Halbzeug nach England und den Vereinigten Staaten vermieden worden sind und dass dieses dazu beigetragen hat, die Krisis bei uns zu erleichtern, die Fortdauer sehr schwerer Übelstände bei uns erheblich abzukürzen, dass es also nicht ein Unsegen ist, sondern im Gegenteil ein Segen gewesen ist, dass die ungleiche Wirtschaftsentwicklung in Deutschland und den Vereinigten Staaten dazu geführt hat, dass die Vereinigten Staaten ein Abnehmer unserer Überproduktion gewesen sind, so dass gegenwärtig die Überproduktionsvorräte, soweit die Grosseisen- und Stahlindustrie in Frage kommt, bei uns als gänzlich erschöpft zu betrachten sind und nicht weiter auf den Preis drücken. Dass das allein nicht hinreichen wird, unsere gesamten Wirtschaftszustände wieder zu gesunden, ist richtig; aber umgekehrt wäre, wenn diese Abstossung nicht erfolgt wäre, ein Druck von Überproduktionsvorräten noch für Jahre eingetreten, der uns jetzt erspart ist." —

Wydgodzinski[60]) fasst Dumping als Ausfuhr unter den Selbstkosten auf und erblickt die Ursache davon in dem Wunsche, den Betrieb auch unter ungünstigen Bedingungen aufrechtzuerhalten, um für Kapital und Arbeit Beschäftigung zu finden; das sei ein Standpunkt, dessen privatwirtschaftliche Berechtigung nicht wohl angefochten werden könne, so wenig wie die sozialpolitischen Motive, die ihm zugrunde liegen. Eine solche, einseitig auf den Auslandsmarkt gerichtete „Schleuderpolitik" sei jedoch auch vorübergehend nur möglich, wenn der Inlandsmarkt durch hohe Zölle oder monopol- oder kartellmässige Beherrschung zur Weiterzahlung hoher Preise gezwungen werden könne, was allerdings bisweilen zutreffen könne; hierher gehörten z. B. die Fälle, wie die, dass im Sommer 1900 der Preis von amerikanischen Waren, Blei, glatten Draht, Nägel, Soda, Portlandzement usw. in England um 20 bis 25 v. H. billiger gewesen sei als auf dem Markte des Ursprungslandes oder dass man eine zeitlang deutsche Bleche aus Holland billiger habe beziehen können als aus der dem Verbraucher benachbarten deutschen Fabrik, — dies könne jedoch nur vorübergehend sein und sei durchaus international.

Und Hookham[61]) schreibt, man pflege Dumping häufig den Verkauf unter den Selbstkosten zu bezeichnen; aber kein Fabrikant wisse, was ein bestimmter Artikel ihm koste; er wisse nur, was am Ende des Jahres seine Gesamtkosten und seine Generalunkosten seien; gelegentlich könne er ohne die Generalunkosten zu erhöhen, um seine Arbeiter zusammen und beschäftigt zu halten, einen Auftrag annehmen, der ihm nur die Kosten für den Rohstoff oder die Arbeit wieder einbrächte; dieses Dumping wende England regelmässig an, warum sollte es für den fremden Handel unrecht sein?

Ich glaube, es bedarf keines Beweises, dass die ausführenden Unternehmer auch im Auslande den höchsten Preis für ihre Erzeugnisse zu erzielen suchen, den sie erhalten können. Nicht selten sind auf dem Welt

[59]) Stenogr. Ber. 208 Sitzung 1912 S. 6136.
[60]) In „Recht und Wirtschaft" a. a. O. S. 247.
[61]) In „Recht und Wirtschaft" a. a. O. S. 246.

markt höhere Preise herrschend als auf einem inländischen Markte; in solchen Fällen fordern die Ausführer selbstverständlich diese höheren Preise und haben gar keine Veranlassung zu den Inlandspreisen oder unter diesen zu verkaufen. Und sie tun es auch in der Regel nicht, wie die Erfahrung zeigt. Die Folge ist, dass die Unternehmer möglichst viel ausführen bis schliesslich infolge des Überangebotes der Weltmarktpreis sinkt oder aber der inländische Preis beginnt zu steigen bis er die Höhe des Weltmarktpreises erreicht hat unter Berücksichtigung der Zölle und Frachten. Der Vorwurf, der nicht selten gemacht wurde, dass die Unternehmer häufig zu billigeren Preisen ausführen, selbst wenn der inländische Bedarf nicht gedeckt ist, ist sicher unbegründet; in Ausnahmefällen mag eine solche Ausfuhr gleichwohl vorkommen, wenn es sich um die Gewinnung von neuen Märkten handelt; selbst wenn der Ausführer nicht erwartet, später die Preise erhöhen zu können, was ja gar nicht in seiner Macht infolge des internationalen Wettbewerbes liegt, so hat er doch ein Interesse an der Gewinnung eines neuen Marktes, weil er dauernd seinen Überschuss in Erzeugnissen ausführen kann, auch wenn er zunächst keinen Überschuss hat. Aber grundsätzlich verkauft jeder Unternehmer seine Erzeugnisse im Inlande zu Preisen, die ihm den grösstmöglichen Nutzen gewähren und die im Inlande nicht absetzbaren Mengen führt er aus. Es schwanken deshalb auch die Ausfuhrmengen, wie die Statistiken zeigen, sehr stark; herrscht im Inlande grosse Nachfrage und ist also eine Zeit wirtschaftlichen Aufschwunges vorhanden, so sinkt die Ausfuhr bestimmter Industrien stark und kann kurze Zeit ganz aufhören. Das allerdings sehr selten; denn jeder Ausführer sucht sich seinen Auslandsmarkt zu erhalten; würde er einige Zeit nicht ausführen, so würde sich die Nachfrage an Ausführer anderer Länder wenden. So sagte Freiherr von Stumm in einer Reichstagssitzung von 1899: „Ich habe z. B. vor zwei Jahren, wenn ich mich nicht irre, ein Drittel meiner Produktion exportiert; ich glaube in diesem Jahre komme ich nicht einmal auf ein Sechstel, aus dem ganz einfachen Grunde, weil jeder vernünftige Mensch doch nicht mehr exportiert als er im Inlande absetzen kann und zwar weil es in der Natur der Sache liegt, dass jeder Export mit einem Preisnachlass gegenüber dem Inlandspreis verbunden ist. Das ist in der Eisenindustrie so, wie in allen anderen Branchen.“ —

3. Fehlen eines Schutzzolles.

Eine weitere wichtige Frage über die Voraussetzungen zur Anwendungsmöglichkeit des Dumping ist die hinsichtlich des Vorhandenseins oder Fehlens eines Schutzzolles. Allgemein wird angenommen, dass nur ein Schutzzoll Dumping gestatte, so dass man vielfach das Vorhandensein eines Zolles zum Begriff des Dumping nahm. Es sind zwei Fälle zu unterscheiden. Es kann sowohl das Land, das ausführt, durch einen Schutzzoll geschützt sein, als auch das Land, in welches ausgeführt wird. Wenn in dem Ausfuhrlande kein Schutzzoll bestünde, so würde die ausgeführte Ware, falls sie auf den ausländischen Märkten billiger verkauft würde, sofort wieder zurückströmen, sagte man, so z. B. Jannacone;[62]) ein Schutzzoll sei sogar ein wesentliches Erfordernis für die Anwendung des Dumping. Dabei wird regelmässig als gleichzeitiges Erfordernis verlangt, das die ausführenden Industrien in Kartellen oder anderen Vereinigungen zusammengeschlossen seien; denn nur diesen sei es möglich sich durch höhere Inlandspreise für die Verluste beim billigeren Verkauf in das Ausland schadlos zu halten.

[62]) Jannacone a. a. O. siehe oben S. 44.

Wenn die Unternehmungen nicht kartelliert seien, so würden die Preise nach dem Grundsatze des freien inländischen Wettbewerbes sich bilden und ohne Preisvereinbarungen der Unternehmer untereinander sinken und sich ausgleichen; der einzelne Unternehmer, der billiger ausführt, könnte keinen Absatz für einen Verlust bei der Ausfuhr in einer Erhöhung der Inlandspreise erlangen, weil der inländische Mitbewerb eine solche Erhöhung unmöglich mache. — Das ist richtig, aber nicht ausreichend. Ein Schutzzoll begünstigt zweifellos die Bildung von Kartellen und die Ausfuhr zu billigeren Preisen als im Inland. Der Präsident der Vereinigten Staaten Havemeyer erklärte:[63]) „Das Schutzzollsystem ist die Mutter der Trusts" (The mother of all trusts is the costums tarifs law); dieser Ausspruch wurde oft wiederholt. Aber auch Länder ohne Schutzzoll wie England haben Kartelle und auch diese Länder führen zu niedrigeren Preisen aus. So musste die englische Eisenbahnverwaltung um 1900 125 Mk. für Schienen bezahlen, während die englischen Unternehmer sie um 85 Mk. auf den Weltmarkte verkauften. Graf von Kanitz[64]) sagte im Deutschen Reichstag: „Sie glauben durch den Übergang zum Freihandel die Macht der Syndikate zu brechen. Ist dieses Mittel aber ein absolut sicheres, dann müsste doch in denjenigen Ländern, welche überhaupt keine Zölle erheben, das Trustwesen nicht zur Blüte gelangen. Aber wenn wir unsere Blicke nach England richten, wo keine derartigen Zölle erhoben werden, so finden wir, dass die billigen Auslandsverkäufe dort ebenso an der Tagesordnung sind wie bei uns im Lande." — Tatsächlich führen Industrien aller Länder gleichgültig, ob diese Industrien kartelliert sind oder nicht, ob das Ausfuhrland einen Schutzzoll hat oder nicht, dauernd aus und können ihre Waren im Inlande nur zu dem Preise verkaufen, der sich auf diesem Markte durch den internationalen Wettbewerb bildet. Ob die Ware wieder in das Ausfuhrland zurückströmen wird oder kann, ist eine Frage für sich. Wenn das Ausfuhrland höhere Preise hat als sie auf dem Weltmarkte herrschen, so kann ein Zurückströmen verhindert oder erschwert werden, falls das Ausfuhrland durch einen Zoll geschützt ist; ist dieser nicht hoch genug, so kann gleichwohl die ausgeführte Ware zurückgebracht werden. Einige Beispiele hierfür: Der Verband deutscher Grobblechwalzwerke lieferte seine Erzeugnisse zu sehr niedrigen Preisen besonders nach Holland. Es kam vor, dass deutsches Riffelblech zur Herstellung der Schiffsdocks von Schiffsbauern im Ruhrort vorteilhafter von holländischen Zwischenhändlern als unmittelbar vom deutschen Markte gekauft wurde, obwohl nicht nur der Einfuhrzoll, sondern auch die doppelte Fracht darauf ruhte.[65]) Der amerikanische Wire Nails Trust verlangte 1896 für ein Fässchen Drahtstifte im Inlande 2,70 Dollars, im Auslande nur 1,30 Dollars, ein Händler kaufte grosse Mengen Drahtnägel zur Ausfuhr nach Amsterdam auf, verschiffte sie von Amsterdam wieder nach Amerika zurück und schlug sie dort dann trotz der doppelten Fracht und sonstigen Kosten noch mit ansehnlichem Gewinn auf dem amerikanischen Markte los.[66]) Ebenso kam es wiederholt vor, dass in Süddeutschland in der Nähe des Bodensees deutsche Kohlen aus der Schweiz und im Westen Deutschlands deutsche Kohlen aus Holland und Belgien vorteilhaft wieder eingeführt wurden. Remscheider Ausführer versicherten, es sei für sie günstiger gewesen, Stahlhalbzeug, das

[63]) Erhebungen über die Trusts in den V.St.A. in der Industrial Commission Teil I S 138, zit. Mény a. a. O. S. 6.

[64]) Stenogr. Ber 209 Sitz. 1902 S. 6150.

[65]) Dönges a. a O. S 108.

[66]) Morgenroth a. a. O. S. 31.

billig nach Holland aus Remscheid ausgeführt worden war trotz Zoll und Versendungskosten nach Remscheid zurückzubringen als in den Remscheider Fabriken selbst den Stahl zu kaufen.[67]) Diese Beispiele liessen sich leicht vermehren; jeder der schon Reisen in das Ausland machte, konnte dort deutsche Waren sehen, die billiger waren als in Deutschland und nicht selten war es vorteilhaft, dort die Ware zu kaufen und nach Deutschland zu senden. Es kam wiederholt vor, dass Deutsche sich teuere deutsche Bücher aus Paris schicken liessen, da sie dort 10 v. H. Ermässigung erhielten, während in Deutschland der Rabatt aufgehoben war; da die Einfuhr von Büchern zollfrei ist, so kamen nur die Versendungskosten in Betracht, die sehr gering waren. Nebenbei bemerke ich, dass deutsche Waren nicht selten wieder zurückgeführt werden aus dem Auslande, nicht weil die gleichen Waren billiger sind, sondern weil sie als ausländische gelten. So wurden alljährlich grosse Mengen Stoffe, besonders für Frauen, nach Paris gebracht und wieder zurück, weil die Stoffe als deutsche nicht gekauft worden wären, wohl aber als solche aus Paris eingeführte; ähnlich verhielt es sich mit Tabak und anderen Waren, die ausgeführt und ohne Veränderung wieder zurückgebracht wurden. Manche Deutsche ziehen Auslandsware jeder deutschen vor und sind befriedigt, wenn sie die deutsche Ware als fremde erhalten. Mit der Dummheit kämpfen Götter selbst vergebens. Etwas anderes ist die Wiedereinfuhr deutscher Waren im Veredelungsverkehr, doch diese Fälle haben mit Dumping nichts zu tun.

Die genannten Fälle beweisen, dass tatsächlich trotz Schutzzolles im Inlande erzeugte und dann ausgeführte Waren, insbesondere auch Roh- und Halbstoffe wieder eingeführt werden, wenn der Preis im Auslande so billig ist, dass trotz Schutzzoll und Versendungskosten die Einfuhr sich lohnt. Aber selbst wenn kein Schutzzoll vorhanden ist, kann gleichwohl die Ware billiger in das Ausland ausgeführt werden ohne Gefahr, dass die Ware zurückströmt, obwohl dieses möglich wäre. Dies ist der Fall, wenn der inländische Markt schon gesättigt ist und deshalb keine oder keine nennenswerte Nachfrage auf unbestimmte Zeit mehr besteht. Dies gilt besonders in Zeiten wirtschaftlichen Niedergangs.

Mögen diese Fälle auch Ausnahmen sein und insbesondere bloss vorübergehend erfolgen, sie beweisen doch, dass Dumping möglich ist, auch wenn keine Schutzzölle bestehen. England übte immer Dumping, obwohl es keinen Schutzzoll hatte; es verkaufte im Auslande billiger als im Inlande aus dem gleichen Grunde wie die anderen Länder; ein Zurückströmen erfolgte selten, schon weil die Versendungskosten die Wiedereinfuhr regelmässig unmöglich machen; die Versendungskosten wirken wie ein Schutzzoll.

Wenn das Land, in welches eingeführt wird, durch einen Zoll geschützt ist, so ist die Anwendung des Dumping nicht ohne weiteres unmöglich, wohl aber erschwert. Die Preise müssen mindestens um den Zollbetrag und die Frachtkosten ermässigt werden, um in dem geschützten Lande in den Mitbewerb treten zu können. Dass dies tatsächlich sehr oft der Fall ist, lehrt die Erfahrung. Sowohl Deutschland führte Waren in solche Länder aus und ebenso wurden in das geschützte Deutschland Waren zum Mitbewerb mit den einheimischen eingeführt. Will ein Land die Einfuhr einer Ware überhaupt unmöglich machen, so müssen die Zölle so hoch angesetzt werden, dass eine Einfuhr nicht mehr erfolgen kann. Solche Zölle (Prohibitivzölle) haben vorübergehend zahlreiche Länder festsetzen müssen, insbesondere um die Entstehung inländischer Industrien zu fördern. Die Gefahr

---

[67]) Mény a. a. O. S. 122.

liegt allerdings nahe, dass die vom Zoll betroffenen Länder Vergeltung üben. Heftige und erbitterte Zollkriege haben in der Geschichte der Völker, besonders im letzten Jahrhundert, eine grosse Rolle gespielt. Weiter unten werden wir sehen, welche Massnahmen in zollpolitischer Hinsicht gegen die Einfuhr zu niedrigeren Preisen getroffen wurden. —

4. Ungünstigere Arbeitsverhältnisse.

Eine ganz besondere Voraussetzung für die Möglichkeit der Anwendung von Dumping wird in allerneuester Zeit in England vertreten. Wie ich schon in dem Abschnitte über die Begriffserklärungen des Dumping bemerkte, hatte Bonar Law in der Parlamentssitzung vom 25. März 1919 dem Hause mitgeteilt, dass gewisse japanische Baumwollwaren jetzt auf den englischen Markt zu niedrigeren Preisen kommen als die englischen Spinner die Rohbaumwolle erhalten. Bonar Law will deshalb unter Dumping jeden fremden Mitbewerb verstehen, der sich auf billigere Arbeitskräfte stützt als sie der englischen Industrie zur Verfügung stehen. Ebenso forderte nach dem Manchester Guardian vom 2. Sept. 1919 die National Union of Manufacturers eine gesetzliche Bestimmung der Regierung, dass alle eingeführten Waren als Dumpingwaren gelten sollen, die unter ungünstigeren Arbeitsverhältnissen hergestellt werden als in England.

Durch diese Erklärungen und Forderungen wird der Begriff des Dumping wesentlich erweitert. Wenn also in irgendeinem Lande die Arbeiter niedriger entlohnt werden als die Arbeiter in England und die Industrieerzeugnisse nach England ausgeführt werden, gleichgültig, ob für diese Waren höhere Preise als im Erzeugungslande verlangt werden oder nicht, so soll dieser Wettbewerb als Dumping gelten. Das gleiche gilt, wenn die Arbeitszeit in einem anderen Lande länger ist als in England, denn auch das sind ungünstigere Arbeitsverhältnisse. Diese Auffassung von Dumping richtet sich vor allem gegen Japan. Da aber schliesslich in jedem Lande die Arbeitsverhältnisse anders als in England sind, so wird sich in jedem einzelnen Fall leicht der Nachweis erbringen lassen, dass in dieser oder jener Hinsicht die Arbeitsverhältnisse in einem fremden Lande schlechter sind als in England und England soll dann die Möglichkeit haben die Einfuhr von Waren aus solchen Ländern zu erschweren oder zu verbieten. Von den Gesetzentwürfen Englands gegen dieses Dumping ist in dem Kapitel über das Valuta-Dumping näher die Rede. England befindet sich seit einiger Zeit wie auch andere Länder in einer schwierigen Lage infolge der Übererzeugung und des dieser Erzeugung nicht entsprechenden Absatzes seiner Waren im Auslande und sucht deshalb seine Industrie nach Möglichkeit gegen fremden Wettbewerb zu schützen. Wie weit sich die Länder, die nach England ausführen, eine Erschwerung oder gar ein Verbot der Ausfuhr nach England gefallen lassen, hängt von der Möglichkeit, Gegenmassnahmen und insbesondere Vergeltungsmassnahmen zu treffen, ab. Auch von diesem Dumping gilt, was von jedem Dumping gilt: Jedes Land sucht nach Möglichkeit sich gegen billigere Einfuhr zu schützen, um die eigene Industrie zu fördern. Während man aber bei dem gewöhnlichen oder „echten" Dumping die Erzeugungskosten im Erzeugungslande oder die dort herrschenden Preise als Grundlage zur Beurteilung des „unlauteren" Wettbewerbs auf dem Weltmarkt nimmt, will man nach den oben genannten englischen Erklärungen sich die Möglichkeit bewahren, gegebenenfalls jede Einfuhr zu erschweren oder unmöglich zu machen. Die Feststellung, ob in einem Lande in irgendeiner Beziehung schlechtere Arbeitsverhältnisse bestehen, dürfte oft grosse Schwierigkeiten bereiten; in der Praxis würde wohl Willkür eine grosse Rolle spielen und schliesslich könnte man in England dazu kommen, schon den Umstand als Dumping zu bezeichnen, wenn in einem anderen Lande z. B. in Deutschland geniale Chemiker, Ingenieure, Techniker usw. vorhanden sind oder wenn in einem Lande selbst bei gleichen Arbeitsverhältnissen wie den englischen Arbeiter fleissiger und geschickter sind. Tatsächlich finden wir aus der Zeit vor dem Kriege in Büchern, Zeitschriften und Zeitungen des Auslandes immer wieder hervorgehoben, dass besonders Deutschland wirtschaftlich eine solche Höhe erreichte infolge der tüchtigen allgemeinen und fachlichen Bildung seiner Handarbeiter und geistigen Arbeiter in Verbindung mit grosser Gewissenhaftigkeit und regem Pflichtgefühl.

Wenn man den Begriff des Dumping so weit erklärt, wie es hier England tut, dann ist unlauterer Wettbewerb immer schon vorhanden, wenn ein Land Waren zu billigen Preisen auf fremden Märkten anbietet und dann könnte sich das Einfuhrland eigentlich die Mühe sparen zu begründen, warum Dumping gegeben sei. Dies versuchte auch tatsächlich England zu tun. Während noch das Koalitionsprogramm Lloyd Georges Dumping als den Verkauf unter den Selbstkosten erläutert, bezeichnete der englische Antidumping-Gesetzentwurf Dumping als den Verkauf unter den Inlandspreisen, wenn auch noch eingeschränkt im Sinne der Auffassung des Balfourausschusses. —

VII. Wirkungen des Dumping.

1. Für das Ausfuhrland.

Die Wirkung der Anwendung des Dumping äussert sich in Vorteilen und Nachteilen für das Ausfuhr- und für das Einfuhrland.

Die Ansichten, ob das Dumping für die Verbraucher des Ausfuhrlandes vorteilhaft oder schädlich sei, gehen weit auseinander. Cabiati[68]) nimmt in seiner Theorie an, die infolge der Ausfuhr gesteigerte Erzeugung ermögliche eine Preissenkung auch im Inlande, falls diese vergrösserte Erzeugung die Kosten mindere. Wir haben bereits in dem Abschnitt über die Übererzeugung dargelegt, dass tatsächlich in zahlreichen Fällen die Erzeugungskosten verhältnismässig niedriger werden, wenn die Erzeugung vergrössert wird, ja, dass häufig gerade mit Rücksicht auf diese Verminderung der Kosten mehr erzeugt wird in der Annahme, es werde durch die nun zu ermöglichende Preissenkung auch die Nachfrage im Inland zunehmen und der Rest könne wohlfeil in das Ausland gebracht werden; der grössere Umsatz könne einen Reingewinn oder einen grösseren Reingewinn den Unternehmern verschaffen, als wenn diese weniger erzeugen bei höheren Kosten und höheren Preisen. Diese Form der Preisbildung ist die gewöhnlichste und wir wissen aus Erfahrung, dass in normalen Zeiten eine Verbilligung der Eisenbahntarife, Postgebühren, Frachtsätze den Verkehr steigert und selbst wenn zunächst sich Minder-Einnahmen ergeben, alsbald die Erträgnisse oft ausserordentlich steigen. Diese Verbilligung erreicht ihre Grenze, sobald die Anlagekosten steigen. Solange eine Fabrik ohne Veränderungen an den Maschinen und Gebäuden die Erzeugung steigern kann, lassen sich die Kosten für die Einheit der hergestellten Ware ermässigen

[68]) Cabiati s. o. S. 27 ff.

und infolgedessen auch die Preise für die Ware. Aber auch wenn die Gebäude vergrössert, neue Maschinen aufgestellt, neue Arbeiter eingestellt werden müssen, können immer noch die Erzeugungskosten verhältnismässig sinken, bis die unterste Grenze erreicht ist; von da erhöht jede Vergrösserung der Anlage die Erzeugungskosten und der Preis lässt sich nicht mehr ermässigen, sondern wird eine Erhöhung erfahren oder der verhältnismässige Gewinn nimmt ab. Wann diese unterste Grenze der Verbilligungsmöglichkeit erreicht ist, lässt sich im allgemeinen nicht sagen, sondern nur von Fall zu Fall feststellen oder berechnen. Wenn Cabiati in seinem Beispiel annimmt, die Kosten für eine Tonne betragen 50 bei einer Erzeugung von 1000 Tonnen und ergeben keinen Gewinn; eine Verdoppelung der Erzeugung ermässige jedoch die Kosten für die Tonne auf 30 und verschaffe bei einem Verkauf von 1500 Tonnen je 32 Lire und von 500 Tonnen im Auslande je 28 Lire einen Reingewinn von 2000 Lire, so ist das Beispiel an sich richtig d. h. es beweist, was es beweisen soll, wobei wir jedoch die Richtigkeit der Zahlen im Einzelnen selbst ausser Betracht lassen können. Die Ermässigung der Kosten für die Einheit kann bei einer Verdoppelung der Erzeugung grösser oder geringer sein je nach dem Anteil der Anlagekosten und sonstigen allgemeinen Unkosten des Unternehmens. Nehmen die Anlagekosten einen sehr grossen Teil bei der Herstellung in Anspruch, so kann die Ermässigung der Einheitskosten grösser sein als wenn ein grösserer Teil der Kosten auf die Handarbeit trifft. Bei der Gewinnung von Roh- und Halbstoffen, wie Kohle, Eisen, Stahl usw., wird eine Verdoppelung der Erzeugung die Kosten nicht so stark ermässigen wie Cabiati annahm, da die unmittelbare menschliche Tätigkeit einen zu grossen Teil an der Herstellung in Anspruch nimmt. Am besten beweisen die Richtigkeit dieser Tatsache die kunstgewerblichen Gegenstände, die viel Handarbeit und wenig Maschinenarbeit zulassen. Ein reichvergoldeter Ledereinband eines Buches erfordert viel Zeit und Arbeit, wenn er mit der Hand gefertigt wird; ein zweites gleiches Stück kann nicht billiger hergestellt werden, da dieses Stück die gleiche Zeit und Arbeit braucht. Verwendet der Buchbinder eine Pressemaschine zur Vergoldung, so kann er Hunderte Bücher in einem Tage vergolden und die Kosten für ein Exemplar ermässigen sich ausserordentlich. Nehmen wir die Zahlen in dem Beispiel Cabiatis als richtig an, so steht zweifellos fest, dass durch die Verdoppelung der Erzeugung die Kosten von 50 auf 30 für die Einheit sinken und der Unternehmer nun auch den Preis ermässigen kann infolge dieser Verminderung der Kosten und der gesteigerten Nachfrage. Cabiati lässt den Inlandspreis 32 betragen, was nur möglich sei, wenn im Inlande 1500 Einheiten zu diesem Preise verkauft, und die übrigen 500 Einheiten zu 28 — dem Weltmarktpreis — ausgeführt würden; er erklärt, nur dem Dumping sei es zu verdanken, dass der Inlandspreis sich von 50 auf 32 ermässigt habe; das Dumping sei also auch für die Inlandsverbraucher von Vorteil, selbst wenn die Ausländer die Ware noch billiger erhalten. Gegen diese Anschauungen Cabiatis wandten sich Loria und Andere (s. o.). Loria erklärte, die Ermässigung von 50 auf 32, sei kein Vorteil für die Inlandsabnehmer, da die Ware im Auslande bloss 28 koste, und die Inlandsverbraucher sie sich um diesen Preis aus dem Auslande verschaffen könnten; wenn der ausländische Preis 28 betrage, so beweise das, dass die gleiche Ware dort um 28 hergestellt würde. Der Verlust der Inlandskäufer sei demnach 4. Loria verweist darauf, dass die Ware, selbst wenn sie im Auslande um 28 gekauft und in das Inland gebracht würde, nicht billiger als 32 zu stehen komme infolge der Versendungskosten. Die ausgeführte Ware sei schon bei der Ausfuhr mit

Versendungskosten von 2 belastet gewesen und für die Wiedereinfuhr entständen neuerdings die gleichen Versendungskosten; die Versendungskosten bei der Ausfuhr müsse der Inlandsverbraucher tragen. Der Unternehmer könne sie nicht auf den ausländischen Verbraucher abwälzen; die Versendungskosten wirkten wie ein Schutzzoll. — Diese Einwendungen Lorias sind zutreffend, beweisen aber nicht, was sie beweisen sollen, nämlich nicht, dass infolge des Dumping der Inlandsverbraucher die Ware nicht billiger erhalte als ohne Vorhandensein der Ausfuhr zu billigeren Preisen. Nehmen wir an, der Unternehmer im Inlande A verdoppele seine Erzeugung nicht, so betragen seine Kosten in dem genannten Beispiele 50; die Verdoppelung der Erzeugung ist aber nur möglich, wenn ein Teil der Erzeugnisse ausgeführt werden kann; im Auslande B kann aber der Unternehmer nur den Weltmarktpreis erhalten, der, wie angenommen werden soll, 28 beträgt, da die Erzeugungskosten im Auslande höchstens 28 betragen. Der inländische Unternehmer wird feststellen, wieviel Erzeugnisse er auf dem Weltmarkte absetzen kann und erst dann zu der Verdoppelung seiner Erzeugnisse schreiten. Nimmt er die Verdoppelung nicht vor, so wird der ausländische Unternehmer für seine Ware, die er nach A bringt, nicht oder nicht wesentlich unter 50 verkaufen, da dieser Preis in A gilt. Ist das Inland A nicht durch einen Zoll geschützt, so wird der Inlandsverbraucher nicht warten, bis der ausländische Unternehmer die Ware nach A bringt, sondern sie selbst in B kaufen; die Versendungskosten von 2 tragen und die Ware auf diese Weise um 30 erhalten statt um 50 im Inlande. Die Folge ist, dass das inländische Unternehmen zugrunde geht und die einheimische Volkswirtschaft grossen Schaden erleiden kann, der grösser sein kann als der Vorteil, der aus dem billigeren Auslandsverkauf für den einzelnen Inlandsverbraucher entsteht. Es wird sich der Inlandspreis von 50 überhaupt nur aufrecht erhalten lassen, wenn kein wirksamer fremder Wettbewerb vorhanden ist und dieser ist insbesondere dann nicht vorhanden, wenn ein entsprechend hoher Schutzzoll besteht. Ist kein Schutzzoll vorhanden, dann geht das inländische Unternehmen zugrunde, wenn es die Erzeugung und den Absatz nicht derart steigern kann, dass die Kosten und Preise sich so ermässigen, um dem fremden Wettbewerb gewachsen zu sein. Die Versendungskosten bilden hierbei einen natürlichen Schutz. Wirksamer ist aber der Schutzzoll. Dieser ermöglicht allerdings die Preise im Inlande um diesen Betrag höher zu stellen als sie im Auslande auf dem freien Weltmarkte sind. Ob ein Schutzzoll volkswirtschaftlich für ein Land eine gute oder schlechte Einrichtung ist, ist eine Frage für sich. Zweifellos wäre Deutschlands Industrie niemals zu solcher Blüte gelangt, wenn sie nicht durch Zölle geschützt gewesen wäre; der Hinweis auf das freihändlerische England geht fehl. England hatte schon längst, bevor es in Deutschland eine irgendwie nennenswerte Industrie gab, eine mächtige, entwickelte Industrie; es wäre Deutschland ohne Schutzzoll unmöglich gewesen, ein Industrieland zu werden; denn der ausländische Wettbewerb hätte die Entstehung und Entwicklung einer deutschen Industrie unmöglich gemacht. Ausserdem hat England alle Rohstoffe im Inland oder in seinen Kolonien, während Deutschland solche Stoffe nur in beschränktem Masse hat und auf die Einfuhr zahlreicher Rohstoffe angewiesen ist. Deshalb mussten alle Länder, die in der Neuzeit zur Industrialisierung übergingen, den Schutzzoll einführen, Deutschland ebenso wie die Vereinigten Staaten, Russland, Italien usw. und selbst England begann im Laufe der letzten Jahrzehnte gewisse Industrien durch Zölle zu schützen und die Parteien in England, die für allgemeinen

Schutzzoll sind, waren stark im Wachsen. Ohne Schutzzoll auf landwirtschaftliche Erzeugnisse in Deutschland wäre unsere Landwirtschaft zu der gleichen Bedeutungslosigket herabgesunken wie in England und ohne Zölle auf Industrieerzeugnisse hätte sich keine nennenswerte Industrie entwickelt, vielleicht kaum ausreichend, um die notwendigen Lebensmittel im Auslande zu kaufen. Und wenn heute gesagt wird, es hätte keinen Weltkrieg gegen Deutschland gegeben, falls Deutschland freihändlerisch gewesen wäre, so mag das richtig sein, denn Deutschland wäre arm gewesen und geblieben und es hätte keinen Anlass gegeben, Deutschland zu bekriegen. So aber wurde Deutschland wohlhabend und reich und es war wirtschaftlich durchaus zu rechtfertigen, wenn der Inlandsverbraucher die eigenen Erzeugnisse etwas teuerer bezahlen musste als es ohne Schutzzoll der Fall gewesen wäre. Nicht davon dürfen wir befremdet sein, dass die deutschen Erzeugnisse vielfach im Auslande billiger waren als im Inlande, denn im Auslande konnte nur der Weltmarktpreis erzielt werden, wohl aber darüber, dass häufig die Inlandspreise höher gehalten wurden, als es notwendig und durch freien Wettbewerb der Unternehmer im Inlande der Fall gewesen wäre. Der freie Wettbewerb ermässigt die Preise bis zu einer gewissen Grenze. Da aber jeder Unternehmer nach dem grösstmöglichen Gewinn strebt, so war der Zusammenschluss der Unternehmer zu Kartellen, Syndikaten usw. naheliegend und gerade in Deutschland nahm die Kartellbildung überaus stark zu, in noch grösserem Masse allerdings in den V.St.A. durch die Trusts. Es ist auch richtig, dass diese Vereinigungen die Inlandspreise für ihre Erzeugnisse häufig nicht wie es nach der oben gegebenen Theorie zutreffend wäre, infolge der verstärkten Erzeugung und der verstärkten Ausfuhr ermässigten, sondern erhöhten. Ridolfi[69]) hebt hervor, dass der deutsche Stahlwerksverband trotz der grossen Erzeugung und Ausfuhr die Inlandspreise, die vor der Begründung des Verbandes 100 Mk. für die Tonne betrugen, auf 130 Mk. erhöht habe, gleichzeitig aber auch die Weltausfuhrpreise von 90 auf 110 Mk. und so den Mitgliedern einen Gewinn von 30 Mk. für die Tonne bei den Inlandsverkäufen und 20 Mk. bei den Auslandsverkäufen verschafft habe und von anderer Seite wurde betont, dass die Selbstkosten etwa 85 bis 95 Mk. betrugen; wirkliches Dumping sei Italien gegenüber angewendet worden, wo der Verband nur 75 Mk. für die Tonne verlangt habe. In der Reichstagssitzung vom 4. November 1902 führte der Abgeordnete Dr. Pachnicke[70]) aus: An österreichische Eisenwerke seien Hochofenkoks zu 8,10 Mk. die Tonne, an Deutsche zum doppelten Preise, etwa 16 bis 17 Mk. geliefert worden. Der Inhaber eines Ausfuhrhauses in Remscheid, Herr Heinrich, der auf diesem Gebiete besonders tätig gewesen sei, habe geschrieben, es wäre unter Umständen noch ein Vorteil, die nach Holland verschleuderten Waren dort einzukaufen; selbst wenn man Zoll und Rückfracht bezahle, würde immer noch wohlfeiler gekauft gegenüber denjenigen Preisen, die man an die Fabrik zu zahlen habe, die vor der eigenen Tür liege, d. h. wenn man die betreffende Ware von Syndikate entnehme. Ich erinnere hier an die an anderer Stelle angeführten Fälle, in welchen tatsächlich die einheimischen Waren aus dem Auslande wieder zurückgebracht wurden, ein Beweis dafür, wie hoch die Inlandspreise waren. Das Syndikat für Chlorkalk, fährt Pachnicke fort, diktiere den deutschen Abnehmern 13,50 Mk. für 100 kg, verkaufe aber frei London zu 7,75 Mk. Der Feinblechverband habe an dem Preise von 145 Mk. für die Tonne im

[69]) Ridolfi, s. o. S. 36.
[70]) Stenogr. Ber. 208. Sitzung 1902 S. 6116.

Inlande festgehalten, aber nach dem Auslande um 30 bis 35 Mk. billiger geliefert und habe dadurch auch leider eine durch das Anwachsen des Bedarfs mögliche Besserung der Lage verhindert; dafür würden die inländischen Verbraucher nicht von allen, aber doch von recht vielen Syndikaten um so kräftiger gerupft und geschröpft. Die Handelskammer in Lennep habe geantwortet: „Die Kartelle haben bei der Bemessung der Rohstoffpreise weniger die allgemeine Geschäftslage als den eigenen Vorteil im Auge."

Zu Beginn des Jahrhunderts fanden „Kontradiktorische Verhandlungen über die deutschen Kartelle" im Reichsamt des Innern in Verbindung mit einer allgemeinen „Kartellenquête" statt, die folgendes ergaben:

Das Rheinisch-westfälische Kohlensyndikat[71]) verkaufte seinen gesamten Absatz an Steinkohlen im Jahre 1900 im Inlande zu 10,70 Mk., im Auslande zu 9,82 Mk. und 1902 zu 10,45 Mk. im Inlande und zu 9,84 Mk. im Auslande; obwohl im Auslandspreise die Fracht enthalten war, bestanden doch grosse Unterschiede in den Preisen, zumal die Auslandsverkäufe nicht etwa unter den Selbstkosten waren und dabei wurden jährlich 6—7 Millionen Tonnen damals ausgeführt, d. i. 11—14 v. H. des Gesamtsabsatzes. Zu beachten ist, dass die preussischen Staatsbahnen für diese Ausfuhr die Frachttarife ermässigten, also eine Vergünstigung der Kohlenausführer auf Kosten der Allgemeinheit. Es fehlt allerdings nicht an Stimmen, die eine andere Meinung vertreten, so sagt Riesser,[72]) der Vorwurf gegen das Rheinisch-westfälische Kohlensyndikat, dass es in den Jahren der Hochkonjunktur, also insbesondere 1898—1900 die Preise zu rasch und zu sehr erhöht habe, habe sich als unbegründet erwiesen, während gegenüber dem Vorwurf, dass es nach der Krisis die Preise nicht rasch und nicht durchgreifend genug herabgesetzt habe, eine völlige Klärung der entgegenstehenden Ansichten nicht herbeigeführt worden sei. Es sei sehr interessant, dass diese beiden Vorwürfe auch gegen die 1901 begründete United States Steel Corporation erhoben worden seien. Glier[73]) weise 1908 nach, dass sich die Korporation bei der Preisstellung hinsichtlich der Fabrikate in der ersten Hausse 1901 bis 1903 einer grossen Mässigung befleissigt habe, obwohl gleichzeitig die Preise für Giessereiroheisen, welches die Korporation weder produzierte, noch kaufte oder verkaufte, um 34 v. H. gestiegen seien, dass sie aber auch, was Glier für eine durchaus richtige Politik erkläre, in der Periode des Niedergangs 1903/04 mit Zähigkeit an den hohen Preisen festgehalten habe; eine Minderung der Preise hätte doch keine grössere Nachfrage hervorgerufen. — Das gleiche traf bei dem westfälischen Kokssyndikat zu, das die Tonne Koks 1900 im Inlande zu 17 Mk., 1901 zu 17 Mk. und 1902 zu 15 Mk. verkaufte und im Ausland einschliesslich der Fracht zu 16,12; 16,86 und 13,11 Mk. Nach den Feststellungen des Amtsgerichtes Gottesberg verkaufte dieses Kokssyndikat an österreichische Werke Hochofenkoks von 1898 bis 1902 zu 8,10 Mk. die Tonne, an die deutschen Unternehmer um 17 Mk. Bei dem Roheisensyndikate bewirkten Zoll und Kartell die Inlandspreise fast ständig um den Zollbetrag — 10 Mk für die Tonne = 20 v. H. des Wertes — und um die Fracht von England bis zur deutschen Küste um etwa 6 Mk. und von da ab bis Ruhrort 5—6 Mk., insgesamt also um 21—22 Mk., über den Weltmarktpreisen zu halten; um diesen Betrag musste das Syndikat oder der einzelne Ausführer herabgehen unter die Inlandspreise um in England in Wettbewerb treten zu können. Dabei

[71]) Das Folgende hauptsächlich nach Morgenroth a. a. O. S. 15 ff.
[62]) Riesser a. a. O. S. 150.
[73]) In Conrads Jahrb. 3. Folge Bd. 35 S. 587.

standen die deutschen Erzeugnisse im Inlande fast immer im Preise über den englischen in England, in normalen Zeiten um Zoll und Fracht, in Zeiten wirtschaftlichen Niedergangs um etwas weniger, in manchen Geschäftsjahren war aber der Unterschied sehr gross. So betrug 1901 der Durchschnittslieferpreis des Roheisensyndikats zu Düsseldorf 83,1 bis 84,9 Mk. die Tonne und für die Ausfuhr einschliesslich der Fracht bis zur Zollgrenze nur 58,2 Mk. — Bei den Verhandlungen über die Preise der Halbzeugausfuhr wurde erklärt, es seien 1902 grosse Mengen deutscher Knüppel in den Ausfuhrhäfen Antwerpen, Rotterdam usw. zu 72 Mk. die Tonne angeboten worden, während der deutsche Preis sich auf 90 Mk. gestellt habe. Nach einer Übersicht für 1904 betrugen die Inlandspreise einschliesslich einer Durchschnittsfracht von 1,50 Mk. für die Tonne für Blöcke 82,50 Mk.; für Knüppel 90 Mk., für Platinen 92,50 Mk. und die Preise ab Antwerpen für die gleiche Ware 68 Mk., 72 Mk. und 72,50 Mk., also ein Unterschied von 14 50 Mk., 18 Mk. und 20 Mk. Der Nickelstahlpanzerplatten-Ring mit der Firma Krupp an der Spitze lieferte dem Reichs-Marine Amt die Tonne zu 2320 Mk., den Vereinigten Staaten zu 1920 Mk. Die Erzeugnisse des Walzdrahtverbandes waren 1902 um etwa 15 Mk. die Tonne, d. h. um 12 v. H. im Auslande billiger als im Inlande, wie das Syndikat selbst zugab. Im Jahre 1900 war der Inlandspreis 185 Mk., der Ausfuhrpreis nur 105 Mk. Der Drahtstiftverband setzte 1900 im Inlande 22 300 Tonnen ab mit einem Gewinne von 1 177 000 Mk., dagegen im Auslande 19 500 Tonnen mit einem Verluste von 859 000 Mk.; die deutschen Abnehmer hatten 25 Mk. für 100 kg zu zahlen, um diesen Verlust auszugleichen, während die ausländischen Verbraucher dieselben Drahtstifte um 14 Mk. erhielten. Halbfertige Drahtwaren wurden nach dem Jahresbericht der Kölner Handelskammer 1902 um 8 bis 12 Mk. unter dem Inlandspreis ausgeführt und auf den englischen Märkten dauernd um 10 Schillinge die Tonne billiger angeboten als in Deutschland. Bei den Grobblech- und Feinblechverbänden[74]) betrug der Zoll 10 Mk. die Tonne; der Inlandspreis stellte sich im Dezember 1903 für Eck- und Winkeleisen auf 111 sh, der Ausfuhrpreis auf 100 sh; für Stabeisen auf 111 bzw. 97,6 sh, für Bleche 122,6 sh bzw. 102,6 sh, für Eisenbahnschienen auf 135 sh bzw. auf 93,6 sh. 1901 betrug der Inlandspreis für Bleche 150 Mk., der Auslandspreis 102,50 Mk. Diese wenigen Beispiele mögen genügen; ihre Zahl liesse sich ausserordentlich vermehren. Nun noch einige Beispiele aus den Vereinigten Staaten, die die gleichen Erscheinungen aufweisen; auch hier war der Inlandspreis für zahlreiche Industrieerzeugnisse wesentlich höher als die Ausfuhrpreise, häufig um mehr höher als der Zoll und die Fracht betragen. Nach Holt[75]) betrug Anfang Februar 1901 der Auslandspreis für Stahlschienen 21 Dollar und blieb einschliesslich drei Dollar Fracht immer noch um zwei Dollar hinter dem Inlandspreise von 26 Dollar zurück. Die American Steel Hoops Co. verkaufte 1893 seine Erzeugnisse um 20 v. H. billiger in das Ausland als an einheimische Abnehmer. Nach Gates, dem Vorsitzenden der Steel & Wire Co. sind die einheimischen Preise 50 bis 60 und selbst 70 v. H. höher gewesen als die Ausfuhrpreise.

Der Free Trade Almanac[76]) führte zu Beginn des Jahrhunderts eine lange Liste von Waren auf mit Preisen in den Vereinigten Staaten und für die Ausfuhr; ich entnehme einige besonders bemerkenswerte Beispiele. Die

---

[74]) Jeans, British Iron Trade Association; Statement on the conditions in the iron and steel trades 1904 S. 39 zit. Morgenroth a. a. O. S. 26.

[75]) Report of the Industrial Commission 1901 Bd. 13 S. 455 zit. Morgenroth a. a. O. S. 30.

[76]) Bei Mény a. a. O. S. 108.

Inlandspreise betrugen in Dollars (die eingeklammerten Zahlen sind die Ausfuhrpreise): für Borax das Pfund 0,07 3/4 (0,12 1/2) = 210 v. H., Karbid, die Tonne 70 (55) = 27 v. H.; Blei 100 Pfund 3,97 1/2 (2—2,50) = 58 bis 98 v. H.; Nägel, Draht 100 Pfund 2,05 (1,30) = 58 v. H.; Piano 375 (300) = 25 v. H.; Spielkarten das Gross 25,65 (12,35) = 108 v. H.; Nähmaschinen 20 (13,25) = 59 v. H.; Schreibmaschinen 100 (55—65) = 54 bis 82 v. H.; galvanisierter Draht 100 Pfund 2,70—4,32 (1,54—2,63) = 64 bis 85 v. H. usw.

Diese Beispiele zeigen, dass sehr häufig die Inlandspreise wesentlich höher sind als sie selbst unter Zollschutz sein müssten. Durch das Bestehen von Kartellen und anderen Vereinbarungen werden die Preise künstlich hochgehalten und selbst in Zeiten wirtschaftlichen Niedergangs dauerte es oft lange, bis die Inlandspreise sich senkten, während für die Ausfuhrware keine derartigen Beschränkungen vorhanden waren, denn auf dem Weltmarkte herrschte der freie Wettbewerb Allerdings zeigten sich auch auf diesen langsam eine ähnliche Entwicklung wie auf den Inlandsmärkten durch die Bildung internationaler Kartelle. Diese übermässig erhöhten Preise und die lange Festhaltung an diesen war vielfach gerade für die weiterverarbeitenden Industrien sehr schädlich, besonders wenn sie in ungünstigen Zeiten noch länger laufende Verträge mit ihren Versorgern, den Rohstoffkartellen, hatten. Aus der Zeit des sinkenden Wirtschaftslebens, das Ende 1900 einsetzte, stammen zahlreiche lebhafte Klagen über diese Preispolitik der Kartelle. Liefmann[77]) sagt, die Klagen dieser weiterverarbeitenden Industrien darüber, dass ihnen die Ausfuhr dadurch erschwert werde, weil die Rohstofflieferanten viel billiger an das Ausland verkauften, seien insofern irrig als es nicht die Auslandspreise, sondern die Inlandspreise der kartellierten Rohstofferzeuger seien, die die Verarbeitung verteuern und damit die Wettbewerbsfähigkeit der Weiterverarbeiter im Auslande vermindern; die Rohstofferzeuger forderten im Auslande nur die Weltmarktpreise und auf dem Weltmarkte wären die Preise nicht viel höher, wenn sie nicht lieferten. Wenn z. B. unsere Kohlen- und Roheisenindustrien gar nicht ausführten, was in Zeiten starken Inlandsbedarfes vorkommen könne, so sei es klar, dass die Verbraucher und Weiterverarbeiter durch die monopolistische Preisfestsetzungen dieser Syndikate ebenso geschädigt werden könnten. Und wenn die deutschen Schiffswerfte klagten, dass ihnen die Wettbewerbsfähigkeit gegenüber den holländischen Flussschiffbau dadurch vermindert werde, dass die kartellierten deutschen Walzwerke Schiffsbleche billiger in Holland verkaufen als in Deutschland, so würde wahrscheinlich ihre Lage keine bessere sein, wenn das Grobblechsyndikat überhaupt nicht ausführte, aber im Inlande über den Weltmarktpreis weithinausgehende Preise forderte; denn die holländischen Werften würden dann von anderen Staaten fast ebenso billig wie jetzt von Deutschland kaufen können. — Diese Anschauungen Liefmanns sind zutreffend aber nicht aureichend; es ist ohne weiteres klar, dass für die weiterverarbeitenden Industrien, die ihre Rohstoffe im Inlande kaufen, ausschliesslich die Inlandspreise dieser Rohstoffe massgebend sind und ihre Wettbewerbsfähigkeit für die Ausfuhr bestimmen. Kaufen sie die Rohstoffe zu teuer, so ist es leicht möglich, dass sie nicht ausführen können, weil sie auf dem Weltmarkte nicht in Mitbewerb treten können. Aber andererseits ist nicht zu leugnen, dass die Rohstoffkartelle, die ohne Gewinn oder sogar mit Verlust

[77]) Liefmann Robert, Schutzzoll und Kartelle, Jena 1903 S. 29.

ausführen, sich für ihre Verluste an höheren Inlandspreisen schadlos halten. Es unterliegt keinem Zweifel, dass diese Kartelle, auch wenn sie mit Gewinn ausführen, und das ist doch die Regel, deshalb nicht im Inlande die Preise ermässigen, sondern auch weiterhin nach dem grösstmöglichen Gewinn streben; nur soweit infolge zu hoher Preise ihrer Rohstoffe die inländischen Weiterverarbeiter nicht mehr oder in beschränktem Masse ausführen oder sonst ihre Erzeugnisse nicht absetzen und dadurch weniger Rohstoffe kaufen können, pflegen die Rohstoffkartelle die Preise zu ermässigen oder, wie wir oben sahen, sogar den weiterverarbeitenden Kartellen Ausfuhrvergütungen zu gewähren. Es ist auch richtig, dass die deutschen Flussschiffswerften nicht mehr solche Schiffe bauen konnten, weil sie die Schiffsbleche von den Grobblechkartellen zu teuer erhielten im Gegensatz zu den Holländern; aber es ist doch sehr die Frage, ob diese holländischen Flusschiffswerften von anderen Ländern Schiffsbleche ebenso billig erhalten hätten als von Deutschland. Liefmann gibt selbst zu, dass es möglich und auch tatsächlich vorgekommen sei, dass die deutschen Werke bei Lieferungen an das Ausland nicht mit ausländischen, sondern mit anderen deutschen Werken in Wettbewerb traten und diese dann im gegenseitigen Wettkampfe die Preise unter die sonst im Auslande geltenden herabdrückten. Wir wissen ja, dass auch im Inlande nicht selten zwei oder mehr Abnehmer ohne Rücksicht auf den Marktpreis sich gegenseitig unterbieten; bekannt sind die Preisunterbietungen bei öffentlichen Ausschreibungen (Submissionen), wo nicht selten geradezu ungeheuerliche Preisunterschiede vorhanden sind, ohne dass nachgewiesen werden könnte, dass der Mindestfordernde tatsächlich ohne Gewinn oder sogar mit Verlust arbeitet. Bisweilen kommt es bei solchen Ausschreibungen vor, dass ein Unternehmer bewusst mit Verlust Angebote macht; das tut er, um den Auftrag zu erhalten, dessen Ausführung ihm als Empfehlung dient oder er tut es in der Erwartung, später andere Aufträge von der ausschreibenden Stelle zu erhalten, ohne dass ein anderer Unternehmer in Mitbewerb gezogen wird; aber viel häufiger kann er unterbieten, ohne Verluste zu erleiden, weil er etwa billiges Rohmaterial hat, weil sein Betrieb nicht voll beschäftigt ist und aus zahlreichen anderen Gründen. Das gleiche gilt auch nicht selten vom internationalen Wettbewerb. Gerade die Beteiligung deutscher Unternehmer an ausländischen Ausschreibungen wurde wiederholt den Deutschen als unlauteres Dumping vorgeworfen; so schreibt Henry Hauser,[78]) es gebe eine Art der Vermittlung des Staates, die wahrscheinlich von allen gebilligt und sogar gewünscht werde ausser von den Fanatikern des Freihandels; eine der Ursachen, die am meisten das deutsche Verfahren des Dumping begünstigt habe, sei die Art, wie die Staatsverwaltungen allgemein und auch die vom Staat unabhängigen grossen Privatunternehmungen (in Frankreich) das Gesetz über die öffentlichen Submissionen ausgelegt haben; auf der Suche nach dem Mindestfordernden seien sie schliesslich dahin gekommen, wichtige Aufträge der fremden Industrie zu überlassen und hätten auf diese Weise dazu beigetragen, die gleichartigen französiscen Industrien nur noch vegetieren zu lassen oder gar zu unterdrücken; dieses Übel sei besonders schwerwiegend gewesen, wenn es sich um das gehandelt hätte, was die Engländer so bezeichnend „Schlüsselindustrien" nennen, d. h. um diejenigen vitalen Industrien, die eine ganze Reihe anderer nach sich ziehen. — In den weitaus meisten Fällen werden aber die Auslandspreise durch den Mitbewerb mehrerer Staaten bestimmt. Wenn es also auch richtig ist, dass,

[78]) Hauser Henry, Frankreichs Handel und Industrie und die Konkurrenz des Auslandes, Generalbericht, Jena 1919, S. 52.

wie Liefmann sagt, bloss die Inlandspreise der kartellierten Rohstofferzeuger die Verarbeitung im Inlande verteuern und dadurch die Wettbewerbsfähigkeit der Weiterverarbeiter im Auslande vermindern, so kann doch nicht in Abrede gestellt werden, dass die Mindergewinne oder gar die Verluste der Rohstoffkartelle bei ihrer Ausfuhr zur Erhöhung der Inlandspreise führen. Das gibt Liefmann [79]) an anderer Stelle selbst zu, wenn er schreibt „Die Verkäufe ohne Gewinn ans Ausland, durch welche vielleicht nicht einmal die Amortisationskosten gedeckt werden, sind nur möglich, wenn im Inlande verdient wird, also hier die Konsumenten höhere Preise zu zahlen haben." In dem ganzen mir bekannten Schrifttum über Dumping fand ich ausschliesslich die Ansicht vertreten, dass das Dumping — der Verkauf im Auslande zu niedrigeren Preisen als im Inlande — eine Erhöhung der Inlandspreise der gleichen Erzeugnisse zur Folge habe und dass in Zeiten wirtschaftlichen Niedergangs an den höheren Inlandspreisen möglichst lange festgehalten werde, besonders in Ländern mit Schutzzoll und Kartellen. Liefmann will deshalb, weil bloss die hohen Inlandspreise den Wettbewerb inländischer Weiterverarbeiter beschränken können und nicht die billige Ausfuhr, Massnahmen gegen die zu hohen Inlandspreise ergriffen wissen. „Wir müssen", schreibt er,[80]) „daran festhalten: Der billige Export unserer Industrien, wie er durch die Kartelle in gewissem Grade gefördert wird, erhält und erhöht die wirtschaftliche Machtstellung Deutschlands im Auslande. Eine Schmälerung der Konkurrenzfähigkeit der weiterverarbeitenden Industrien, denen des Auslandes gegenüber wird nicht durch ihn, sondern durch die hohen Preise bewirkt, welche die Rohstoffproduzenten vermittelst der Kartelle zu erzielen vermögen. Wenn einmal derartige Wirkungen von längerer Dauer sich zeigen sollten, so müssen eben gegen die betreffenden Kartelle, wie überhaupt gegen allzu hohe Preisfestsetzungen, sobald die natürlichen Korrektionen versagen, Massregeln ergriffen werden". Tatsächlich fanden im Reichstag 1902 eingehende Beratungen anlässlich der Zolltarifverhandlungen über diese Frage der Preishochhaltung im Inlande statt; es wurde allgemein geklagt, dass die Zölle das Festhalten an hohen Preisen begünstigen, selbst wenn Zeiten wirtschaftlichen Niedergangs vorhanden sind, und es standen zwei Anträge zur Beratung, zunächst ein Antrag[81]) Albrecht (Antrag Nr. 726), der einen § 1a in den Zolltarif einführen wollte des Inhalts: „Der Bundesrat ist verpflichtet, die Zölle für vom Ausland eingehende Waren aufzuheben und deren Zollfreiheit zuzulassen, wenn die gleichartigen Waren von deutschen Verkaufsvereinigungen (Syndikaten, Trusts, Kartellen, Ringen oder dgl.), nach dem oder im Auslande billiger verkauft werden als im deutschen Zollgebiete. Die getroffenen Anordnungen sind dem Reichstage sofort oder wenn er nicht versammelt ist, bei seinem nächsten Zusammentritt mitzuteilen. Sie sind ausser Kraft zu setzen, wenn der Reichstag die Zustimmung nicht erteilt." Ein zweiter Antrag[82]) (Nr. 729 Barth, Broemel) ersetzte die Worte „Der Bundesrat ist verpflichtet" durch die Worte „Der Bundesrat ist befugt". —

Auch in den Vereinigten Staaten ist schon seit langem eine starke Bewegung gegen die Schutzzölle vorhanden, ebenso in Italien, wo 1913 in Turin ein Aufruf zahlreicher Professoren, Abgeordneter und anderer Persönlichkeiten zur Bildung eines Bundes gegen die Schutzzölle (Lega Antipro-

---

[79]) Liefmann R. a. a O S. 18.
[80]) Liefmann R. a. a. O. S. 30.
[81]) Drucksachen, Anlagenband 1902 Nr. 726.
[82]) Drucksachen, Anlagenband 1902 Nr. 729.

tezionista) erfolgte mit der Begründung, dass mächtige industrielle Gruppen, insbesondere Zuckerfabrikanten, Unternehmer der Eisen-, Baumwoll- und Schafwollindustrien und auch zahlreiche Landwirte bereits begonnen haben eine Zollerhöhung bei der Erneuerung der Handelsverträge 1917 zu erreichen und wenn sie auch nicht offen verlangten, dass die Zölle wesentlich erhöht (inaspriti) würden, weil sie die ganze öffentliche Meinung gegen sich hätten, so verlangten sie doch eine wissenschaftliche Prüfung der Tarife gemäss den technischen Fortschritten der Industrie, um dem fremden Dumping Widerstand leisten zu können usw.; deshalb sei es, meint der Aufruf, sehr zweckmässig, dass sich ein solcher Bund begründe.[83])

Solche Zollaufhebungen oder -herabsetzungen sind geeignet zu hohen Preisfestsetzungen entgegenzuwirken, weil sich sofort die Einfuhr bemerkbar machen wird. Mit Recht hebt Liefmann[84]) hervor, dass diejenigen Monopole, die auf Seltenheit des Vorkommens wie bei Kali oder auf sehr bedeutenden Versendungskosten wie bei Kohle und Zement beruhen, in der Regel von zollpolitischen Massnahmen, die den Wettbewerb des Auslandes erleichtern, kaum berührt werden und auch meist nicht durch Zölle geschützt seien. — Es ist selbstverständlich, dass bei Monopolwaren Zolländerungen ohne Einfluss sind; diese müssen wir daher ausscheiden und haben sie für die Frage des Dumping überhaupt ausser Betracht gelassen; denn für solche Waren ist auch die Anwendung des Dumping, d. h. Ausfuhr zu niedrigeren Preisen als im Inlande nicht notwendig; gleichwohl wurden Klagen laut, dass Deutschland wiederholt z. B. Kali zu billigeren als den Inlandspreisen ausführte. Bei den Versendungskosten liegt die Sache etwas anders; diese wirken wie ein Zollschutz; wie Dumping auch bei Bestehen eines Zolles im Einfuhrlande angewendet werden kann, so kann auch trotz hoher Versendungskosten eine Ausfuhr vorteilhaft sein. Kohlen wurden deshalb nach Deutschland nur von den benachbarten Ländern — Belgien, Niederlanden und Österreich — eingeführt und zwar in ganz unbedeutenden Mengen; gross war die Einfuhr von Kohlen jedoch nur aus England, aber hierbei handelte es sich in der Hauptsache um besonders wertvolle Kohlen, die einen Monopolcharakter trugen. Ebenso wurde Zement in geringen Mengen aus Belgien, Dänemark, Österreich und der Schweiz nach Deutschland eingeführt und diente zum Verbrauch der an der Grenze liegenden deutschen Gebiete. Aber die Zahl jener Erzeugnisse, die durch eine Aufhebung oder Herabsetzung der Zölle betroffen würde, ist immerhin sehr gross. Die grösste Schwierigkeit besteht in der Feststellung, wann eine solche Zolländerung erfolgen soll, und wann eine Schädigung der Inlandsverbraucher vorliegt. Eine solche Schädigung kann nur vorliegen, wenn die Inlandspreise unverhältnismässig hoch sind, wesentlich höher als der Weltmarktpreis, nicht aber schon deshalb weil die Unternehmer, insbesondere die Kartelle, unter den Inlandspreisen ausführen. In dieser billigeren Ausfuhr liegt noch keine Schädigung der inländischen Verbraucher; die Ausfuhr kann im Gegenteil von dem grössten Werte für die Allgemeinheit sein und ist es auch regelmässig; Deutschland ist auf die Ausfuhr angewiesen, um dafür Lebensmittel und andere ausländische Erzeugnisse zu kaufen und auf dem Weltmarkt können die ausgeführten Waren nur zu den dort herrschenden Preisen verkauft werden. So zweckmässig eine zeitweise Aufhebung oder eine Herabsetzung der Zölle für das Inland sein kann, so ungünstig würde eine völlige Aufhebung wirken. Es ist nicht

[83]) Riforma Sociale 1913 S. 339.
[84]) Liefmann R. a. a. O. S. 41.

meine Absicht auf die Streitfrage Schutzzoll — Freihandel hier näher einzugehen; nur insoweit musste ich die Frage streifen als sie mit dem Dumping zusammenhängt. Ein Land, das einmal Schutzzölle hat, kann diese nicht ohne die grösste Schädigung der meisten inländischen Unternehmungen beseitigen. Es gilt auch für Deutschland, was Roosevelt[85]) für die Vereinigten Staaten aussprach: Die Frage der Trusts habe keine Beziehung mit der der Zölle; unter dem Schutzzollsystem hätten sich die Vereinigten Staaten immer günstig entwickelt, die Zölle hätten ausgezeichnete Ergebnisse für das Blühen des Landes gezeitigt; so sei es besser für den Augenblick die leichten Unzuträglichkeiten zu ertragen als den ganzen Handel in Verwirrung zu bringen. „Erhalten wir das Schutzprinzip, ändern wir es nach Massgabe der nationalen Bedürfnisse, aber rütteln wir nicht am System. Es ist ein unverletzlicher Grundsatz, dass die Schutzzölle zum mindesten den Preisunterschied der Handarbeit hier und draussen decken müssen. Man muss die Rechte und das Wohl des amerikanischen Arbeiters und Landmannes achten". — Deutschlands Industrie ist unter dem Schutz der Zölle gross und mächtig geworden; es konnte Welthandel treiben und stand mit an erster Stelle; es wurde kurz vor dem Kriege nur von England übertroffen. Kein vernünftiger Mensch hätte an eine plötzliche Aufhebung der Zölle denken können; der Schaden für die deutsche Industrie, für die ganze deutsche Volkswirtschaft, wäre unberechenbar gewesen. Mény[86]) meint, es wäre eine Aufhebung der Zölle nur möglich. wenn alle Länder der Erde gleichzeitig sie aufheben würden. — Da an einen solchen Fall im Ernste nicht gedacht werden kann, so erübrigt es sich, darauf einzugehen. Im Gegenteil, wir sahen, dass England langsam zum Schutzzoll überging, weil es den Vorteil davon sah; je heftiger und stärker der Wettbewerb auf dem Weltmarkte wurde, um so mehr suchte jedes Land sein Land nach Möglichkeit zu schützen gegen alle Nachteile, die aus diesem Wettbewerb entstanden.

Anders verhält es sich mit der vorübergehenden Aufhebung der Zölle; dass eine solche möglich ist, beweist am besten das Vorgehen Kanadas durch sein Zollgesetz vom 29. Juni 1897; dieses Gesetz bestimmt

1. Falls der Gouverneur Grund zu der Annahme hat, dass hinsichtlich irgendeiner Handelsware ein Trust, eine Vereinigung, Verabredung oder Verständigung irgendwelcher Art unter den Fabrikanten oder Verkäufern dieser Ware besteht, um den Preis dieser Ware in ungebührlicher Weise zu erhöhen oder den Vorteil des Fabrikanten oder Verkäufers in ungebührlicher Weise zum Nachteile der Verbraucher zu vermehren, so ist derselbe ermächtigt, irgendeinen Richter des obersten Gerichtshofes (Supreme Court) oder des Exchequer Court von Kanada oder irgendeines Obergerichtshofes einer kanadischen Provinz zu beauftragen, dies im summarischen Verfahren zu untersuchen und ihm darüber Bericht zu erstatten, ob ein solcher Trust oder eine solche Vereinigung, Verabredung oder Verständigung besteht.

2. Der Richter ist berechtigt, Zeugen vorzuladen und dieselben unter Eid zu vernehmen, ferner die Vorlegung von Büchern und Papieren zu verlangen und er soll alle jene Vollmachten besitzen, welche ihm der Gouverneur zum Zwecke derartiger Nachforschungen erteilen wird.

3. Wenn der Richter berichtet, dass ein solcher Trust, eine solche Vereinigung, Verabredung oder Verständigung besteht und der Gouverneur zu der Überzeugung gelangt, dass diese Benachteiligung der Verbraucher durch die geltenden Einfuhrzölle erleichtert wird, so soll derselbe die betreffenden

[85]) Mény a. a. O. S. 172.
[86]) Mény a. a. O. S. 175.

Waren auf die Freiliste setzen oder die für dieselben festgesetzten Zölle soweit ermässigen, dass die Bevölkerung dadurch der Wohltat des vernünftigen Wettbewerbes bei diesen Waren teilhaftig wird". —

Von diesem Gesetze machte die kanadische Regierung Gebrauch im Februar 1902; das Papiersyndikat hatte übermässig die Preise erhöht und die „Canadian Press Association" verlangte ein Einschreiten der Regierung; am 11. Februar 1902 wurde der Zoll von 25 v. H. auf 15 v. H. des Wertes ermässigt.

Diese Zollherabsetzungen bezwecken die Verbraucher des Inlandes gegen zu hohe Inlandspreise zu schützen, insbesondere, wenn diese Erhöhungen von den Kartellen oder sonstigen Vereinigungen ausgehen; dabei wird nicht berücksichtigt, aus welchen Gründen diese Erhöhung vorgenommen wurde, insbesondere nicht, ob etwa billigere Ausfuhrpreise die Ausführer bestimmen, die Inlandspreise zur Schadloshaltung für etwaige Verluste oder Mindergewinne zu erhöhen. Auf der anderen Seite aber sahen sich Staaten auch genötigt, dafür zu sorgen, dass nicht Waren zu billig aus dem Auslande eingeführt werden und die einheimische Industrie durch Preisunterbietungen schädigen. Diese Massnahmen richten sich gegen das Dumping. Auch hier war Kanada das erste Land, das Gesetze hiergegen erliess.

2. Für das Einfuhrland.

Die Vorteile, die das Land hat, in welches ausgeführt wird, scheinen auf den ersten Blick sehr gross. Zunächst erhalten die Privatpersonen, wenn es sich um eingeführte Fertigwaren handelt, diese billiger als von den einheimischen Unternehmern oder von ausländischen teuerer anbietenden Firmen. Der einzelne Engländer kaufte den billigeren deutschen Zucker, das billigere deutsche Papier, die billigeren österreichischen Lederwaren und Tausende andere Waren und kümmerte sich wenig darum, dass die englischen Kaufleute und Unternehmer die einheimischen Erzeugnisse nicht so billig anbieten konnten. Und als die englische Regierung die Staatsangehörigen darauf aufmerksam machen wollte, sie sollten nicht die deutschen Waren kaufen, sondern die englischen und zu diesem Zwecke das Gesetz,[87]) das in erster Linie gegen Deutschland gerichtet war, erliess, alle fremden Waren müssten die Bezeichnung der Herkunft tragen (made in Germany), so hatte das im allgemeinen nicht den gewünschten Erfolg. Wenn die deutschen Erzeugnisse bei gleicher Beschaffenheit billiger waren als die englischen so kaufte der Engländer die deutschen; eine Erscheinung, die in der ganzen Welt herrscht; höchstens mit Ausnahme Deutschlands; der Deutsche kauft vielfach fremde Ware lieber als deutsche, selbst wenn die fremden Waren schlechter oder teuerer als die deutschen sind, so dass gewiegte deutsche Unternehmer und Kaufleute deutsche Waren mit ausländischen, hauptsächlich englischen und französischen Aufschriften, Umhüllungen, Verpackungen, Stempeln usw. versahen, damit sie vom Deutschen lieber gekauft würden. In Neuseeland konnte die Regierung ein Antidumpinggesetz gegen amerikanische landwirtschaftliche Maschinen nicht so erlassen, wie sie es wollte, da die Landwirte die wesentlich billigeren amerikanischen Maschinen den teueren einheimischen vorzogen. Das Interesse der Einzelperson ist eben häufig ein anderes als das der Allgemeinheit, des Staates, oder vielmehr der Vorteil des Staates wird häufig von den einzelnen Staatsangehörigen nicht erkannt und gewürdigt. Dies gilt in noch höherem Grade

[87]) Merchandise Marks Act vom 23. Aug. 1887.

als bei den hier genannten Fällen des Dumping bei der billigeren Einfuhr von Rohstoffen und Halbstoffen zur Weiterverarbeitung. Je billiger diese Stoffe eingeführt werden, desto grösser ist der Vorteil der weiterverarbeitenden Industrie. Gerade durch die deutsche billige Ausfuhr hatten Frankreich, England und zahlreiche andere Länder die grössten Vorteile. Pariser Kaufleute und Industrielle sagten zu Mény,[88]) dass das Dumping für sie ausgezeichnet sei; es gestatte ihnen mehr und billiger zu erzeugen und Dank des Dumping hätten sie sogar ihre Erzeugnisse wieder in die Länder ausführen können, die Dumping angewendet hatten; einer habe 1908 geäussert: „In der Theorie mag Dumping tadelnswert sein. In der Praxis haben wir uns nur Glück zu wünschen; es verarmt die fremde ausführende Industrie und gestattet uns unsere Erzeugung zu vermehren, wir brauchen sie nur tun zu lassen." Das bekannteste Beispiel für die Wirkung des Dumping bietet die Zuckerausfuhr, an welcher alle Zucker erzeugenden Länder teilnahmen und sich gegenseitig unerhört unterboten und noch von den Regierungen ihrer Länder durch Prämien unterstützt wurden. Den Vorteil hatte vor allem England, das den fremden, hauptsächlich den deutschen Zucker zu einem aussergewöhnlich billigen Preis erhielt. Der Zuckerverbrauch in England war infolgedessen dreimal so hoch für jeden Einwohner als in irgendeinem anderen Lande. Eine grosse Anzahl neuer Industrien entstand in England auf Grund billiger Zuckereinfuhr, so Fabriken, die Bonbons, Zwiebacke, Schokolade, Limonaden, Sirup, eingemachte Früchte, Marmeladen usw. erzeugten; sehr grosse Mengen dieser Erzeugnisse führte England aus, selbst nach den Ländern, die ihm den Zucker geliefert hatten. In dem Jahrzehnt 1899—1909 fanden über 12000 Arbeiter in dieser englischen Industrie Beschäftigung.

Die englische Schiffsbaugesellschaft „Palmer" zahlte 1905 5 v. H. Dividende auf jede gewöhnliche Aktie und der Präsident der Gesellschaft erklärte, das sei nur möglich gewesen Dank des Einkaufs von Stahlblech und geschmiedeten Stücken zu billigen Preisen in Deutschland, so dass sie sogar eine Anzahl vorteilhafter Schiffsbauaufträge erhalten konnte und 1901—04 habe die Gesellschaft nach Deutschland und den Vereinigten Staaten gegossene Eisenbarren und Stahl für mehr als 5 Millionen Mark ausführen können. Der Präsident der „Palmer Shipbuilding and Iron Company" in Newcastle, das ausserdem Hochöfen und Stahlwerke besitzt, erklärte,[89]) „was die billigen (vile) Preise der deutschen Erzeugnisse betrifft, so muss ich sagen, dass wir Schiffsbauer der Ostküste uns beglückwünschen, billig das beste Material der Welt kaufen zu können und wenn wir uns in unserem eigenen Interesse als Stahlfabrikanten, die Stahlbleche und Winkeleisen herstellen, ihren Spottpreisen widersetzen sollten, so sagen wir doch den Ausländern vom Standpunkte als Schiffsbauer: verkauft zu Spottpreisen, solange ihr könnt; wir haben seit 1900 und 1901 deutschen Stahl gekauft, ebenso fassonierte Stahlbarren und deutsches Halbzeug zu Preisen, die um 30 v. H. niedriger sind als ähnliche englische Erzeugnisse. In zahlreichen Fällen war es uns nur dadurch möglich, Aufträge auszuführen, die uns unter anderen Voraussetzungen entgangen wären". Anderseits klagen, hebt Mény hervor, deutsche Schiffsbaugesellschaften, dass ihnen Aufträge entgehen, weil sie gezwungen seien Angebote trotz genauester Berechnungen zu Preisen zu machen, die um 20 v. H. höher sind als die englischer Schiffsbaugesellschaften, die die Materialien von deutschen Fabriken

---

[88]) Mény a. a. O. S. 93 ff.
[89]) Mény a. a. O. S. 99 ff.

gerade um diesen Unterschied billiger geliefert erhalten. England habe den Vorteil hauptsächlich von dieser Einfuhrpolitik, zunächst weil es der grösste Abnehmer von Eisen im allgemeinen ist und sodann, weil diese billigen Lieferungen von Metallen ihm eine sehr gewinnbringende Weiterverarbeitungsindustrie und die Ausfuhr sichern, die unter anderen Umständen zum grössten Teile in die Hände Deutschlands fallen würden.

Das Iron and Steel Trade Journal[90]) schrieb unterm 14. November 1903 „Die Einfuhr vollkommener Erzeugnisse allein durch den Hafen von Newport betrug im vergangenen Jahr 200000 Tonnen. Der grösste Teil davon wurde von den grossen Fabriken Newport, nämlich den Firmen Lysaghts, Neddlefolds und Baldwins abgenommen. Diese Fabriken im Vereinigten Königreich sind die stärksten Verbraucher des deutschen Halbzeugs und der Unterschied beträgt ungefähr 12 sh für die Tonne. Bloss diese billige Einfuhr der Halbstoffe ermöglicht es den Fabrikanten ihre Industrien aufrechtzuerhalten und in Wettbewerb auf dem Weltmarkt zu treten".

Anderseits erklärten die grossen deutschen Lokomotivfabriken, dass es ihnen nicht gelinge, erfolgreich auf dem Weltmarkte mit den englischen Maschinen in Wettbewerb zu treten, einzig und allein, weil ihr Material teuerer ist infolge der Zölle während die Engländer den Vorteil sehr billiger eingeführter Rohstoffe haben.[91])

Der Verband der deutschen Baumwollgarnspinner begründete um die Jahrhundertwende die zunehmende Ausfuhr mit Hilfe von Prämien durch den Hinweis darauf, dass sich infolge der vielen Spindeln grosse Vorräte angesammelt hätten; eine Betriebseinschränkung sei nicht möglich, schon mit Rücksicht auf die Beschäftigung der Arbeiter und auf die ungleiche Verteilung der Vorräte. Der Verband aber ermässigte nicht die inländischen Preise, was wohl möglich gewesen und der deutschen Weberei zum Vorteil gereicht wäre, sondern er zog den Verkauf in das Ausland vor, wodurch die ausländische Industrie auf Kosten der inländischen gestärkt wurde; insbesondere vermehrten sich holländische Webereien an der deutschen Grenze und diese können infolge der billigen Garne Baumwollwaren billiger herstellen als die deutschen Weber. So haben holländische Weber nach dem Freihafengebiet von Hamburg Flanelle und buntgewebte Waren um den Garnpreisunterschied zwischen Deutschland und Holland billiger angeboten als deutsche Mitbewerber es tun konnten.[92])

Einige andere sonderbare Fälle der Wirkung hoher Inlandspreise führt Dönges[93]) an. Es war für deutsche Verbraucher vorteilhafter aus dem Auslande Kohlen zu beziehen als von den deutschen Bergwerken Kohle zu kaufen, da deren Inlandspreise zu hoch waren. Die Stadt Magdeburg kaufte für ihr Gaswerk englische Kohlen, da diese um 30 v. H. billiger angeboten wurden als die westfälischen. In den Jahren 1896—1900 habe die Kohlenausfuhr um 3,7 Millionen Tonnen im Wert von 100 Millionen Mark zugenommen und zwar zu einer Zeit, da in Deutschland die Kohlenpreise sehr hoch gewesen seien; statt dass das Kohlensyndikat die Preise herabgesetzt hätte, habe es durch Gewährung von Prämien die Ausfuhr gesteigert und habe Zuschüsse für diejenigen Teile Deutschlands gegeben, wo die englische Kohle in Mitbewerb getreten sei; diese Prämien hätten 1898 allein 17 Millionen Mark betragen; durch die hohen Kohlenpreise im übrigen Deutsch-

---

[90]) Zit. bei Mény a. a. O. S. 101.
[91]) Mény a. a. O. S. 101.
[92]) Dönges a. a. O. 123.

land habe sich das Kohlensyndikat schadlos gehalten und dadurch die inländische Industrie benachteiligt, die mit ausländischen billige deutsche Kohlen verarbeitenden Industrien nicht mehr oder nur sehr schwer hätten in Wettbewerb treten können.

Nun ist damit nicht gesagt, dass die deutschen Unternehmer, die in dieser Weise ihre Erzeugnisse überaus billig in das Ausland verkaufen, einen Verlust erleiden, weil sie unter den Selbstkosten verkaufen; regelmässig erzielen sie durch diese Verkäufe Gewinne, sonst würden sie nicht ausführen. Der Abgeordnete Gamp[94]) sagte in der Reichstagssitzung vom 4. November 1902: „Glauben Sie wirklich, dass ein Schienenfabrikant so töricht ist, die Schienen nach Portugal für 85 Mk. zu verkaufen, wenn er den Inlandspreis dafür bekommen könnte? Aber in Portugal konkurrieren eben alle anderen Staaten und solange es noch eine englische Firma gibt, die für 86 Mk. die Schienen anbietet, muss die deutsche Produktion sich mit 85 Mk. begnügen". — Das ist richtig, denn auf dem Weltmarkte herrscht Freihandel, freier Wettbewerb. Es ist freilich wenig erfreulich, wenn im Auslande Fabriken entstehen oder sich erhalten können, weil sie die Rohstoffe aus Deutschland ungewöhnlich billig erhalten und wenn anderseits inländischen Fabriken, die ebenfalls Rohstoffe weiterverarbeiten, infolge der hohen Inlandspreise für die Rohstoffe auf dem Weltmarkte wettbewerbsunfähig werden; am stärksten geschädigt sind natürlich solche inländische Unternehmungen der Weiterverarbeitungsindustrie, die ausschliesslich oder hauptsächlich für die Ausfuhr arbeiten, doch dürften diese Schädigungen durch zu hohe Inlandspreise meist vorübergehender Art sein, wenigstens traten solche Schädigungen meist nur in Zeiten wirtschaftlichen Niedergangs auf, in welchen die Rohstoffkartelle solange als möglich an den hohen Preisen im Inlande festhielten; ausserdem suchten, wie bereits erwähnt, diese Kartelle häufig ihren Abnehmern Ausfuhrprämien zu gewähren.

VIII. Dumping zum Zwecke der Vernichtung des Mitbewerbs.

Wie wir oben bei der Begriffsbestimmung[95]) des Dumping gesehen haben, erklären eine Reihe Schriftsteller das Dumping als einen Verkauf regelmässig unter den Selbstkosten zum Zwecke der Vernichtung des Wettbewerbs auf den fremden Märkten. So schreibt Henry Hauser,[96]) das Dumping sei eine dauernde Gefahr für alle Länder geworden, die mit Deutschland in Verbindung gestanden hätten; während einer Zeit habe das Dumping vorteilhaft für die Länder geschienen, die das Objekt davon seien, weil es ihnen zu sehr niedrigen Preisen Roh- und Halbstoffe liefere, die ihre Industrien zur Verarbeitung bräuchten, aber das deutsche Dumping sei ein zusammenhängendes System. Es töte zunächst in den betreffenden Ländern die entstehenden Industrien; dank des Prämiensystems könne es dann auch die verarbeitenden Industrien selbst angreifen; die deutsche Industrie breche auf diese Weise alle Kräfte, die mit ihr in Wettbewerb treten könnten derart, dass es dann allein auf den Trümmern herrsche. Das deutsche Dumping sei also kein wirtschaftlicher Handlungsprozess, sondern es sei mitten im Frieden und unter dem täuschenden Anschein des Friedens

[93]) Dönges a. a. O. S 130.
[94]) Stenogr. Ber. 208. Sitz. 1902 S. 6120.
[95]) S. o S. 23 ff.
[96]) Hauser H., Les Méthodes. a. a. O. S. 135.

eine Kriegsmassnahme; es bringe zunächst eine Störung in das innere Leben des Wettbewerbs in Deutschland und fälsche das normale Spiel des Zollsystems; lügenhaft würden alle Formeln der Handelsfreiheit, der Vertragsgleichheit und der vereinbarten Gegenseitigkeit der Verträge. Hauser führt dann als Beweis hiefür die von den deutschen Syndikaten, besonders dem Kohlensyndikat gewährten Ausfuhrprämien an. In den Jahren 1895—1913 habe Deutschland den Amerikanern fast vollständig den französischen Markt durch die Einfuhr von Werkzeugmaschinen und anderen Maschinen genommen, noch mehr aber in der Schweiz und Italien, den amerikanischen Mitbewerb beseitigt; aber das genüge den deutschen Ausführern nicht einmal; ihr Streben gehe weiter; sie wollen nicht bloss die fremden Mitbewerber auf den ausländischen Märkten vernichten, sondern auch die nationalen Unternehmer beseitigen, so im Fall der Werkzeugmaschinen, wo die Deutschen nicht bloss den amerikanischen Mitbewerb beseitigen, sondern infolge ihrer Organisation verkaufen die Deutschen ihre Maschinen einschliesslich der Gebühren, Frachtkosten usw. niedriger als selbst die französischen Unternehmer; die belgischen und englischen Fabriken könnten nichts gegen die rheinischen tun, da diese für die Ausfuhr Prämien erhalten ungefähr in der Höhe der Versendungskosten nach Rotterdam, Amsterdam und Antwerpen. 1913 sanken, schreibt Hauser, die Gusseisenpreise in Glasgow um 10 Pence bei einer Tonne; die Deutschen boten ihre Erzeugnisse um mehrere Schillinge billiger an als noch einige Wochen vorher der Marktpreis in England betrug; es erfolgten grosse Lieferungen und eine Anzahl Hochöfen mussten gelöscht werden. Auch bei internationalen Ausschreibungen, insbesondere über Lieferung von Eisenbahnlokomotiven habe Deutschland immer unterboten, so in Spanien, wodurch die französischen Maschinen ganz verdrängt worden seien, ebenso in Frankreich selbst. Die deutschen Preise seien, da Frankreich infolge der Krise von 1906 zurückgeblieben sei, auf dem französischen Markte nach Bezahlung des Zolles und der Versendungskosten gegenüber dem französischen um 0,30 Frs. für das Kilo niedriger gewesen; die deutschen Eisenbahnverwaltungen hätten diesen Unterschied der Kosten getragen. Auch Pinot in seinem Rapport au Conseil d'administration de la chambre des fabricants et constructeurs vom 12. Juni 1911 habe das hervorgehoben mit der Bemerkung, die deutschen Preise seien ungewöhnliche, die deutschen Märkte aber seien für fremde Einfuhr geschlossen gewesen und dadurch hätten die deutschen ein Monopol gehabt, um Dumping auf den französischen Märkten anzuwenden.

Als weiteres Beispiel von der Vernichtung fremden Wettbewerbs und der Verhinderung fremde Industrien entstehen zu lassen, führt Hauser die Ausfuhr von Phensäure (acide phénique) an; die Deutschen hätten immer ungeheure Ermässigungen gewährt, so sehr, dass ihre Preise unter den Selbstkosten der Franzosen geblieben seien; entmutigt hätten die Franzosen auf die Errichtung solcher Fabriken verzichten müssen und deshalb sei die Phensäure-Industrie in Frankreich verschwunden. „Alle unsere chemischen Industrien, Farbenindustrien, Industrien pharmazeutischer Erzeugnisse usw. wurden von dem Dumping betroffen. Jedesmal, wenn eine Fabrik in Frankreich entstehen wollte, ermässigte Deutschland den Preis der betreffenden Erzeugnisse".

Sodann führt Hauser Fälle an, in welchen deutsche Unternehmer Tochtergesellschaften im Auslande errichteten, um noch wirksamer Dumping üben zu können. So könnte in Spanien keine Elektrizitätsunternehmung gegen Siemens aufkommen. In Monterau habe ein Franzose eine Fabrik pharmazeutischer Waren errichten wollen, sofort habe eine Darmstädter Gesellschaft eine Filiale gegründet, die infolge ihrer Dumpingpreise die französische Fabrik nicht habe entstehen lassen. Nicht selten markieren, behauptet Hauser, deutsche Filialen sich im Auslande als hier einheimisch und beteiligen sich besonders an öffentlichen Ausschreibungen und hätten die lokalen Unternehmer verdrängt. Die Filialen hätten ungeheure Ausgaben, seien verschwenderisch mit der Reklame, nähmen Vergrösserungen vor, begnügten sich mit niedrigen Gewinnen; die Muttergesellschaften und verbündete Banken unterstützten sie; denn es handle sich, den Wettbewerb zu schlagen, reinen Tisch zu machen, in der Welt keine anderen Fabriken als deutsche bestehen zu lassen: „Das ist die industrielle Anwendung des ‚Deutschland über alles‘, das ist pangermanische Wirtschaft, Zukunftsmusik, ein Werk auf lange, welches sicher einige augenblickliche Opfer wert ist“. Millioud [97]) sagt von den deutschen Kartellen, dass sie hohe Preise im Inlande verlangen, „hohe Preise überall, wo man den Markt beherrscht und daher Verteuerung des Lebens. Auf den Märkten, die man nicht beherrscht Dumping, Vernichtung, Krieg ohne Schonung, das ist das System in seiner schrecklichen Einfachheit“. Millioud bringt auch einige Fälle, in welchen die Deutschen französische Firmen durch Dumping beseitigt haben sollen.

Am erbittertsten waren, wie bereits erwähnt, die Italiener gegen die Unterbietung des deutschen Stahlwerksverbandes, das die Träger zu 75 Mk. nach Italien jahrelang verkaufte, während der Weltmarktspreis 110 Mk. und der in Deutschland geforderte Preis 130 Mk. und die Selbstkosten 85 bis 95 Mk. für die Tonne betrugen. Man war in Italien allgemein einig, dass der Verband dieses Dumping gegen Italien nur anwendete, um die italienische Eisenindustrie zu vernichten (s. auch S. 50 ff. u. 36 ff.).

Filippo Carli [98]) führt dieses Dumping an, das selbst noch nach Ausbruch des Weltkrieges angewendet worden sei gegenüber Italien. Die Preise für Profileisen seien im August und September 1914 unverändert geblieben, dann hätten sie begonnen zu steigen bis sie den Höhepunkt mit 140 Mk. im Mai 1915 erreicht hätten (Kriegserklärung Italiens). Die Kosten in Italien seien aber bis dahin noch höher gestiegen gewesen, so dass die Deutschen nicht bloss unsere Eisenindustrie (Profileisen) schlagen gekonnt hätten, sondern sie hätten dies nun tun können, ohne zu dem früheren Dumping zu greifen. „Das waren die Künste, zu welchen die deutschen Industriellen griffen, um unseren Wirtschaftsorganismus im Zustand der Abhängigkeit zu halten.“ Carli hebt dann noch hervor, dass die Deutschen durch ihre Elektrizitätsunternehmungen in Italien ein Monopol erlangt hätten; der wachsende Mitbewerb habe die deutschen Unternehmer, die Tochtergesellschaften in Italien hatten, häufig gezwungen unter den üblichen Preisen zu verkaufen und es sei sogar Regel geworden zu den Selbstkosten zu verkaufen, um die Entstehung oder Entwicklung der einheimischen Unternehmungen zu verhindern. Deutschland, sagt Gray Ezio, [99]) sei allerdings auf die Einfuhr von Nahrungsmitteln im Betrag von jährlich 3 Milliarden Mark angewiesen gewesen; um diese bezahlen zu können, habe es Industrieerzeugnisse ausführen müssen; das wäre recht gewesen, aber Deutschland habe einen falschen Weg hierzu eingeschlagen, der unvermeidlich zum Krieg habe führen müssen. Statt dass Deutschland Serien geschaffen hätte, was

[97]) Millioud M. a. a. O. S. 100.
[98]) Carli Filippo, L'altra guerra, Milano 1916 S. 25.
[99]) Gray Ezio, Guerra senza sangue, Firenze 1916 S. 21.

die Erzeugungskosten ermässigt haben würde, habe sich Deutschland überall mit Beteiligungen, Tochtergesellschaften, Überwachungen usw. festgesetzt, wodurch eine fabelhafte Erzeugung möglich gewesen sei und durch das Dumping, das heisst mit einem Verkaufe, der jeden Mitbewerb besiege, habe es jedes fremde Land zu seinem Abnehmer und Tributpflichtigen gemacht. In einer anderen Schrift sagt Gray,[100]) überall wo neue Industrien sich bildeten und in den Schwierigkeiten der Entwicklung begriffen gewesen seien, sei ihnen Deutschland mit dem Dumping in den Rücken gefallen. Auch Gray erwähnt das Dumping der deutschen Eisenindustrie gegenüber Italien, wohin Deutschland um 28 Lire die Tonne billiger geliefert habe als die italienischen Preise betragen hätten, zu Preisen, die in vollem Sinn des Wortes vernichtend gewesen seien, auch für den deutschen Unternehmer, weil es Preise gewesen seien, die weder die Selbstkosten, noch die Frachtkosten gedeckt hätten; die deutschen Unternehmer aber erleiden diese Verluste in dem Bewusstsein, dass sie vorübergehend seien, d. h. dass dieser Zustand aufhören werde, sobald die italienischen Unternehmer erstickt seien durch den übermässigen und unankämpfbaren Wettbewerb, bis der italienische Markt eine völlige Beute der deutschen Industriellen geworden sei; dann würden die Deutschen die Preise erhöhen, nicht bloss auf die durchschnittliche Höhe der Preise in Deutschland, sondern so hoch, dass alle vergangenen Verluste eingebracht würden. Insbesondere heben italienische Schriftsteller, die sich mit diesen Fragen beschäftigen, den Einfluss des deutschen Kapitals in Italien hervor, namentlich die Geschäfte der Deutschen Bank. So schreibt Giovanni Preziosi[101]) „die ungeheure Macht, über welche die Deutsche Bank in unserem Lande verfügte, war bestrebt, mit allen Mitteln und jedem System deutsche Erzeugnisse in Italien zu verkaufen, mit dem doppelten Zweck von unserem Markte jene anderer Herkunft auszuschliessen und die gefährliche Ausdehnung unserer Industrie und unseres Handels zu verhindern". Dabei sei die Banca Commerciale so eng mit der Deutschen Bank verbunden gewesen, dass sie im Wesen als eine Filiale der Deutschen Bank zu betrachten sei; die Deutsche Bank habe allen deutschen Kaufleuten und Industriellen, welche Geschäfte mit Italien hatten, unbedingten Kredit gewährt; ebenso hätten die italienischen Kunden der Banca Commerciale Kredit mit langen Zahlungsfristen erhalten zum Kauf deutscher Waren. Die Banca Commerciale habe die Gewohnheit gehabt ihren Kunden den Erwerb bestimmter deutscher Waren zu empfehlen. „Sobald aber eine Firma, eine Gesellschaft oder ein sonstiges Unternehmen irgendeine Maschine oder anderer Lieferungen bedurfte und deshalb ein Ausschreiben veranstaltete und Angebote von den betreffenden Unternehmern verlangte, um, wie es logisch ist, von diesem Wettbewerb Vorteil zu haben, da erhielten sie einen Brief (von der Banca Commerciale), der ihnen empfahl, ein bestimmtes deutsches Geschäftshaus zu wählen oder ein mit den deutschen Interessen verbundenes italienisches Haus. Und diese Art ‚Empfehlung' hatte oft die Gestalt eines Ultimatums, welches folgende Wahl zu stellen schien: Gebt den Auftrag und schliesst das Geschäft mit der von uns empfohlenen Firma, andernfalls würde man den Kredit verweigern und für sie die Bank schliessen." Es werden dann die italienischen Unternehmungen aufgezählt, die von der Banca Commerciale abhängig sind und wegen der Verbindung dieser Bank mit der Deutschen Bank mittelbar von

---

[100]) Gray Ezio, Germania in Italia, Milano 1915 S. 10.

[101]) Preziosi Giovanni, La Germania alle conquista dell' Italia. 2. Aufl. Firenze 1916 S. 76.

Deutschland. Es wird auch von den italienischen Schriftstellern betont, dass das Dumping besonders von den deutschen Kartellen angewendet wird unter der Gunst des Schutzzolles. So schreibt Carli,[102]) die Syndikate seien gebildet, wenn nicht für den Schutzzoll, so doch unter dem Schatten desselben. Der Schutzzoll habe das Land geschlossen, wodurch die Industrien sich entfalten, organisieren und jenen Grad von Konzentration annehmen hätten können, um die Syndikatsbildung zu ermöglichen. Die fremden Märkte aber eroberte man nur, wenn man ihn in ein offenes System verwandle; das Mittel hierzu sei die Beseitigung des Wettbewerbs im Inlande und darauffolgend die Erhöhung der Inlandspreise und dann die Ermässigung der Preise im Auslande; Anwendung des Dumping d. h. die Gesamtheit aller jener Operationen, welche ais „erobernde" (poliorcetiche), als Angriff (di assedio) zu bezeichnen seien, wodurch man die mitbewerbenden fremden Industrien niederzuschlagen suche, um selbst zu herrschen. Aber eine solche „erobernde" Operation gegenüber dem Mitbewerb der ganzen Welt könne nicht unternommen werden ausser bei ständigem Wachsen des Dumping, was absurd sei, weil es das Syndikat zum Ruin führen würde. Das deutsche Syndikatssystem aber bewege sich gerade in dieser Absurdität; es habe zu rasch den internationalen Markt erobern wollen und sei in eine verzweifelte Lage gekommen; weil aber auch die finanzielle Lage der deutschen Industrie nicht entsprechend dem Umfang des Programms gewesen sei, um so mehr sei das Gleichgewicht ins Schwanken geraten. Deutschland habe sich ein so weites Arbeitsprogramm geschaffen, dass der Unterschied zwischen seinem wirklichen Reichtum und des erstrebten ausser Verhältnis zu seinem Können und seiner tatsächlichen politischen Lage gewesen sei. Da eine friedliche Lösung nicht mehr möglich gewesen sei, so sei nur ein „Konkurs" (fallimento) oder die Gewalt übrig geblieben. Deutschland habe schon bei der Schaffung eines so weiten Programms sich einer zukünftigen politischen Lage angepasst; eine günstige Zukunft würde das Gleichgewicht hergestellt haben. Weil der Gedanke eines Krieges mehr oder weniger in dem deutschen Gewissen bestanden habe und der Krieg — in dem unerschütterlichen Glauben des Volkes — nur siegreich sein könnte, so würde tatsächlich ein siegreicher Krieg jenen Reichtum verwirklicht haben. — Ich brauche nicht hervorzuheben, dass diese Unterstellung eines Kriegsgedankens Deutschlands barer Unsinn ist oder vielmehr eine bewusste Unwahrheit. Übrigens schrieb Carli[103]) selbst in seinem, ein Jahr später erschienenen Buche: „Der Krieg wird ausbrechen, weil die anderen Völker nicht wollen, dass Deutschland in dieser unehrenhaften Weise (Dumping zur Eroberung des Weltmarktes) für seine Existenz sorgt und dann, an jenem Tage, werden die anderen (die Deutschen) die augenblicklichen Verluste bezahlen." Dass französische Schriftsteller dieselben Behauptungen wider besseres Wissen aufstellen, nämlich dass Deutschland den Weltkrieg begonnen habe, um die wirtschaftliche Eroberung der Welt durchzuführen, kann uns nicht überraschen. So schreibt Hauser, der sich nicht genug tun kann in Anwürfen: „Der gegenwärtige Krieg hat nicht nur wie fast alle Kriege wirtschaftliche Ursachen, sondern ist mit Vorbedacht begonnen worden, um die Vorherrschaft der deutschen Industrie über alle Gegner sicherzustellen. Diese Vorherrschaft hatte Deutschland mitten im Frieden aufzurichten versucht, durch die wohlbekannten Verfahren des Dumping, der industriellen und der handels- und bank-

---

[102]) Carli Filippo, La Ricchezza e la guerra, Milano 1915 S. 117.
[103]) Carli Filippo, L'altra guerra a. a. O. S. 179.

mässigen Durchdringung.“ Diese Beispiele für die Behauptung, Dumping werde angewendet, um den fremden Wettbewerb zu vernichten, dürften genügen.

Es mag sein, dass jene Schriftsteller, die den Vorwurf in erster Reihe gegen Deutschland erhoben, durch Dumping die fremden Märkte erobern und die nationalen Unternehmungen in ihrer Entstehung und Entwicklung hindern zu können, an ihre Behauptungen glauben; begründet sind ihre Behauptungen nicht im mindesten. Die von ihnen gebrachten Einzelfälle beweisen nicht, was sie beweisen sollen, sondern nur, um bei Deutschland zu bleiben, dass es im Wettbewerb auf dem Weltmarkte häufig siegte. Aber auf dem Weltmarkt traten alle Völker in Wettbewerb; Deutschland wurde auf diesen von anderen Völkern in bestimmten Fällen ebenso verdrängt wie Deutschland in bestimmten Fällen andere verdrängte. Wer auf dem Weltmarkte verkaufen will, kann nicht teuerer verkaufen als der Preis dort beträgt. Kein Käufer kümmert sich darum, wie hoch die Selbstkosten des Anbietenden sind; es ist ihm grundsätzlich gleichgültig, ob dieser hohe Gewinne erzielt oder keine oder ob er mit Verlust verkauft. In den weitaus meisten Fällen verkauft der Ausführer auch im Auslande mit Gewinn, mag dieser auch für die Einheit der verkauften Ware geringer sein als bei den Verkäufen im Inlande. Unter gewissen Voraussetzungen können auch Verkäufe in das Ausland erfolgen, die keinen Gewinn, aber auch keinen Verlust bringen und gleichwohl können diese Verkäufe notwendig und gut sein, wenn es sich um Übererzeugung handelt, für die augenblicklich im Inlande keine Nachfrage besteht und auch bei einer Ermässigung der Inlandspreise die Nachfrage nichts steigen würde. Der dritte Fall ist der Verkauf mit Verlust. Auch ein solcher mag bisweilen vorkommen und kommt tatsächlich besonders in Zeiten wirtschaftlichen Niederganges vor, wenn weder im Inlande noch im Auslande entsprechende Nachfrage besteht. Solche Verkäufe sind ihrer Natur nach nur vorübergehend. Es ist kein Unternehmen in der ganzen Welt, das dauernd mit Verlust im Auslande verkaufen könnte. Im Inlande ist ein solcher Verkauf selbstverständlich auch auf längere Zeit unmöglich, da das Unternehmen bald zugrunde gehen würde. Im Auslande können solche Verkäufe etwas länger andauern, wenn die Inlandspreise dem Unternehmer einen Gewinn abwerfen, nicht ohne weiteres etwa in der Höhe um die Auslandsverluste auszugleichen, sondern um bei der Jahresabrechnung des ganzen Unternehmens nicht mit Verlust abzuschneiden. In einzelnen besonders gelagerten Fällen ist es auch möglich, dass die sämtlichen Auslands- und Inlandsverkäufe insgesamt keinen Gewinn bringen, aber dieser Zustand muss bald aufhören, andernfalls geht das Unternehmen zugrunde. Das Kapital sucht sich anderswohin zu verlegen. Brächten die Auslandsverkäufe dauernd Verlust, dann würde der Unternehmer schliesslich die Erzeugung einschränken oder aufgeben, wenn er die Erzeugungskosten nicht ermässigen kann.

Nun wird behauptet, das Dumping, das deutsche Dumping insbesondere, bestehe in dem dauernden Auslandsverkaufe unter den Selbstkosten. Woher kennen jene Schriftsteller, die solche Behauptungen aufstellen, die tatsächlichen Selbstkosten; selbst wenn sie den Nachweis erbringen könnten, wie hoch in den Unternehmungen ihrer Länder die Selbstkosten für die Erzeugung der gleichen Ware, wie die der in diese Länder eingeführten sind, so wissen sie noch lange nicht, z. B. die Selbstkosten dieser Ware in Deutschland. Vermutungen beweisen ebensowenig wie analoge Berechnungen. Der deutsche Unternehmer kann besonders leistungsfähige Maschinen, besonders billige Naturkräfte, aussergewöhnlich billige Rohstoffe, zweckmässige Arbeitsteilung und noch zahlreiche andere Vorteile gegenüber seinem ausländischen Mitbewerber haben. Wenn ein grosses Unternehmen eigene Mineral- und Kohlenbergwerke im In- oder Auslande besitzt, eigene Schiffe für die Einfuhr von Rohstoffen, so ist es anderen Unternehmungen, die diese Vorteile nicht haben, schon bei weitem überlegen. Aber davon abgesehen, kann kein Unternehmer bei der Ausfuhr schon wissen, ob er unter seinen Selbstkosten verkauft. Das könnte er erst wissen, sobald die Jahresabrechnungen gemacht sind und selbst dann mit Sicherheit nur, wenn er die Ausfuhrmengen genau aus den gesamten Erzeugungskosten ausscheiden könnte. Stellt er eine Ware ausschliesslich für die Ausfuhr her, eine Ware, nach welcher im Inlande keine Nachfrage besteht, so kann er die Selbstkosten annähernd genau berechnen, nicht aber bei Waren, die zum grössten Teil im Inlande verkauft werden und von denen nur ein Teil zur Ausfuhr gelangt. Wenn der Stahlwerksverband einen zu seiner Gesamterzeugung sehr kleinen Teil zu 75 Mk. die Tonne nach Italien ausführte, während er für die übrige Ausfuhr 105—110 Mk. und im Inlande 130 Mk. verlangte, so lassen sich für den nach Italien ausgeführten Teil die tatsächlichen Selbstkosten überhaupt nicht feststellen. Die Ausfuhr nach Italien bestand hauptsächlich in Trägern und anderen Profileisen. Aber der Verband stellte ausser diesen Eisenwaren noch eine grosse Anzahl anderer her. Ein kleineres Werk, das jahraus, jahrein nichts anderes als Träger herstellt und dauernd alle Maschinen und Arbeiter voll beschäftigt, kann die Selbstkosten für die Träger genau berechnen. Aber ein Werk, das sehr verschiedene Waren herstellt, kann, zumal die einzelnen Tätigkeiten im Erzeugungsprozess nicht bloss auf diesen oder jenen Gegenstand allein entfallen, sondern gleichzeitig auf viele die einzelnen Erzeugungskosten nicht ausscheiden. In einer Eisengiesserei werden gleichzeitig Blöcke Räder Platten usw. gegossen. Diese gegossenen Stücke werden dann weiterverarbeitet, die Räder werden gefeilt, die Blöcke kommen z. B. in ein Walzwerk, um Schienen daraus herzustellen, wieder andere Stücke werden geschmiedet, die geschmiedeten Stücke zusammengeschweisst oder -genietet. Zum Heben und Verbringen von einem Raum in einen andern, von einer Arbeitsstelle an eine andere, bedarf es bei den schweren Stücken Kranen, während die leichteren von Arbeitern getragen werden. Auf alle diese einzelnen Herstellungsvorgänge treffen ganz verschiedene Teile des Anlagekapitals (Gebäude, Maschinen usw.) und der Löhne. Die North Americain Review[104]) veröffentlichte 1901 einen Aufsatz mit der Überschrift „Sollen wir den Eisen- und Stahltarif ermässigen?" (Shall we reduce the Iron and Steel Tariff?) eines Archer Brown, der Verwalter mehrerer grosser Hochöfengesellschaften, Kohlen- und Eisenbergwerke, Mitglied eines der bedeutendsten Eisenhandelshäuser in den V.St.A. des Hauses Rogers Brown and Co. Nach Brown setzen sich 14 Dollar Bruttoselbstkosten einer Tonne Gusseisens in Pittsburg folgendermassen zusammen: Eisenerz 7 Dollar; Koks 3 Dollar; Kalk und andere Stoffe 1 Dollar; Handarbeit 1 Dollar 25; Ausbesserungen, Steuern usw. 0,75 Dollar; auf die Handarbeit treffen nur 11 v. H. „Aber", sagt Brown, „setzen wir die Analyse noch weiter fort. Welches ist der Anteil der Handarbeit in dem Mineralpreise, wenn wir die Gewinne der Bergwerksgesellschaften ausser acht lassen? Das Ganze, abgesehen von den Zinsen mit 0,25 Dollar für die Tonne. Welches ist der Anteil der Handarbeit im Kokspreise? Das Ganze, abgesehen von den Zinsen, die von den Kohlenbergwerken bezahlt werden, d. h. 0,25 Dollar für die Tonne Kalk und der Rest bestehen ebenfalls zu neun Zehnteln

[104]) Mény a. a. O. S. 123.

aus Handarbeit. Ebenso die Versendungskosten, die zu den Preisen der Rohstoffe kommen, stellen zu 60—70 v. H. Handarbeit dar. Wenn wir die Analyse bis zu den äussersten Grenzen ausdehnen, so werden wir finden, dass der ganze Preis einer Tonne Gusseisens — die Gewinne ausser Betracht lassend — sich auflöst in den Preis der Handarbeit, unbeschadet der Gebühren, Abgaben, Zinsen, Versicherungen; diese letzteren Elemente schwanken insgesamt zwischen 5—10 v. H. Die vollständige Analyse des Preises einer Tonne Stahlschienen bringt die gleichen Ergebnisse. Wenn die Lohnleiter sich zu heben beginnt, ist die Erhöhung, welche der Schmied seinen eigenen Arbeitern bewilligt, nur ein unbedeutender Bruchteil der Selbstkosten, wenn aber der Preis für die Kohlenförderung steigt etwa von 0,40 auf 0,60 Dollar für die Tonne, steigen auch die Löhne der bei Koksherstellung beschäftigten Arbeiter im Verhältnis und folglich vergrössern sich die Selbstkosten des Brennmaterials schon um 50 v. H. Die Löhne der Erzförderer steigen ebenfalls, desgleichen die Versendungskosten mit der Bahn oder zu Wasser, so dass schliesslich die Rohstoffe um die Hälfte teuerer sind; die Preise für die Verbraucher müssen dann entsprechend erhöht werden." Dieses Beispiel mag zeigen, wie zusammengesetzt die Selbstkosten schon bei den Rohstoffen sind, wobei die Gewinne ganz ausser Betracht gelassen sind, die doch einen mehr oder minder grossen Hundertsatz bilden. Eine Einsparung in Beziehung auf nur einen dieser Teile vermag die Selbstkosten stark zu verändern. Wenn, wie oben angenommen, eine Maschinenfabrik selbst Bergwerke hat, so kann sie die Gewinne für die Rohstoffe bei Weiterverarbeitung nötigenfalls ausser Ansatz lassen und so billiger eine Maschine herstellen als ein Unternehmen, das Eisen und die Kohlen kaufen muss. Ebenso verhält es sich, wenn die Rohstoffe sich in der Nähe des Unternehmens, das diese Rostoffe benötigt, befindet. Deshalb waren z. B. gewisse Industrieunternehmungen in Westfalen und in der Rheinprovinz den süddeutschen bei weitem überlegen. Als die Firma Krupp während des Krieges in München ein grosses Zweigunternehmen gründete, war sie sich vollkommen klar, dass die Herstellungskosten für alle Erzeugnisse in München teuerer sein würden als in Essen. Die Gründe, warum dieses Unternehmen gleichwohl geschaffen wurde, interessieren uns hier nicht. — Das Ergebnis dieser Erörterungen ist, dass bei einem grossen Unternehmen, das einen Bruchteil seiner Erzeugnisse ausführt, die Selbstkosten für diesen Bruchteil sich schwer bestimmen lassen. Auf keinen Fall vermag der Aussenstehende diese Kosten für einen bestimmten Betrieb zu berechnen, zumal diese Unternehmen keinen Anlass haben ihre Selbstkosten aller Welt bekanntzugeben, wobei ich kaum zu bemerken brauche, dass aus den veröffentlichten Bilanzen wohl auf Grund der Einnahmen und Ausgaben rein schematisch der Gewinn und auch die Selbstkosten sich berechnen lassen, aber die tatsächlichen Selbstkosten nicht zeigen und nicht zeigen können. Damit soll nicht bestritten werden, dass Unternehmungen mit Verlust, oft sogar jahrelang, arbeiten und ebensowenig, dass sie bei Auslandsverkäufen Verluste erleiden; aber es lässt sich nicht beweisen, dass diese Verluste bei Auslandsverkäufen eine beabsichtigte Folge des Dumping sind, d. h., dass die Unternehmer freiwillig unter den Selbstkosten ausführen; wenn sie es tun, so besteht ein Zwang für sie, mag dieser Zwang seinen Grund in der Übererzeugung, für welche im Inlande keine Nachfrage besteht, haben oder in anderen Umständen.

Nun sollen, wird behauptet, diese Unternehmer Dumping anwenden und zwar das Dumping unter den Selbstkosten, um eine fremde Industrie im Entstehen zu verhindern oder bestehende in ihrer Entwicklung zu hemmen und womöglich ganz zu vernichten!

Hier möchte ich gleich bemerken, dass Hookham,[105]) der die englischen Verhältnisse zweifellos sehr gut kennt, ausdrücklich erklärt, man nenne Dumping die zeitweise Preisunterbietung in einem Lande, um seinen Handel auf die Dauer zu vernichten. Es sei aber in England kein einziger Fall dieser Art nachweislich, obgleich jeder Fabrikant davon spreche, wenn fremder Wettbewerb seinen Verdienst beeinträchtige. — Gerade in England müsste doch diese Wirkung vielfach nachzuweisen sein, denn England ist ein Freihandelsland und wie an verschiedenen Stellen hervorgehoben ist, hat auch Deutschland starken Wettbewerb auf englischen Märkten getrieben und die Weltmarktpreise oft sehr bedeutend unterboten. Es soll nicht bestritten werden, dass tatsächlich in einzelnen Fällen eine länger dauernde Unterbietung das Entstehen einer Industrie in dem Einfuhrlande erschwert oder verhindert; so wird der deutschen chemischen Industrie, insbesondere der Farbenindustrie, zum Vorwurf gemacht, sie habe in der ganzen Welt den Wettbewerb überaus erschwert. Das ist nicht ganz richtig, denn in allen modernen Staaten sind eine ganze Anzahl chemischer Werke entstanden; nicht die Unterbietung zum Zwecke der Vernichtung fremder Industrien hat die Entstehung oder Entwicklung dieser erschwert, sondern weil die deutsche Erzeugung allen Ländern von Anfang an überlegen war. Die deutschen Erfindungen und die Ausnutzung anderer Erfindungen und Entdeckungen veranlasste die deutschen Unternehmer ungeheure chemische Fabriken zu gründen; es hätte den Unternehmern der fremden Länder freigestanden, das gleiche zu tun; die meisten taten es nicht oder zu spät. Inzwischen waren die deutschen Unternehmungen immer grösser, die Maschinen verbessert, neue Erfindungen gemacht worden. Ein neu entstehendes Unternehmen, gleichgültig ob im Inlande oder im Auslande, wird schwer mit den bestehenden grossen Unternehmungen in Wettbewerb treten können. Nur wenn das neue Unternehmen in irgendeiner Beziehung dem alten überlegen ist, z. B. durch ein neueres billigeres Verfahren, durch Ausnützung neuer Erfindungen, Erwerb von Patenten usw. kann auch dieses neue Unternehmen erfolgreich bestehen und sich entwickeln und tatsächlich bestand besonders in dem nicht durch Zölle geschützten England eine sehr bedeutende chemische Industrie, deren Blühen zum Teil die gleichen Ursachen hatte, wie die deutsche. Neue Erfindungen und Entdeckungen ermöglichen sehr häufig ein Dumping, das tatsächlich fremde Unternehmungen vernichten kann. Es handelt sich dann allerdings niemals um einen Preis unter den Selbstkosten, selbst wenn die Inlandspreise im Ausfuhrlande höher sind. Als es Beyer gelungen war, den natürlichen Farbstoff des echten Indigo aus den karbozyklischen Bestandteilen des Steinkohlenteers herzustellen, konnte der Preis dieses künstlichen Indigos derart billig bemessen werden, dass die Verwendung dieses Indigos vorteilhafter war als der aus der Indigopflanze gewonnene. Grosse Kulturflächen für die Indigopflanzung wurden im Laufe des letzten Jahrzehntes in Englisch-Ostindien aufgegeben, während die deutschen chemischen Fabriken jährlich für etwa 80 Millionen Mark künstlichen Indigo erzeugten. Zahlreiche englische Unternehmungen, die den Pflanzenindigo herstellten, mussten diese Tätigkeit aufgeben; es ist begreiflich, dass die englischen Firmen die deutsche Industrie hassten und ihren Hass auch schon vor dem Krieg zum Ausdruck brachten. Die Erfindung jedes neuen Verfahrens ist geeignet die Erzeugungskosten

---

105) Wydgodzinski a. a. O. S. 246.

so zu ermässigen, dass jeder Mitbewerb erschwert oder unmöglich gemacht wird. Wir wissen auch, dass Erfindungen selbst Monopole beseitigen können; ich erinnere nur an die Gewinnung von Salpeter aus der Luft, das uns von dem Chilesalpeter unabhängig machte und das uns vielleicht gestattet auf dem Weltmarkt erfolgreich mit dem natürlichen Salpeter in Wettbewerb zu treten. Ähnliches gilt von dem künstlichen Stickstoff und zahlreichen anderen Erzeugnissen der Industrie; wenn dadurch ausländische Industrien vernichtet oder in ihrer Entwicklung gehemmt werden, so mag es diesen fremden Unternehmungen unangenehm sein, aber es ändert nichts an den Tatsachen; aber abgesehen von diesen Fällen ist es auch möglich, dass fremde Unternehmungen in ihrer Entstehung verhindert werden können durch Anwendung von Dumping bei Erzeugnissen, die in gleicher Weise im In- und Auslande hergestellt werden. Es ist möglich, oder vielmehr sehr wahrscheinlich, dass z. B. die englischen, französischen, amerikanischen Eisenfabriken zahlreicher oder grösser wären, wenn die deutschen nicht auch solche hätten und nicht ihre Erzeugnisse auf den Weltmarkt brächten: nach dem bekannten englischen Ausspruche, dass an dem Tage, an welchem Deutschlands Industrie und Handel vernichtet seien, jeder Engländer um soviel reicher sei. Aber das sind schliesslich Fragen, die wissenschaftlich nicht behandelt werden können; denn jedes Volk hat das Recht und die Pflicht, zu arbeiten, vorwärts zu streben und seine Aufgaben im Daseinskampfe zu erfüllen.

Wenn wir also auch zugeben müssen, dass tatsächlich durch ein Dumping fremder Wettbewerb erschwert oder unmöglich gemacht werden kann, nämlich durch Erfindungen, neue Verfahrensarten und dgl., so ist ein Dumping unter gleichen Voraussetzungen im freien Wettbewerb zum Zwecke der Vernichtung fremden Wettbewerbs vielleicht theoretisch möglich, aber nicht in der Wirklichkeit. Wir wollen auf den am meisten und auch von uns wiederholt erwähnten Fall eines solchen Dumping eingehen, auf das Dumping des deutschen Stahlwerksverbandes gegenüber Italien. Tatsache ist, dass dieser Verband Träger und ähnliche Profileisen um 75 Mk. für die Tonne nach Italien lieferte, während der Weltmarktpreis 105—110 Mk. und der deutsche Inlandspreis 130 Mk. betrug. Die Frage, ob der Preis von 75 Mk. unter den Selbstkosten war, haben wir schon oben erörtert; diese Ausfuhr soll erfolgt sein, „um die italienische Eisenindustrie zu vernichten und sobald dies geschehen sei, würden die Deutschen den Preis mindestens auf die Höhe der deutschen Inlandspreise erhöhen", erklärten z. B. Ingenieur Falk, der Vorsitzende der Associazione metallurgici italiani und R. Ridolfi, der Vorstand der Aktiengesellschaft „Ferro e Acciaio".[106]) Cabiati[107]) wandte sich gegen diese Anschauung mit der Erklärung, es sei nicht zu begreifen, welches Interesse das Syndikat an der Vernichtung der italienischen Eisenindustrie haben sollte; es sei undenkbar, dass die Deutschen nach einer solchen Vernichtung die Preise auf die in Deutschland üblichen erhöhen könnten, denn es würden sofort die belgische, französische und englische Industrie billiger als die Deutschen nach Italien einführen. Hinsichtlich der übrigen Ausführungen Cabiatis verweise ich auf die weiter oben gegebenen Darlegungen. Gegen diese Ausführungen wandte sich rein theoretisch Loria und mit praktischen Erwägungen Ridolfi. —

Zunächst müssen wir feststellen, dass es unbekannt geblieben ist, warum der Verband nach Italien unter dem Weltmarktpreis ausführte und zwar zu bil-

---

[106]) S. o. S. 30 ff. u. 36 ff.

[107]) S. o. S. 31 ff.

ligeren Preisen als es in Italien infolge des bestehenden italienischen Schutzzolles notwendig gewesen wäre; ebensowenig wissen wir, ob tatsächlich der Verband mit den Lieferungen jährlich einen Verlust von 800000 Mk., wie behauptet, gehabt hat. Feststeht andererseits, dass die ganze Ausfuhr des Verbandes nach Italien kaum 1 v. H. der Gesamterzeugung des Verbandes betrug. Diese Ausfuhrmenge war im Verhältnis zu der Gesamterzeugung so gering, dass es leicht möglich war, dass der Verband tatsächlich keinen Verlust erlitt; denn diese 1 v. H. Mehrerzeugung konnte ohne weiteres so billig hergestellt werden, dass von einem Verluste nicht die Rede zu sein braucht. Ich verweise hinsichtlich der Verminderung der Erzeugungskosten auf den Abschnitt über die Übererzeugung. Aber selbst wenn der Verband wirklich unter den Selbstkosten verkauft haben sollte, wofür, wie gesagt, nicht der mindeste Beweis vorliegt, so wäre es allerdings denkbar, dass damit die italienische Eisenindustrie vernichtet worden wäre. Theoretisch wäre es dann weiterhin denkbar, dass der Verband nun den italienischen Markt allein beherrscht und die Preise so hoch wie in Deutschland und vielleicht noch höher gestaltet hätte. Der Vorteil des Verbandes wäre vor allem gewesen, dass nach der Vernichtung der weiterverarbeitenden italienischen Eisenindustrie der deutsche Verband nun an die Stelle dieser Industrie getreten wäre und nicht mehr die zur Weiterverarbeitung bestimmten Roh- und Halbstoffe eingeführt hätte, sondern Fertigwaren; der Gewinn der italienischen Weiterverarbeiter wäre dem Verbande zugeflossen. Aber alles dieses wäre nur theoretisch möglich gewesen; in Wirklichkeit aber unmöglich, denn es wäre sofort der Wettbewerb anderer Ausfuhrländer eingetreten, so dass höchstens der Weltmarktpreis, der beträchtlich unter dem deutschen Inlandspreise stand, auch für Italien gegolten hätte. Der Verband hätte, wenn er diesen Wettbewerb schlagen wollte, weiterhin unter dem Weltmarktpreise nach Italien ausführen müssen und wenn er das bisher tatsächlich mit Verlust getan haben sollte, so wäre sein Verlust dauernd geblieben Soweit französische, englische und belgische Eisenindustrien mit dem deutschen Verband verbunden waren, würde deren Wettbewerb selbstverständlich völlig ausscheiden; es blieben aber die nicht dem Verbande angehörigen Industrien. Wenn behauptet wurde, England und die Vereinigten Staaten wären nicht als Mitbewerber in Betracht gekommen, so ist das unrichtig; diese Länder haben tatsächlich in sehr grossen Mengen ausgeführt und würden sicher sofort nach Italien geliefert haben, sobald Deutschland die Preise für seine nach Italien ausgeführten Erzeugnisse erhöht hätte. Mit Recht sagte Jannacone,[108]) die Wahrscheinlichkeit sich eines fremden Marktes zu bemächtigen, sei äusserst gering, wenn dieser Markt dem Wettbewerb der ganzen Welt offen stände; man müsste jeden Mitbewerber, einen nach den andern bekämpfen, ungeheure Mengen zu vernichtenden Preisen verkaufen, den Kampf sehr lange fortsetzen und die Sicherheit haben, dass kein neuer Wettbewerb wieder entstünde; eine solche Eroberung könne überhaupt nur ein Unternehmen versuchen, das den weitaus grössten Teil der Welterzeugung in sich vereinige und die Mitbewerber an Zahl und Einfluss unbedeutend seien. — Das ist zweifellos richtig. Der Verband, so gross er war, war doch weit davon entfernt in dieser Lage zu sein, um wirksam seine Mitbewerber ausschliessen zu können. Wie wenig Erfolg der Verband mit seiner angeblichen Eroberung des italienischen Marktes und der Vernichtung der italienischen Eisenindustrie hatte, beweist

---

[108]) S. o. S. 49.

die Tatsache, dass die Ausfuhr des Verbandes nach Italien von Jahr zu Jahr trotz der ausserordentlich niedrigen Preise sank, von 60 v. H. des Gesamtverbrauchs Italiens an Trägern im Jahre 1903 auf 19 v. H. im Jahre 1912.[109])

Wydgodzinski,[110]) der unter Dumping die Ausfuhr unter den Selbstkosten versteht, erklärt ein solcher Verkauf könne beliebt werden, um die Industrie eines andern Landes zu vernichten bzw. in ihrer Entwicklung zu hemmen; die Möglichkeit hierzu sei vorhanden, aber welche riesige Summen müssten geopfert werden, um wirklich eine ganze Industrie in ihrer Entfaltung hemmen zu können; diese Summen müssten wieder eingebracht werden und zwar in Form einer späteren Erhöhung der Preise; es sei aber nicht ein einziger Fall bekannt, wo etwas derartiges in grossem Massstabe durchgesetzt worden sei; solche Preiskämpfe wie beispielsweise zwischen Schiffahrtslinien oder in der Schienenindustrie, endeten regelmässig mit Kartellen oder ähnlichen Vereinbarungen.

Auf Grund dieser Erwägungen und Tatsachen müssen wir zwingend zu der Auffassung gelangen, dass der Zweck des Dumping des deutschen Verbandes nicht der war und sein konnte, die italienische Eisenindustrie zu vernichten. Was war nun der Zweck? Es bleiben nur zwei Möglichkeiten. Es wäre möglich, dass das Dumping des Verbandes kein anderes war als das allgemein übliche, nämlich die Abstossung des Überschusses einer Übererzeugung. Dagegen spricht aber der Umstand, dass der Verband billiger nach Italien ausführte als es notwendig war; es ist nicht wahrscheinlich, vielmehr höchst unwahrscheinlich, dass der Verband auf einen Gewinn verzichtete, den er leicht haben konnte, zumal jeder Unternehmer nach dem grösstmöglichen Gewinn strebt, sowohl bei den Inlands- als bei den Auslandsverkäufen. So bleibt nur die zweite Möglichkeit: der Verband wollte ein internationales Syndikat mit der italienischen Eisenindustrie errichten. Wir wissen, dass insbesondere die amerikanischen Trusts rücksichtslose Kämpfe führen, um Unternehmer, die dem Trust nicht angehören, mit allen Mitteln zu zwingen, dem Trust beizutreten. Biegen oder Brechen ist die Losung und tatsächlich siegt regelmässig der Trust. Die Kartelle und Syndikate gehen weniger scharf vor, aber sie haben häufig durch Preisunterbietungen ähnlich wie die Trusts Unternehmer gezwungen mit ihnen Vereinbarungen zu treffen. Es dürfte als sicher anzunehmen sein, dass der Verband die italienischen Eisenindustriellen veranlassen wollte, mit ihm Vereinbarungen zu treffen. Ein Beweis für diese Annahme ist der Umstand, dass tatsächlich 1913 ein Übereinkommen zwischen den beiden Gruppen zustande kam.

Selbst wenn eine Ausfuhr die Entstehung einer Industrie im Einfuhrlande erschwert oder unmöglich macht, und das kann nach dem weiter oben Gesagten bisweilen vorkommen, so ist es doch irrig unter Dumping diese seltenen Fälle zu verstehen. Das Einfuhrland kann auch leicht dagegen Massnahmen treffen, nämlich durch Einführung eines Schutzzolles.

* * *

Aus den bisherigen Erörterungen ergibt sich, dass die Verkäufe zu niedrigeren Preisen im Auslande als im Inlande sehr verschiedene Wirkungen haben, nützliche und schädliche sowohl für das Ausfuhrland wie für das Einfuhrland. Ob die guten Wirkungen oder die schlechten überwiegen,

---

[109]) S. o. S. 38.

[110]) In Recht und Wirtschaft a. a. O. S. 247.

kann nur im einzelnen Falle festgestellt werden. Im Inland hat das Dumping gegen das Ausland den grossen Nachteil, dass es geeignet ist, die inländischen Warenpreise, besonders wenn die inländischen Unternehmer kartelliert sind und das Land durch einen Zoll geschützt ist, stärker zu erhöhen als es sonst der Fall wäre. Wenn auch grundsätzlich auerkannt werden muss, dass die Ausfuhr an sich ohne Einfluss auf die inländische Preisgestaltung ist, so kann doch nicht in Abrede gestellt werden, dass bei den Unternehmern das Bestreben herrscht, sich durch Erhöhung der Inlandspreise für den Gewinnentgang bei der Ausfuhr zu niedrigeren Preisen möglichst schadlos zu halten und selbst in Zeiten des wirtschaftlichen Niederganges die Preise hochzuhalten. Für das Einfuhrland bringt das gegen es angewendete Dumping den grossen Vorteil, dass die Verbraucher die fremden Waren, insbesondere Roh- und Halbstoffe billig, oft aussergewöhnlich billig erhalten; aber andererseits kann durch diesen fremden Wettbewerb die Industrie des Landes Schaden leiden, wenn sie teuerere Erzeugungskosten hat und daher nicht oder schwer mit den eingeführten in Wettbewerb treten kann; die weitere Folge kann sein, dass die Arbeiter nicht voll beschäftigt werden, Arbeitslosigkeit entsteht und sonstige Nachteile. Es ist deshalb nicht befremdend, dass man in Einfuhr- und Ausfuhrländern Mittel und Wege suchte um die Nachteile, die das Dumping für beide Länder mit sich bringt, zu beseitigen oder zu mildern. Von diesen Massnahmen soll weiter unten gesprochen werden.

IX. Valuta-Dumping.

Noch von einer Erscheinung müssen wir sprechen, der die Bezeichnung „Dumping" gegeben wurde und wird, obwohl kein einziges Merkmal des Begriffes Dumping, wie wir es kennen gelernt haben, vorhanden ist; ich meine die billigen Verkäufe in das Ausland seit dem Umsturze unter Berücksichtigung oder vielmehr Nichtberücksichtigung des Wertes der deutschen Mark im Auslande. Diesen Verkäufen gab man den Namen Valuta-Dumping. Schon im Jahre 1918, besonders jedoch 1919 und zu Beginn von 1920 wurden deutsche Erzeugnisse in sehr erheblichen Mengen in das Ausland ausgeführt. Die Preise, die verlangt wurden, waren wesentlich höher als die Preise, die für die gleiche Waren beim Verkaufe in Deutschland gefordert wurden. Da aber die deutsche Mark im Auslande von Tag zu Tag niedriger bewertet wurde, zeitweise sogar nur auf einige Pfennige der Metallwährung (Goldwährung), so hatten die Ausländer für die deutschen Waren ausserordentlich niedrige Preise zu bezahlen, die nicht im mindesten dem Wert der Ware entsprachen. Ich will nur ein paar Beispiele anführen: So wurden im Jahre 1919 Kleineisenwaren nach Spanien angeboten von Deutschland zu 8,6 Pesetas, von Frankreich zu 68 Pesetas und von England zu 70 Pesetas. Deutsche Fabrikanten verpflichteten sich zur Lieferung von Kränen nach Schweden zu 50 000 Kronen, während schwedische Firmen nicht unter 200 000 Kronen liefern konnten.[111]) Diese Beispiele lassen sich vertausendfachen. Es herrschte tatsächlich Ausverkauf zu jedem Preise. Die Ausführer waren sehr befriedigt, wenn sie bei den Verkäufen im Auslande den doppelten, dreifachen oder zehnfachen Preis in Mark erhielten und das Ausland kaufte auch in grösstem Masse deutsche Waren. Weniger zufrieden waren die ausländischen Unternehmer. So schrieb im Juli 1919

[111]) Diese Beispiele aus Plutus 1919 S. 397.

die Weltwirtschaftliche Zeitung,[112]) dass die ungewöhnlich billigen Angebote aus Deutschland vor allem in Holland unangenehm empfunden würden und die französischen und englischen Mitbewerber hätten bereits sehr scharfe Äusserungen über das Wiederaufleben der deutschen „Schleuderkonkurrenz" gemacht; besonders rege man sich darüber auf, dass in letzter Zeit Eisenkonstruktionen und gusseiserne Maschinenteile aus Deutschland sehr billig eingeführt worden seien. Die holländischen Fabrikanten hätten bereits die Hilfe der Regierung angerufen. Ebenso erfolgte in der Sitzung der französischen Abgeordnetenkammer vom 23. Juli 1919 eine Interpellation des sozialistischen Abgeordneten Claussat, welche Massnahmen die Regierung zu ergreifen gedenke, um die französische Industrie vor der Einfuhr deutscher Waren zu schützen und um dadurch gleichzeitig der französischen Arbeiterklasse Schutz gegen Arbeitslosigkeit angedeihen zu lassen; der Abgeordnete wandte sich besonders gegen die Einfuhr von Solinger Waren, die um 300 v. H. billiger seien als die gleichartigen französischen Erzeugnisse, ferner gegen die Einfuhr von Fahrrädern und photographischen Apparaten. Überaus gross war die Ausfuhr von Möbeln, Büchern, kunstgewerblichen Gegenständen usw. nach der Schweiz, aber ebenso nach allen anderen Ländern, in welchen die Mark niedriger bewertet wurde als in Deutschland. Alle spekulierten in der Valuta; die fremden Kaufleute kauften alle Mengen auf, die sie haben konnten, aber auch Tausende und Tausende von Privatpersonen benutzten die deutsche Wirtschaftslage, besonders wenn sie persönlich nach Deutschland kamen. Den deutschen Verkäufern war es vielfach gleichgültig, ob sie an einen Deutschen oder an einen Ausländer verkauften. So konnten z. B. die Schweizer Waren, die in Deutschland vor dem Kriege etwa 1000 Mk., in der Schweiz etwa 1250 Franken kosteten, in Deutschland im Frühjahr 1920, als die Mark am tiefsten stand, um 40 Franken kaufen, da dem deutschen Kaufmann sofort die 40 Franken auf jeder Bank in 1000 Mk. umgewechselt wurden; aber selbst wenn der deutsche Verkäufer 2000 Mk. oder mehr verlangte, erhielt der Schweizer die Waren lächerlich billig. Solche Steigerungen fanden statt zum Nachteil der deutschen Verbraucher, da allmählich die Warenpreise auch im Inlande hiedurch überaus hoch stiegen. —

Im folgenden will ich zunächst kurz auf die Dumpingbekämpfung Englands eingehen und tue es an dieser Stelle, weil es sich hierbei wesentlich um das sogenannte Valuta-Dumping handelt.

Wie bereits erwähnt hatten besonders in England Unternehmerkreise Besorgnis, dass nach dem Kriege England mit fremden Waren, besonders auch aus Deutschland, überschwemmt werde. Der parlamentarische Ausschuss über die Handels- und Wirtschaftspolitik nach dem Kriege[113]) — das sog Balfour commitee — machte in seinem Zwischenbericht über Schlüsselindustrien[114]) auf die Gefahr des Dumping aufmerksam und zwar

---

[112]) Dalberg, Rudolf, „Ausfuhrpreise und Valuta" im Plutus 1919 S. 306.

[113]) Das Folgende hauptsächlich nach Plaut a. a. O. S. 389 ff

[114]) Den Begriff Schlüsselindustrie erläuterte Lloyd George am 18. August 1919 in seiner Parlamentsrede: „Was sind stützungsbedürftige Schlüsselindustrien? Ich werde vier Unterscheidungsmerkmale nennen und ich glaube keines von den Mitgliedern des Hauses wird gegen sie etwas einzuwenden haben:

1. Hat sich die Industrie als wesentlich im Krieg oder für die Führung des Krieges erwiesen?
2. Hat sich während des Krieges gezeigt, dass die Industrie vor dem Kriege so vernachlässigt worden war, dass der durch die Industrie hergestellte Vorrat an Waren

werden als solche Industrien genannt: die Herstellung von Farbstoffen, das Raffinieren von Zink und Wolfram, die Herstellung von Magnetzündern, das Herstellen, Schleifen und Blasen von optischen und chemischen Glasgegenständen, die Herstellung von Maschinenstricknadeln, von Gasglühlichtstrümpfen, die Gewinnung von Schwerspat und die Herstellung von Schub- und Schraubleeren. Deutschland habe auf diesen Industriegebieten eine überlegene Stellung gehabt infolge der zeitgemässesten Fortschritte der technischen Wissenschaften, der Kartellierung, der geldlichen Unterstützung der Unternehmungen durch Staat, Banken und Kartelle, der billigen Arbeitskräfte und nicht zuletzt infolge des Zollschutzes, wodurch es den Deutschen möglich gewesen sei, Dumping anzuwenden. Fälle des Dumping wurden in dem Bericht allerdings nicht aufgeführt und auch kein Nachweis gebracht, dass eine englische Industrie irgendwie durch das deutsche Dumping geschädigt worden sei, vielmehr wird der Furcht Ausdruck gegeben, dass der deutsche Wettbewerb nach dem Kriege die genannten Industrien beeinträchtigen könnte.

Die britische Reichskriegskonferenz von 1917 nahm eine Entschliessung zugunsten einer Antidumpinggesetzgebung an des Inhalts „Die Reichskriegskonferenz hält es für wünschenswert, um Dumping oder jeden andern unlauteren Wettbewerb von zurzeit feindlichen Ländern während der Übergangszeit nach dem gegenwärtigen Kriege auszuschliessen, dass die einzelnen Regierungen des Imperiums sich auf 12 Monate Vollmachten zur Kontrolle der Einfuhr von Gütern geben lassen, die aus zurzeit feindlichen Ländern kommen. Dabei sollen sie aber ihre Freiheit im Behandeln besonderer Fälle nicht aufgeben". Als am 1. September 1919 die meisten Einfuhrbeschränkungen in Kraft traten, da suchten Anhänger des Schutzzolles nachzuweisen, dass die Deutschen wieder Dumping übten, obwohl jene wussten, dass die Ursache der billigeren deutschen Einfuhr auf die schlechte deutsche Valuta zurückzuführen sei. So liess die Stahlindustrie am 15. Dezember 1919 anfragen, ob es der Regierung bekannt sei, dass deutsche Nagelscheren zum Preise von 18 sh 6 d für das Dutzend auf den englischen Markt gebracht würden, die Sheffield nur zum Preise von 39 sh herstellen könne, und ob die Regierung gegen diesen Wettbewerb nicht Massnahmen treffen wolle. Sir Auckland Geddes, der Vorsitzende des Handelsamtes, entgegnete, die Tatsache sei richtig, aber der Vorrat an billigen Scheren sei gering, die Sheffielder Industrie mache gleichwohl sehr gute Geschäfte.[115]) Auch andere Industrien, so die Kraftwagen- und die Spielzeugindustrien wandten sich an Geddes um Schutz gegen das deutsche Dumping; Geddes lehnte ab, da es sich um ganz geringe Mengen von Einfuhrgegenständen handelte.

Am 21. November 1919 brachte Lloyd George einen Gesetzentwurf zur Bekämpfung des Dumping im Unterhause ein. In seinem Koalitionsprogramm ist ausgeführt: „Das grundlegende Prinzip der Koalitionsregierung soll sein, die Einheit und die Entwicklung unseres Reiches und der Nationen, aus denen es zusammengesetzt ist, zu fördern, ihm die Lage, den Einfluss

---

unzureichend für die Ausrüstung und zur Durchführung der wesentlichen Aufgaben des Krieges war?

3. Hat die Regierung es für notwendig gefunden, besondere Schritte zu tun, um die Industrie im Kriege zu heben und zu fördern?

4. Können die genannten Industrien, wenn der ihnen so gewährte Schutz entzogen wird, sich auf einer Höhe erhalten, wie sie durch den Krieg als für die Aufrechterhaltung des nationalen Lebens notwendig erwiesen wurde?"

(„Times" 19. August 1919 zit. nach Plaut a. a. O. S. 396.)

[115]) Times vom 16. Dezember 1919 zit. bei Plaut a. a. O. S. 398.

und die Macht zu bewahren, die sie sich durch ihre Entbehrungen und Anstrengungen in der Sache des menschlichen Fortschrittes und der Freiheit errungen haben. Ferner wollen wir den Bewohnern der britischen Inseln solche Lebensbedingungen schaffen, dass ihnen Überfluss und Fortkommen sichergestellt ist. Bis das Land wieder zu normalen, industriellen Zuständen zurückgekehrt ist, würde es voreilig sein, eine für die Dauer bestimmte Finanzpolitik aufzustellen. Wir müssen bemüht sein, die Kriegsschuld in solcher Weise herabzumindern, dass dadurch der Industrie und dem Kredit des Landes möglichst geringe Schäden verursacht werden. Das Land braucht alle Nahrungsmittel, alle Rohstoffe und allen Kredit, den es irgend erlangen kann und neue Steuern sollten weder auf die Nahrungsmittel noch auf die Rohstoffe für unsere Industrien gelegt werden. Aber gleichzeitig wird man unseren Kolonien eine Bevorzugung einräumen müssen hinsichtlich der bestehenden Zölle und aller Zölle, die für unsere eigenen Zwecke später eingeführt werden sollen. Eine der Lehren des Krieges besteht in der Aufdeckung der Gefahren, die die Abhängigkeit unserer Nation von anderen Ländern mit Beziehung auf unentbehrliche Erzeugnisse in sich birgt. Es ist daher die Absicht der Regierung, die Schlüsselindustrien, wo immer nötig, zu hegen und pflegen, und zwar so, wie Erfahrung und Untersuchung es lehren. Wenn die Erzeugung in der Heimat auf dem höchsten Stande gehalten werden soll, muss gegen den unlauteren Wettbewerb Sicherheit gewährt werden, die unsere Industrie bedrohen könnte, wenn auswärts erzeugte Güter auf unserem Markte unter den tatsächlichen Erzeugungskosten verkauft werden.“

Da die Koalition mit grosser Mehrheit siegte, so musste die Regierung eine Antidumpinggesetzgebung im Parlament einbringen. Aber sehr bald entstand in Handels- und Arbeiterkreisen infolge der Teuerung, der Arbeitslosigkeit, des Fortbestehens gewisser Kriegsverordnungen, der Furcht vor dem Mitbewerb der V.St.A. und Japans grosse Unzufriedenheit. Die Folge waren grosse und zahlreiche Streiks und die Forderung nach Wiederherstellung des freien Handels. Am 1. September 1919 beseitigte die Regierung unter dem Drucke dieser Forderungen die noch bestehenden Einfuhrverbote mit Ausnahme einer Anzahl von Waren und Warenklassen, die hauptsächlich den Schlüsselindustrien angehören, nämlich die Erzeugnisse aus Kohlenteer, die als Farbstoffe gebraucht werden oder gebraucht werden können oder zur Herstellung von Farbstoffen Verwendung finden; synthetische Arzneimittel, einschliesslich Desinfektionsmittel, synthetische Parfüms und Essenzen, Gerbstoffe und zahlreiche andere, einzeln aufgezählte chemische Erzeugnisse und Präparate; optisches Glas samt Prismem, Linsen und ähnlichen optischen Gegenständen; Laboratoriumsglasgegenstände; Leuchtkörper aus Glas; Porzellanwaren für Laboratorien; wissenschaftliche und optische Instrumente; Kaliverbindungen; Wolframspulver und Wolframsstahl; Zinkoxyd; Lithopone; Stifte für elektrische Bogenlampen und Kohlenelektroden; Magnetzünder und dauerhafte Stahlmagnete; Schlossnadeln für Wirkmaschinen; Schub- und Schraubleeren; Thorium; Auerstrümpfe und Zubehör.

Aus Anlass eines Streitfalles über die Einfuhr eines bestimmten Gegenstandes wurde festgestellt, dass tatsächlich die Einfuhrbeschränkungen aufgehoben waren; zugleich war die Regierung genötigt, den Antidumpinggesetzentwurf einzubringen. Am 21. November 1919 geschah dieses durch Geddes. Dieser Entwurf „The Exports and Imports Regulations Bill 1919“ bestimmt zunächst die Errichtung, Zusammensetzung und Tätigkeit eines

Ausschusses (Trade Regulation Commitee) zur Durchführung des Gesetzes; der Ausschuss soll aus 17 Mitgliedern bestehen, von denen zehn Mitglieder des Parlamentes sein müssen und von diesem ausgewählt werden. Das Handelsamt (Board of Trade) bedarf zur Ausübung seiner Rechte der Zustimmung dieses Ausschusses in folgenden Fällen; nämlich bei Anwendung der Vorschriften über das Dumping, bei dem Verbot der Einfuhr bestimmter, einzeln aufgeführter Waren (Erzeugnisse der Schlüsselindustrie); bei der Erhebung von Zöllen infolge Ausstellung von Einfuhrlizenzen; bei der Feststellung von Höchstpreisen bei Erzeugnissen, deren Einfuhr verboten ist und bei dem Verbot der Ausfuhr bestimmter, einzeln aufgeführter Gegenstände. Der Ausschuss soll jedoch nicht die ständige Oberaufsicht über die Tätigkeit des Handelsamtes ausüben, sondern die höhere Instanz gegen etwaige Entscheidungen desselben bilden; nur in wichtigen besonders dringlichen Fällen hat das Handelsamt das Recht ohne Zustimmung des Ausschusses Verordnungen mit Wirkung auf drei Wochen zu erlassen.

Der zweite Teil des Gesetzentwufes enthält die besondern Vorschriften gegen das Dumping, das als der Verkauf von Waren in England unter dem Preise im Herstellungslande erklärt wird. Wenn sie im Herstellungslande nicht verkauft werden, dann gilt der in einem dem Herstellungslande nahe gelegenen Markt erzielte Preis als massgebend. Falls ein solcher Verkauf in England systematisch und zum Nachteil der englischen Industrie erfolgt oder zu erwarten ist, so kann der Verkauf und auch die Einfuhr der betreffenden Waren verboten werden; jedoch sind Ausnahmen durch Lizenzerteilung zulässig, falls der Einführer den Preisunterschied an das Schatzamt zahlt (Antidumpingzoll). Für den Erlass des Einfuhr- und Verkaufverbotes genügt schon die Möglichkeit des Dumping und der Schädigung eines englischen Unternehmens durch das Dumping.

Der dritte Abschnitt regelt den Schutz der Industrien, die durch die Entwertung einer fremden Valuta getroffen werden, und den Schutz der genannten Schlüsselindustrien. Das Handelsamt hat das Recht, die Einfuhr von Waren jeder Art aus einem Lande zu verbieten, wenn es der Ansicht ist, dass in diesem Lande eine so starke Entwertung der Valuta, die nicht durch ein gleichzeitiges Steigen der Preise ausgeglichen ist, Platz gegriffen hat, dass sie den Verkauf der Waren und Erzeugnisse des betreffenden Landes im Vereinigten Königreich zu Preisen ermöglichen könnten, die wesentlich unter dem Preise im Vereinigten Königreich stehen.

Gegen diesen Gesetzentwurf wurden sofort nach dessen Bekanntwerden heftige Einwände erhoben und geltend gemacht, dass der Freihandel damit beeinträchtigt werde; besonders die Verbraucher seien benachteiligt in diesen Zeiten der Teuerung und man verlangte Zurückziehung des Entwurfes. Lloyd George erklärte, erst in der nächsten Session den Antidumpingentwurf zur Beratung zu bringen. In der neuen Session brachte Lord Balfour einen abgeänderten Entwurf (Special Industrial Bill) ein, der sich gegen das Dumping, besonders zum Schutze der Schlüsselindustrien, richtete. Mit einer Stimme Mehrheit wurde in der zweiten Lesung der Entwurf abgelehnt, aber gleichwohl blieb die Regierung bei ihrer Absicht und erklärte einen neuen Antidumpinggesetzentwurf einzubringen, was soeben (Febr. 1921) geschehen sein soll. Zu Beginn des Jahres 1921 erklärte nach Pressenachrichten der englische Handelsminister Horde in einer Unterredung, dass die englische Regierung an eine Kreditgewährung für Österreich-Ungarn, Polen, Rumänien, Bulgarien und die Türkei denke; dagegen beabsichtige sie dieselben Massnahmen nicht für Deutschland, weil Deutschland unlauteren Warenwettbewerb treibe.

So würden gegenwärtig z. B. von Deutschland Stahlplatten 12 Pfund für 10 sh verkauft, die die englische Industrie nicht unter 15 sh liefern könne; Baumwollhandschuhe, die England vor dem Kriege in grossen Mengen hergestellt habe, würden von Deutschland um mehrere Schillinge billiger verkauft als von englischen Unternehmern. Die deutschen Bankiers bemühten sich offenbar den tiefen Kurs der Mark beizubehalten, um wiederum den Weltmarkt zu gewinnen und zwar zum Schaden Englands und der anderen Staaten. Auch aus Unternehmerkreisen werden immerfort Schutzmassnahmen gegen das deutsche Dumping verlangt.

Die Stellung der englischen Regierung ist bei dem grossen Kampfe zwischen den Freihändlern und Schutzzöllnern schwierig und allem Anscheine nach will sie eine neue Politik einleiten, nämlich die einheimische Industrie stärker gegen jeden fremden Mitbewerb schützen und die Kolonien bevorzugen. Sie ist, wie Plaut schreibt, der Ansicht, England habe nicht mehr die Kraft, seine Stellung durch Freihandel zu behaupten, sie wolle dem Handel und der Industrie einen wirksameren Schutz angedeihen lassen als bisher könne das aber nicht offen aussprechen, weil die Stimmung im Volke noch am alten Dogma festhalte und verschaffe sich unter dem Vorwande, das Dumping zu bekämpfen, eine Anzahl von Vollmachten, die anderen Zwecken dienen; am Freihandel könne die Regierung nicht mehr festhalten, da die Mitbewerber, gegen die England kämpfe, heute wesentlich nicht mehr Deutschland oder überhaupt Europa, sondern die Vereinigten Staaten von Amerika und Japan seien.

Das dürfte zutreffend sein; man nennt Deutschland und meint andere, wenn auch Deutschlands Wirtschaftskraft immerhin noch in manchen Kreisen stark gefürchtet ist. Vom wirklichen Dumping Deutschlands kann zurzeit keine Rede mehr sein, wohl aber ermöglicht die deutsche unterwertige Valuta billiger auszuführen und in den Augen der englischen Unternehmer erscheint diese Ausfuhr als Dumping. Wie ich schon bei der Begriffserklärung des Dumping betont habe, kümmern sich die Unternehmer eines Landes, in welchem durch Einfuhr erfolgreich Wettbewerb gemacht wird, nicht darum, ob die eingeführten Waren im Herstellungslande über, unter oder zu den Selbstkosten verkauft werden; ihnen genügt die Tatsache, dass die Waren im Einfuhrlande billiger verkauft werden als von den einheimischen oder anderen Mitbewerbern. Wenn das englische Handelsamt die Auffassung, die in der Exports and Imports Regulation Bill 1919 enthalten ist, vertritt, nämlich dass auch die Ausfuhr bei einer unterwertigen Valuta gleichsam Dumping sei, so kann man ihm von seinem Standpunkte aus nicht Unrecht geben. Daran ändert die Tatsache nichts, dass das „echte Dumping" und das „Valuta-Dumping" entgegengesetzte Erscheinungen sind. Das echte Dumping erfolgt regelmässig bei Waren, die im Überfluss zur Verfügung stehen, das Valuta-Dumping nur bei Erzeugnissen, mit denen ein starker, länger andauernder Wettbewerb unmöglich ist. Deutschland ist ein in seiner Wirtschafts- und Finanzlage zerrüttetes Land, das nicht die Mittel hat, die notwendigen Rohstoffe usw. zu kaufen, sondern sich genötigt sieht, die wenigen noch vorhandenen Güter unter den Selbstkosten auf dem Weltmarkte zu verschleudern, um sich einige Zahlungsmittel zu verschaffen. —

Während vor dem Kriege Dumping hauptsächlich bei Roh- und Halbstoffen stattfand, erfolgten nach dem Kriege die Preisunterbietungen fast nur bei Fertigwaren. Man sah allerdings die Tatsachen, erkannte aber meist nicht das Wesen der Dinge. Zunächst handelte es sich um die Ausfuhr von Waren, die schon vor dem Kriege aus deutschen und ausländischen Rohstoffen hergestellt waren; sodann um Waren, die während des Krieges und nachher hergestellt wurden, zu welchen inländische Rohstoffe und vor dem Kriege eingeführte Rohstoffe verwendet wurden. Der Unternehmer, der solche Waren verkaufte, machte anscheinend einen glänzenden Gewinn, wenn er plötzlich das Doppelte oder mehr für diese Waren erhielt, da er bloss den Nennwert der Mark beachtete. Aber sobald der Unternehmer die aus früheren Zeiten vorhandenen Rohstoffe aufgebraucht hatte und neue Rohstoffe aus dem Auslande beziehen wollte, so merkte er nur zu bald, dass er wesentlich mehr für die gleiche Menge zahlen musste als früher. Wenn ein Reichsminister mit Befriedigung erklärte, im Jahre 1919 sei die deutsche Ausfuhr beinahe so gross gewesen wie vor dem Kriege, so war das unzutreffend; in Wirklichkeit betrug der Einnahmewert höchstens den zehnten Teil dieser Summe; wurden vor dem Kriege für zehn Milliarden Mark Waren ausgeführt, so konnten mit diesen Summen Waren in gleichem Betrage und Werte eingeführt werden; würden aber 1919 die gleichen Mengen, die dem Vorkriegswerte von zehn Milliarden Mark entsprechen, eingeführt worden sein, so wären jetzt vielleicht 100 Milliarden Mark dafür erforderlich gewesen.

Um den tatsächlichen Wert festzustellen, müsste, wie bereits gesagt, der Weltmarktpreis zugrunde gelegt werden oder, was schliesslich auf das Gleiche hinauskommt, die Menge der auf die Herstellung der Ware verwendeten Arbeit unter Berücksichtigung des verwendeten Rohstoffes. Ein Beispiel hierfür gab Dalberg;[116]) wenn wir, schreibt er, ein aus deutschem Rohmaterial hergestelltes Gut, welches aus einer Leistung von 100 Arbeitsstunden hervorgegangen ist, ausführen, so werden wir den angemessenen Gegenwert erhalten, wenn wir ein aus ausländischem Rohmaterial entstandenes Gut dafür eintauschen, in welchem ebenfalls 100 Arbeitsstunden stecken; wenn wir annehmen, dass das englische Preisniveau und damit auch der Preis für Arbeitslohn auf 150 v. H. der alten Friedenshöhe und die deutschen Preise auf 300 v. H. der Friedenshöhe gestiegen sind, wenn also der englische Stundenlohn etwa 1,50 sh statt 1 sh früher beträgt und der deutsche 3 Mk. statt 1 Mk., so würde die Erzeugung von 100 Arbeitsstunden in England 150 Schillinge kosten, in Deutschland 300 Mk.; nur wenn 300 Mk. 150 Schillingen gleichgesetzt würden, also bei einem Valutastand von 1 Pfund gleich 40 Mk. statt früher 20 Mk., könne ein Austausch erfolgen, der keine Seite wegen Geldwert und Valutaänderung benachteilige; wenn nun aber, wie es heute der Fall sei (Juli 1919) das englische Pfund mehr als 60 Mk. gelte und wenn das deutsche Ausfuhrhaus demgemäss mit seiner Preisforderung bis auf 100 sh heruntergehen könne und doch dafür seinen Preis von 300 Mk. erhalte, so werde klar, warum das für die deutsche Volkswirtschaft einen schweren Schaden bedeute; mit den 100 sh, die zum Ausgleich auf den Wechselmarkt fliessen, könne kein englisches Gut für die Einfuhr nach Deutschland erworben werden, in welchem 100 englische Arbeitstunden stecken; ein solches Gut koste 150 sh; Deutschland werde also gezwungen, um die Hälfte mehr auszuführen als es bei richtiger Preisstellung genötigt wäre; der Wert, den der deutsche Ausführer durch niedrigere Preisstellung dem Engländer lasse, ohne anscheinend selbst zu kurz zu kommen, müsse die deutsche Einfuhr bezahlen da der Engländer nicht etwa entsprechend die Preise der Einfuhrgüter ermässige. — Dieses

---

[116]) Plutus 1919 a. a. O. S. 307.

ist durchaus zutreffend; ich muss es mir jedoch versagen, hier näher auf dieses Dumping, d. h. auf die Frage von Valuta und Ausfuhrhandel einzugehen; geschrieben wurde darüber bereits in allen Fachzeitschriften und auch in der Tagespresse sehr viel; freilich die Vorschläge, die gemacht wurden, um diese unserer Volkswirtschaft so überaus schädliche Schleuderausfuhr zu bekämpfen, waren wenig brauchbar, vor allem deshalb, weil das Interesse der Ausführer nicht mit dem Gesamtinteresse gleich ist. Die Regierung sah diesem Treiben lange zu bis sie endlich die Gefahr für die deutsche Volkswirtschaft erkannte und für die Ausfuhr entsprechende Valutazuschläge forderte; ausserdem verlangte sie von jeder Ausfuhr eine Abgabe, deren Höhe sich zwischen eins bis zehn v. H. (durchschnittlich drei bis sechs v. H.) des Wertes bewegte. Als aber die Erzeugungskosten von Waren immerfort stiegen, bildete diese Abgabe vielfach ein Hindernis für die Ausfuhr und schliesslich musste sie teils auf die Hälfte ermässigt, teils ganz beseitigt werden. Der Wert der deutschen Ausfuhr betrug im Jahre 1919 nur 2,078 Milliarden Goldmark (1909: 6,594 Milliarden; 1910: 7,475 Milliarden; 1911: 8,106 Milliarden; 1912: 8,957 Milliarden und 1913: 10,096 Milliarden Mark im Spezialhandel). Im ersten Halbjahr 1920 belief sich der Wert der deutschen Ausfuhr auf 1,77 und für das ganze Jahr 1920 wahrscheinlich auf 3,5 Milliarden Goldmark. Dass im laufenden Jahr 1921 die Ausfuhr grösser werden wird, ist sehr zweifelhaft; denn seit einiger Zeit scheint sich auf dem Weltmarkte eine Krisis zu entwickeln infolge mangelnder Kaufkraft und der Übererzeugung in allen Ententeländern und auch im übrigen Ausland. Bereits wächst die Arbeitslosigkeit in starker Weise in England und den Vereinigten Staaten von Amerika. Für das Deutsche Reich liegen die Dinge weit schlimmer, da es auch heute noch auf die Einfuhr von Lebensmitteln angewiesen ist, die wir mit Industriewaren zu bezahlen haben; um aber eine grosse Ausfuhr zu ermöglichen, müssten Rohstoffe in grosser Menge eingeführt werden. Fachleute weisen nach, dass der deutsche Boden das deutsche Volk ernähren und eine Einfuhr von Nahrungsmitteln ganz eingestellt werden könnte, wenn alle Leute ihre Pflicht tun, das heisst, wenn kein Mensch mehr verbraucht als zur normalen Ernährung notwendig ist. Es ist aber nicht anzunehmen, dass die Mehrzahl des deutschen Volkes freiwillig sich eine solche Selbstbeschränkung auferlegt. Wenig aussichtsreich ist die Hoffnung auf eine grosse Einfuhr von Rohstoffen, um eine entsprechende Ausfuhr vornehmen zu können; denn nicht bloss die Ententeländer wehren sich gegen die Einfuhr von deutschen Erzeugnissen, sondern auch die übrigen Länder, die es nicht ungern sehen, wenn auf dem Weltmarkte der deutsche Mitbewerb auf vielen Gebieten ganz ausgeschaltet wird. Gerade, während ich diese Zeilen schreibe, kommt das Pariser Finanzdiktat mit der Forderung zur Zahlung von 226 Milliarden Goldmark und von einer Abgabe von $12\frac{1}{2}$ v. H. des Wertes unserer Ausfuhr. Sollten diese Forderungen angenommen werden oder angenommen werden müssen, so wird unser Wirtschaftsleben, insbesondere unsere Ausfuhr vernichtet, aber auch schon, wenn die Forderungen nur teilweise aufrechterhalten werden. Frankreich will mit den deutschen Milliarden sein eigenes finanziell und wirtschaftlich morsches Gebäude stützen und England sieht lieber das Deutsche Reich im Bolschewismus versinken, wenn nur dadurch die Gefahr für Indien und die neuen geraubten Gebiete in Asien abgelenkt wird. Wie sich die Vereinigten Staaten von Amerika und etwaige andere Länder zur Vernichtung des Deutschen Reiches stellen, bleibt abzuwarten, grosse Hoffnungen auf fremde Hilfe brauchen wir nicht zu hegen. —

Dieses Valuta-Dumping kann nur vorübergehend sein; es kann nur solange dauern, bis der Wert der Mark festgeworden ist (Stabilisierung), oder sie wieder ihre ursprüngliche Höhe erreicht hat. Das Ergebnis ist, dass die sogenannten Valutaverkäufe in das Ausland tatsächlich eine Verschleuderung deutscher Waren bedeuten, vorübergehend zum Nachteil ausländischer Mitbewerber, zum grössten Schaden aber der deutschen Volkswirtschaft; vorübergehend deshalb, weil die alten Wettbewerbsbedingungen eintreten und eintreten müssen, sobald die aus der Vorkriegszeit und Kriegszeit in Deutschland gewonnenen Rohstoffe und in Deutschland hergestellte Waren verbraucht sind. Die heutigen Produktionskosten sind vielfach bereits so hoch, dass eine Anzahl deutscher Erzeugnisse überhaupt nicht auf dem Weltmarkt in Mitbewerb mit dem Auslande treten können. Allem Anscheine nach wird dieser Zustand immer schlimmer; die vielfach schon zu hohen Löhne, insbesondere die Gleichheit der Löhne für alle Arbeiter des gleichen Berufes; die um die Hälfte gesunkene Arbeitsleistung, woran durchaus nicht bloss die schlechte Ernährung schuld ist; der Acht- und Sechsstundenarbeitstag; der Verlust überaus wichtiger Rohstoffe durch Raub besonders Lothringens; die Leistungen aus dem Vertrage von Versailles, der kein Friedensvertrag, sondern ein Vergewaltigungsvertrag ist; alle diese Umstände verteuern in so grossem Masse unsere Erzeugung, dass eine deutsche Ausfuhr ausserordentlich schwer werden wird. Demgegenüber stehen die Wettbewerbserleichterungen des Auslandes. Frankreich, Belgien usw. erhalten einen erheblichen Teil der Rohstoffe umsonst, wie vor allem Kohlen und Holz, so dass sie nicht bloss uns, sondern auch andere Länder unterbieten können. Wer den Vertrag von Versailles und die anderen Verträge gegen Deutschland aufmerksam durchliest — es soll in Deutschland Leute geben, die diese Verträge gelesen haben —, der wird die Absicht der wirtschaftlichen Vernichtung des Deutschen Reiches gründlich genug erkennen. Aber hoffentlich ist auch dieser Zustand bloss ein vorübergehender. Wie sich die Ausfuhr deutscher Erzeugnisse in Zukunft gestalten wird, vermag niemand zu sagen; klar ist bloss, dass die Ausfuhrpolitik, wie wir sie vor dem Kriege hatten und die Deutschlands Volkswirtschaft auf eine ungeahnte Höhe brachte, einstweilen vorüber ist; über echtes Dumping Deutschlands wird das Ausland auf lange Zeit nicht mehr zu klagen haben. Die Ausfuhr wird sich in der Hauptsache auf sog. Qualitätswaren beschränken, auf Waren, die wegen ihrer mustergültigen, vorzüglichen Ausführung im Auslande gekauft werden; aber wir dürfen uns keiner Täuschung hingeben; diese Ausfuhr wird sich, das liegt in der Natur der Sache, in sehr beschränkten Grenzen halten. Andererseits muss das Bestreben herrschen, die Erzeugungskosten soweit als möglich herabzudrücken, das kann abgesehen von den allgemein üblichen Mitteln wie ausdauernde Arbeit, zweckmässige Arbeitsteilung, Vervollkommnung der Maschinen usw., insbesondere noch geschehen durch die Massenherstellung ein und derselben Ware (Typisierung). Schon vor dem Kriege war diese Methode besonders in den Vereinigten Staaten üblich; Kraftwagenfabriken z. B. stellten jahraus, jahrein ein und denselben Wagen her; alle Maschinen und Arbeiter waren darauf eingestellt; dadurch konnten die Kosten erheblich herabgemindert werden.

Übrigens wird die Ausfuhr auch solcher Qualitätswaren in Zukunft Schwierigkeiten begegnen. Der Entwurf des englischen Antidumpinggesetzes, von dem oben die Rede war, richtet sich sogar in erster Linie gegen Fertigwaren; freilich solange noch die ganze Welt Verlangen nach Waren aller Art hat, wird die Ausfuhr auch dieser möglich sein; denn wir dürfen nicht vergessen, dass während der ganzen Kriegsdauer fast sämtliche Industrien nicht bloss der feindlichen, sondern auch der halbfeindlichen d. h. neutralen Länder, soweit als es möglich war, auf die Erzeugung von Kriegsmaterial eingestellt war; andererseits herrscht bei uns grosser Rohstoffmangel, der schon wegen der Wirkungen des Versailler Vertrages nicht so bald behoben sein wird. Von einem Dumping könnte, auch wenn wir Waren ausführen, nicht die Rede sein, denn unsere Erzeugungskosten sind ausserordentlich gestiegen und es ist daher fraglich, ob wir überhaupt werden ausführen können, sobald wir wieder ausländische Rohstoffe verwenden, wozu noch die hohen Frachtkosten kommen, um so höher, da wir fremde Schiffe benützen müssen. Der vielfach geäusserte Wunsch, wir dürften aus dem Auslande nichts mehr einführen, was wir selbst im Inlande herstellen können, bleibt blosser Wunsch bei der Geistesbeschaffenheit eines grossen Teils gerade der besitzenden Klassen unserer Bevölkerung, die auch in Zukunft ausländische Waren, selbst wenn sie schlechter sind als die deutschen, diesen vorziehen werden; das gilt besonders von allen der Mode unterworfenen Gegenständen. Und die sog. nichtbesitzenden Klassen kaufen insbesondere Verbrauchswaren, ohne sich um die Herkunft dieser zu bekümmern, wenn sie sie nur erhalten; ich erinnere nur an die Einfuhr von Zigaretten seit Beendigung des Krieges, für welche bisher Milliarden Mark ausgegeben wurden. Hier könnte nur ein strenges Einfuhrverbot helfen, das aber in Wirklichkeit überaus schwer durchzuführen ist.

X. Massnahmen gegen das Dumping.

1. Staatliche Massnahmen gegen die Prämien.

Zunächst ist daran festzuhalten, dass jeder Staat das Recht und die Pflicht hat, seine eigene Industrie wie seine ganze Volkswirtschaft zu schützen, insbesondere gegen zu billige Einfuhr; denn schliesslich ist auch jeder Staat sich selbst der Nächste. Die frühesten staatlichen Massnahmen richteten sich gegen die Einfuhr mit Unterstützung von Prämien, wobei unter den Prämien alle Massnahmen verstanden wurden, die staatlicherseits getroffen wurden, um die Ausfuhr zu fördern, also sowohl die unmittelbaren Unterstützungen wie die versteckten, die Zurückvergütung von Zöllen und von Verbrauchssteuern, insbesondere wenn diese nicht genau in der Höhe der tatsächlich gezahlten Beträge zurückgegeben wurden; da aber fast überall über kurz oder lang der Identitätsnachweis beseitigt wurde, so liegt häufig eine mittelbare Ausfuhrförderung vor, gegen welche sich die Einfuhrstaaten wendeten, selbst wenn sie selbst auf ähnliche Weise ihre Ausfuhr begünstigten. Eine internationale Bekämpfung des Dumping, das durch Prämiengewährung ermöglicht worden war, ist das Brüsseler Übereinkommen hinsichtlich der Zuckerausfuhrprämien. Sicher wären solche Übereinkommen auch bei anderen Ausfuhrwaren möglich gewesen, aber es blieb diese Regelung bisher der einzige Fall. Die Schwierigkeiten zu einem solchem Übereinkommen sind allerdings ausserordentlich gross, da die Interessen der einzelnen Staaten zu verschieden sind und selbst die Brüsseler Konvention ist keine ideale Lösung wegen des Verhaltens Englands gewesen. Aber abgesehen von den Prämien für Zucker und für Branntwein haben die staatlichen Prämien in nur wenigen Ländern grössere Bedeutung erlangt, so dass eine internationale Bekämpfung schon deshalb schwer war. Um so grössere Bedeutung erlangten dagegen die Ausfuhrprämien der Kartelle; auch hinsichtlich dieser verlangte man internationale Regelungen. Schon 1902 richtete der damalige russische Finanzminister Witte[117]) an die Mächte, die an der Brüsseler Zuckerkonvention teilgenommen hatten, ein Rundschreiben, worin er auf die Bedeutung der Handelspolitik der Kartelle hinwies; in diesem Rundschreiben heisst es unter anderm „Für Länder, in welche die kartellierte Industrie ihren Fxport dirigiert, ist diese Politik des Drückens der Preise unter die Marktpreise äusserst lästig und kostspielig, denn sie untergräbt die Industrie dieser Länder. Die Tätigkeit der Syndikate kann in dieser Beziehung mit Recht dem von allen verurteilten unlauteren Wettbewerb zur Seite gestellt werden. Die durch solche, von niemandem eingedämmten Kunstgriffe heraufbeschworene Gefahr hat sich noch vergrössert, seitdem die Syndikate verschiedener Länder begonnen haben, sich untereinander zu verständigen; solcher internationaler Syndikate gibt es bereits mehrere Dutzende. Das einzige Mittel zur Bekämpfung des erwähnten Vorgehens der Syndikate ist gegenwärtig der Schutz der eigenen Industrien durch die Erhöhung der Zollsätze. Dieses Urteil aber, zu dem auch die russische Regierung zu greifen genötigt worden ist, schliesst für die eigene Industrie Nachteile und Gefahren in sich, welche mit dem häufigen Wechsel der Tarifsätze und jenem Übermasse an Schutz zusammenhängen, welches unvermeidlich ist, wenn die Höhe der Zölle nicht nach den natürlichen Produktionsbedingungen der verschiedenen Länder berechnet werden, sondern auf Grund einer zufälligen Erscheinung, nämlich des nicht selten veränderlichen Niveaus der Preise, zu denen die Syndikate ihre Waren auf den ausländischen Markt werfen. Ausserdem ist aber eine solche Erhöhung der Zölle eine Ungerechtigkeit; sie wird durch die Tätigkeit der Syndikate einzelner Länder hervorgerufen, erstreckt sich aber auf die Erzeugnisse aller Länder, da dieselben untereinander durch Handelsverträge gebunden sind und die Rechte der Meistbegünstigung die Einführung von Ausnahmetarifen nicht zulassen."

Witte verweist sodann auf den Versuch in den neunziger Jahren, die Industrie gegen den Einfluss der Ausfuhrprämien auf etwas anderer Grundlage zu schützen, nämlich auf die amerikanische Dingley-Bill vom Jahre 1897,[118]) die sich aber nur auf die von den Regierungen gezahlten Ausfuhrprämien beziehe und da es nicht das Ergebnis einer internationalen Vereinbarung sei, einseitig sei und deshalb bei seiner Anwendung leicht internationale Verwicklungen herbeiführen könne; auch die Entwürfe der neuen Zolltarife, wie z. B. der deutsche, berührten, soweit bekannt sei, überhaupt nicht die Ausfuhrtätigkeit der Syndikate, obwohl eine der parlamentarischen Gruppen vorgeschlagen habe, erniedrigte Zollsätze für diejenigen Waren festzusetzen, welche in das Ausland zu Preisen ausgeführt würden, die niedriger seien, als die auf den inländischen Märkten verlangten Preise. Witte fährt dann fort „Indessen liegt gegenwärtig der Schwerpunkt der Frage der Prämiierung von Exportwaren und der durch sie hervorgerufenen Niederdrückung der internationalen Preise ausschliesslich in der Exporttätigkeit der Syndikate, Trusts und Kartelle. Uns scheint, dass es gerade jetzt zeitgemäss ist, sich mit der Frage dieser vom internationalen Gesichtspunkte aus schädlichen Tätigkeit zu beschäftigen, um so mehr als der Ablauftermin der Handelsverträge herannaht und die ausserordentlich

---

[117]) Das Rundschreiben erschien in der „Westnik Finanssow" und wurde in der Frankfurter Zeitung vom 16. Juli 1902 übersetzt, vergl. Liefmann a. a. O. S. 54 ff.

[118]) Siehe weiter unten.

ernste Frage ihrer Erneuerung ersteht. Wird es klug sein, wenn man diese der vaterländischen Industrie schädliche Seite der Tätigkeit der Syndikate vor Augen hat und weiss, dass infolge ihrer Macht schon die Frage ihrer Gefährlichkeit als „eines Staates im Staate" aufgeworfen wird, wie das neulich im deutschen Reichstage bei der Erörterung des Syndikats für Dynamit und Explosivstoffe geschah, wird es unter solchen Bedingungen klug sein, auf lange Zeit hinaus die Zollsätze festzulegen, sich dadurch in bezug auf die Anwendung des einzigen wirksamen Verteidigungsmittels gegen den gewissenlosen Konkurrenzkampf der Syndikate die Hände zu binden und die vaterländische Industrie ihren Schlägen preiszugeben? Überhaupt widerspricht die Tätigkeit der Syndikate den Tendenzen der modernen Handelsverträge, welche auf dem Prinzip der Solidarität der Kulturvölker begründet sind. Die Handelsverträge vom Anfang und die vom Ende des neunzehnten Jahrhunderts sind ihrem Geiste nach sehr verschieden; letztere enthalten eine ganze Reihe von Paragraphen, welche den ersteren unbekannt waren und den gegenseitigen Schutz der Industrie zum Zwecke haben; selbst die Zugeständnisse bei den Tarifsätzen, die auf dem Prinzip do ut des beruhen, erscheinen, wenn man genauer auf sie eingeht, als eine eigenartige Abgrenzung auf dem Gebiete der Warenproduktion; denn sie gründen sich auf ein sehr aufmerksames Studium der Bedingungen der Produktion und des Handels. Die zuletzt abgeschlossenen Verträge enthalten noch einen für die gegenwärtige Evolution der Handelsverträge ebenfalls charakteristischen Artikel, nämlich die Abmachung über eine schiedsrichterliche Entscheidung bei Meinungsverschiedenheiten über die Anwendung der Handelsverträge. Das Finanzministerium geht, indem es sich mit seiner Note an die Signatarmächte der Brüsseler Konvention wendet, auf dem Wege der Solidarität der Völker, welche eine der besten Errungenschaften unserer Kultur bildet, vor. Wesentliche Interessenfragen, welche viele Staaten berühren, müssen durch internationale Vereinbarungen gelöst werden. In dieser Beziehung ist die Note des Finanzministeriums auf ökonomischem Gebiete eine Anwendung derjenigen Prinzipien, auf welche die Beschlüsse der Haager Konferenz sich gründen, die auf die Initiative Seiner Majestät des Kaisers berufen wurde".

Der italienische Schatzminister Luzzatti[119]) verlangte in der Kammer, es solle in die neuen Handelsverträge eine Klausel gegen die Ausfuhrprämien aufgenommen werden des Inhalts, dass in dem Falle, wo ein Land vermöge der Bildung von Verkaufsvereinigungen unter Ausnutzung der eigenen Schutzzölle erheblich unter den Preisen ausführt, welche auf seinem Inlandsmarkte erzielt werden und dadurch die Schutzzölle eines andern Landes unwirksam macht, von einer Bindung der Tarife nicht mehr die Rede sein dürfe, sondern dass dann das betreffende Einfuhrland berechtigt sein solle, seine Zölle entsprechend zu erhöhen. Diese Vorschläge wurden ebensowenig beachtet wie der des Abgeordneten Gothein[120]) im deutschen Reichstage, der eine internationale Regelung der Ausfuhrprämien der Kartelle nach dem Vorbilde der Brüsseler Zuckerkonvention verlangte.

Abgesehen von der Brüsseler Konvention wurde kein Versuch einer internationalen Bekämpfung der Prämien gemacht; ebensowenig zur Bekämpfung der Ausfuhrvergütungen, die ja ähnlich wie die Prämien wirken; wohl aber haben einzelne Staaten selbst Stellung gegen die Prämien und

---

[119]) Feld im Archiv a. a. O. S. 476.
[120]) Stenogr. Berichte 1902/03 Bd. 7 S. 6102 Bd. 8 S. 7342.

gegen die Ausfuhrvergütungen genommen und zum Teil Gesetze dagegen erlassen.

So bestimmt das französische Gesetz[121]) vom 29. März 1910 in Art. 3 — die Regierung wird ermächtigt durch im Ministerrat zu erlassende Verordnungen — „zollpflichtige oder zollfreie Waren, für die im Ursprungs- oder Herkunftslande eine unmittelbare oder mittelbare Ausfuhrprämie gewährt wird, mit einem Ausgleichszoll in Höhe dieser Prämie zu belegen". „Damit sollen alle Arten von Prämien getroffen werden, die offenen und versteckten und selbst Waren, deren Einfuhr regelmässig zollfrei nach Frankreich erfolgen kann, können unter den genannten Voraussetzungen mit einem Zoll belegt werden." Der Entwurf zu dieser Bestimmung war ausführlicher:[122]) „Die Zollsätze, die in der dem Zolltarifgesetze vom 11. Jan. 1892 beigegebenen und im gegenwärtigen Gesetze abgeänderten Liste der Einfuhrzölle enthalten sind, werden um den Betrag jener unmittelbaren und mittelbaren Prämien erhöht, die den Ausführern in dem Ursprungslande oder Erzeugungsländern der in Frankreich zur Einfuhr gelangenden Erzeugnisse gewährt worden sind; vorausgesetzt, dass diese Prämien oder irgendwelche sonstige Begünstigungen dazuführen, die normale Preislage zu stören und auf dem französischen Markte Preise zu schaffen, die unter den Durchschnittspreisen stehen, welche zur Zeit der Ausfuhr für die gleichen Waren in den Herkunftsländern galten."

Die spanische kgl. Verordnung[123]) vom 23. März 1906 zu dem Zolltarif für die Halbinsel und die Balearischen Inseln, in Kraft getreten am 1. Juli 1906 auf Grund des Gesetzes vom 20. März 1906 (Gaceta de Madrid No 90 vom 31. März 1906) bestimmt in Art. 3 Abs. 3: „Ebenso kann sie (die Regierung) Waren, die in ihrem Ursprungslande eine Ausfuhrprämie geniessen, Zollzuschlägen unterwerfen."

Das Zolltarif- und Zollverwaltungsgesetz der Vereinigten Staaten von Amerika vom 3. Oktober 1913 (Underwood Tarif) sagt in Abschnitt IV lit. E:[124]) „Wenn immer ein Land, eine Besitzung, Kolonie, Provinz oder sonstige politische Unterabteilung auf die Ausfuhr irgendeines Gegenstandes oder einer Ware aus dem betreffenden Lande, der Besitzung, Kolonie, Provinz oder sonstigen politischen Unterabteilung unmittelbar oder mittelbar eine Prämie oder Vergütung zahlt oder gewährt und dieser Gegenstand oder diese Ware nach den Vorschriften dieses Gesetzes zollpflichtig ist, so soll bei der Einfuhr eines solchen Gegenstandes oder einer solchen Ware nach den Vereinigten Staaten neben den sonst in diesem Gesetze festgesetzten Zöllen ein Zuschlagszoll in Höhe des Reinbetrags der Prämie oder Vergütung erhoben und gezahlt werden, gleichviel in welcher Weise diese gezahlt oder gewährt ist. Dabei ist es gleichgültig, ob die Ware unmittelbar aus dem Erzeugungslande oder in einer anderen Weise eingeführt wird und ob die Ware in dem gleichen Zustande, wie sie aus dem Erzeugungslande ausgeführt ist, eingeführt wird, oder ob sie durch Verarbeitung oder sonstwie verändert worden ist. Der Reinbetrag solcher Prämien und Vergütungen soll von Zeit zu Zeit ermittelt, festgesetzt und vom Schatzsekretär bekannt gemacht werden, der auch alle für die Feststellung der Nämlichkeit solcher Gegenstände und Waren und für die Festsetzung und Erhebung dieser Zuschlagszölle erforderlichen Anordnungen zu treffen hat."

---

[121]) Deutsches Handelsarchiv 1911 Bd. I S. 173.
[122]) Bei Feld im Archiv a. a. O. S. 479.
[123]) Deutsches Handelsarchiv 1906 Bd. I S. 1299.
[124]) Deutsches Handelsarchiv 1913 Bd. I S. 1165 ff.

Eine ähnliche Bestimmung war bereits in dem Dingleytarif vom 24. Juli 1897 enthalten und ging dann in den Payne-Aldrich-Tarif vom 5. August 1909 und von diesem in das Gesetz vom 3. Oktober 1913 über. In diesen Gesetzen ist auch das Verbot enthalten, nach den Vereinigten Staaten solche Güter, Waren und Gegenstände einzuführen, die ganz oder teilweise durch Gefängnisarbeit hergestellt sind.

Auch in England[125]) wollte man Ausgleichzölle einführen; sie wurden von einem Parlamentsausschuss vorgeschlagen, der 1879 zur Untersuchung der Wirkung der Zuckerprämien eingesetzt worden war; aber die Regierung konnte sich zur Einführung solcher Zölle nicht entschliessen, weil sie die Grundsätze des Freihandels nicht aufgeben, die Interessen der Verkäufer nicht schädigen wollte und in der Einführung verschieden hoher Ausgleichszölle einen Bruch der in den Handelsverträgen vereinbarten Meistbegünstigung erblickte.

Das schweizerische Bundesgesetz betreffend den schweizerischen Zolltarif vom 10. Oktober 1902 bestimmt in Art. 4 Abs. 2 „Der Bundesrat ist überhaupt ermächtigt, in Fällen, in welchen der schweizerische Handel durch Massregeln des Auslandes gehemmt wird, oder in welchen die Wirkung der schweizerischen Zölle durch Ausfuhrprämien oder ähnliche Vergünstigungen beeinträchtigt wird, die ihm geeignet erscheinenden Anordnungen zu treffen."

Alle diese Gesetze richten sich grundsätzlich gegen jede Art von Ausfuhrprämien, insbesondere gegen die versteckten, aber nicht gegen die reinen Rückvergütungen der tatsächlich gezahlten Zölle, die ja keine Prämie bilden, sondern den freien Markt wieder herstellen. Es kann aber nicht in Abrede gestellt werden, dass die Regierungen der genannten Länder und jener, die ähnliche Zolltarifbestimmungen haben, das Wort „Begünstigung" auch dahin auslegen können, unter diese Begünstigungen falle auch die reine Rückvergütung der Zölle. Praktisch wurde die Frage im Jahre 1908 und in den folgenden Jahren anlässlich des deutsch-schweizerischen Mehlstreites. Die Schweizer hatten angenommen, dass die deutschen Mühlen auf Grund der Einfuhrscheine ohne Identitätsnachweis eine versteckte staatliche Ausfuhrprämie erhalten; wenn das der Fall sein sollte, so wollten sie die Prämienklausel anwenden, und aus den Verhandlungen ging hervor, dass nur die etwa vorhandene Prämie getroffen werden sollte, nicht die Rückvergütung des Zolles selbst.[126]) Rechtlich kann kein Zweifel bestehen, dass die reinen Rückvergütungen von tatsächlich gezahlten Zöllen keine Ausfuhrbegünstigung darstellen; da aber meist der Identitätsnachweis beseitigt ist, so kann gleichwohl im Einzelfalle eine Ausfuhrbegünstigung vorliegen, die nachzuweisen allerdings erhebliche Schwierigkeiten bereitet.

Staatliche internationale Vereinbarungen zur Regelung des Dumping, insbesondere des der Syndikate würden zweifellos ausgezeichnet sein, wenn nicht die Interessen der einzelnen Staaten zu verschieden wären; der wirtschaftlich und politisch mächtige Staat ist weniger geneigt, seine Erzeugung und Ausfuhr zu beschränken, er wird nur dann dazu schreiten, wenn es ihm aus Besorgnis von politischen Verwicklungen vorteilhaft erscheint, vorausgesetzt, dass er die entstehenden Gefahren richtig und rechtzeitig genug erkennt; bereitet es doch schon den Staaten oft die grössten Schwierigkeiten die Interessen der verschiedenen Bevölkerungsklassen im Inlande zu erkennen und darnach zu handeln. Wer vermag mit Sicherheit zu ent-

[125]) Feld im Arch. a. a. O. S. 479.
[126]) Feld im Arch. a. a. O. S. 481.

scheiden, ob es besser für das Land ist, die Gewinne der Unternehmer, insbesondere die der Kartelle zu beschneiden, dadurch die Vermehrung und Vergrösserung dieser und damit zugleich auch die Ausfuhr einzuschränken und die Preise für die Inlandsverbraucher durch Zollherabsetzungen oder zeitweilige Aufhebung der Zölle zu ermässigen oder im Gegenteil die Unternehmungen in jeder Weise in ihrer Entstehung, Vergrösserung, Ausfuhr ihrer Erzeugnisse mittels Zollerhöhungen, Gewährung von Vergünstigung aller Art zu fördern? Auch die Wirtschafts- und Handelspolitik ist eine Kunst und keine Wissenschaft. Gegen die internationale Festlegung der Zölle, wie Witte das verlangte, wandte sich unter anderem Ashley [127]) mit der Erklärung, dass die Ausfuhr zu geringeren Preisen als im Inlande nicht eine vorübergehende Laune oder eine wohlüberlegte Einbildung seitens einiger Industriellen sei, sondern das natürliche und unvermeidliche Ergebnis der Industrieentwicklung; im Inlande stärke diese Politik den Markt und sichere eine grössere Gleichmässigkeit in der Tätigkeit; im Auslande sei sie eine Waffe im Handelskampfe der Völker, auf welche keine Nation verzichte. Deutschland sei das Land, das sich am energischesten dieser Waffe, einigermassen nach dem Vorbilde der Amerikaner, bediene; und wenn wir den Ehrgeiz betrachten, mit welchem die Yankees nach der Eroberung der Weltmärkte streben, brauche man nicht zu erwarten, dass die Vereinigten Staaten eine solche ihren Interessen entgegengesetzte Politik befolgen würden, wie sie Witte vorschlägt. Es gebe offenbar nur ein Mittel, die Gefahr, welche aus solchen Einfuhren dem nationalen Wohlstande und der politischen Sicherheit entstehen, zu beseitigen, nämlich die Anwendung der einzigen wirtschaftlichen Verteidigungswaffe, die der Staat besitze: Einfuhrzölle und Zuschlagszölle. Ashley schlägt also das vor, was Witte vermeiden will; denn gerade diese Zölle und namentlich die Zuschläge sind es, die die Solidarität der Völker aufheben und beeinträchtigen und der Grund zu Vergeltungsmassnahmen und Zollkämpfen ist. Aber selbst wenn alle Völker gemeinschaftlich durch internationale Vereinbarungen gegen das Dumping Zölle und Zollzuschläge einführten, so würde damit praktisch nicht viel erreicht sein, eben weil alle Staaten ein und dieselbe Massnahme träfen. Deshalb fragt auch Liefmann [128]) mit Recht, ob es denn nicht besser sei, gleich zum Freihandel überzugehen für solche Erzeugnisse, für die durch staatliche Prämien und Kartelle die Ausfuhr forziert werde. Gegen einen Freihandel in solchen Erzeugnissen im Wege internationaler Vereinbarungen sei nichts einzuwenden. Freihandel und Schutzzoll seien keine Gegensätze, sondern nur Gradunterschiede und es dürfte zweckmässiger und leichter erreichbar sein, sich erst einmal über mässige Schutzzölle und deren allgemeine Bildung zu verständigen; Staaten mit geringer entwickelter Industrie könnte ein etwas höherer Zoll zugestanden werden, um sie zum Beitritt zu veranlassen; denn es handle sich darum, möglichst alle Staaten zusammenzufassen, wenn aber das nicht gehe, möglichst viele zu einer gemeinsamen Zollpolitik zu vereinigen gegen die, die sich ausschliessen wollten, gegen diese müssten dann Retorsionszölle festgesetzt werden. Liefmann meint dann allerdings mit vollem Recht, dass natürlich solche internationale Vereinbarungen nicht leicht zustande gebracht werden könnten, aber der Anfang sei schon gemacht mit der Zuckerkonvention; der nächste Gegenstand solcher Vereinbarungen dürfte wohl Eisen sein; es müssten allmählich für immer mehr Erzeugnisse, deren Absatz nach dem Auslande durch Aus-

[127]) Ashley, The Tariff Problem a. a. O. S. 131, bei Mény a. a. O. S. 260.
[128]) Liefmann a. a. O. S. 57.

fuhrprämien und Kartelle beeinflusst wird, die Zölle international festgelegt werden. Auch Mény [129]) meint wie Liefmann, am wichtigsten sei eine internationale staatliche Zollvereinbarung hinsichtlich des Eisens nach dem Vorbild der Zuckerkonvention; Frankreich würde sich gewiss nicht einer solchen Regelung widersetzen, weil seine Ausfuhr die Einfuhr übersteige; ebensowenig Belgien, das geringe Eisenzölle erhebe und auf die Ausfuhr angewiesen sei; Russland werde in absehbarer Zeit kein Eisenausfuhrland schon wegen der dauernden inneren Unruhen, aber sobald es Eisen ausführen könne, werde es die Nachteile, einem solchen Übereinkommen nicht beizutreten, zur Genüge erkennen. Österreich-Ungarn habe eine geringe, gut entwickelte Eisenerzeugung, die aber einer grösseren Entwicklung nicht fähig sei. Italien komme nur als Verbraucher in Betracht; seine mittelmässige Erzeugung sei zum Nachteil des ganzen Landes durch hohe Zölle geschützt. Schweden habe eine grosse Ausfuhr, aber nur von besonderen Arten. Die Niederlande seien so von Deutschland und England abhängig, dass sie sich diesen Ländern fügen müssten. Wenn England sich wie bei der Zuckerkonvention der Einfuhr aus Ländern, verschlösse, deren hohe Zölle eine Ausfuhr mittels Prämien gestatten, so müsste Deutschland dem Rechnung tragen, weil es von der Ausfuhr immer mehr abhängig sei und nicht auf seinen besten Abnehmer verzichten könne. Deutschland müsste an einer solchen internationalen Vereinbarung teilnehmen, selbst dann, wenn die Vereinigten Staaten es nicht täten, diese würden den Absatz nach England und dessen Kolonien verlieren und keinen Ausgleich durch Verkäufe nach Südamerika und nach China finden. Die Ermässigung der Eisenpreise in Deutschland und den übrigen Staaten, die an dem Übereinkommen teilnehmen würden, würde eine Steigerung des Verbrauchs zur Folge haben, was ihre Eisenindustrien entschädigen würde für einen etwaigen Verlust ihrer Ausfuhr. Die Hauptsache wäre, dass eine solche Vereinbarung sich nicht auf Roheisen, Halbzeug und gewalztes Eisen beschränken dürfte, sondern sie müsste ebenso alle Eisenerzeugnisse und wenn möglich auch den Maschinenbau umfassen. So verwickelte Zolltarife wie die Frankreichs und die auch von Deutschland, Österreich-Ungarn, der Schweiz und Rumänien angenommenen, könnten nicht beibehalten werden, sondern es müsste und könnte ein einfaches Schema in Betracht gezogen werden, was schon ein grosser Fortschritt wäre. Für eine grosse Anzahl von Eisenerzeugnissen könnten Wertzölle (ad valorem) eingeführt werden; jedenfalls müssten die Ausfuhrbedingungen international geregelt und ein internationales Schiedsgericht vorgesehen werden. Eine solche internationale Regelung der Zölle würde eine gesunde Lage schaffen, allerdings nur auf e i n e m Gebiete, aber dem wichtigsten und gerade auf dem, auf welchem das Dumping sich am stärksten fühlbar gemacht habe. Allmählich könnte man zur internationalen Regelung anderer Industriezweige übergehen, wo die Syndikate durch ihre Dumpingpolitik der harmonischen Entwicklung des Weltmarktes schädlich wirken. Damit hätte man die Missbräuche der Syndikate beseitigt. — So schön dieser Weg ist den Mény zeigen will, so wenig ist mit der Verwirklichung solcher Gedanken zu rechnen. Ich glaube, dass die Schwierigkeiten solcher Vereinbarungen unüberwindlich sind; bei der Zuckerkonvention waren die Voraussetzungen wesentlich einfacher: einmal handelt es sich bei Zucker um ein Erzeugnis, das immer und überall das gleiche ist, sodann ist das Verfahren der Zuckergewinnung überall ebenfalls ziemlich dasselbe; wo solche Voraussetzungen gegeben sind, ist am ehesten ein gemeinschaftliches Über-

[129]) Mény a. a. O. S. 262.

einkommen zu erzielen, so wäre ein solches wohl möglich gewesen bei Branntwein. Aber schon bei Eisen sind die Vorraussetzungen zu verschieden; die Erze sind ebenso verschieden, wie das Erzvorkommen und die Erzhaltigkeit in dem Gestein; ferner spielen die Erzeugungskosten, insbesondere die Arbeitslöhne hiebei eine viel grössere Rolle als bei der Zuckererzeugung. Ähnlich verhält es sich mit den anderen wichtigen Rohstoffen wie der Kohle usw. So blieb auch das Brüsseler Übereinkommen, das ja auch nicht ohne erhebliche Schwierigkeiten zustande kam, bisher der einzige Versuch einer internationalen Regelung. Die Länder, die auf die Ausfuhr von Rohstoffen in grossen Mengen angewiesen sind, wie Deutschland, England, die Vereinigten Staaten werden sich kaum bereit finden, ihre Ausfuhr freiwillig einschränken zu lassen. Die Steigerung des Inlandsverbrauchs würde keinen Ersatz bilden für den Entgang der Ausfuhrgewinne; selbst wenn tatsächlich der Inlandsverbrauch steigen würde, was nicht ohne weiteres anzunehmen ist, so würde die Übererzeugung der weiterverarbeitenden Industrien sehr gross werden und erst recht zur Ausfuhr drängen. Da aber auch diese Ausfuhr von Fertigwaren von der internationalen Vereinbarung getroffen werden soll, so würde die Ausfuhr stark eingeschränkt werden. Der Verlust für das Ausfuhrland wäre sicher grösser als der Gewinn aus solchen Vereinbarungen. Erstreckten sich die internationalen Vereinbarungen nicht auf Fertigwaren, sondern bloss auf die Rohstoffe und Halbstoffe, dann würden allerdings die weiterverarbeitenden Industrien einen grossen Aufschwung nehmen und die Ausfuhr der Erzeugnisse dieser infolge der Übererzeugung ausserordentlich zunehmen und die Klagen nun gegen dieses Dumping sich richten. Eine internationale Vereinbarung für die Rohstoffe, Halbstoffe, gewalztes Eisen und alle Eisenerzeugnisse, wie Maschinen usw. würden entweder die Ausfuhr unmöglich machen, wenigstens nach allen Vertragsstaaten oder würde, wenn die Zölle für alle Länder gleich gestaltet würden, die Wirkung des Freihandels haben; jede Tonne ausgeführten Eisens, jeder ausgeführte Gegenstand aus Eisen wäre mit einem Zuschlag belastet, gleichgültig aus welchem der Vertragsstaaten das Erzeugnis kommt und in welches es eingeführt wird.

Die ganze Zollfrage wird noch verwickelter durch die in den meisten Handelsverträgen enthaltene Meistbegünstigungsklausel. Schon die bisherigen Zollzuschläge widersprechen dieser Klausel, wenn auch durch internationale Zollvereinbarungen dieser Rechnung getragen werden könnte und müsste. In den Reichstagsverhandlungen vom 14. und 15. Januar 1903 wurden zwei Anträge eingebracht; der eine von Heyl, Graf Kanitz, von Kardorff: „Den Herrn Reichskanzler zu ersuchen, vor Erneuerung der bestehenden Tarifverträge des vertragsmässig oder herkömmlich bestehende Meistbegünstigungsverhältnis zu allen denjenigen Ländern zu lösen, von denen in bezug auf die Zollgesetzgebung und auf die zollamtliche Behandlung deutscher Waren nicht volle Reziprozität gewährt wird", der andere als Abänderungsantrag der Abgeordneten Speck und Genossen „den Herrn Reichskanzler zu ersuchen, tunlichst bald, wenn möglich noch vor Erneuerung von Tarifverträgen, das vertragsmässig oder herkömmlich bestehende Meistbegünstigungsverhältnis zu allen denjenigen Ländern zu lösen, bei welchen die Erfahrung gezeigt hat, dass ein solches Verhältnis den deutschen Interessen nachteilig gewesen ist und darauf hinzuwirken, dass mit solchen Ländern reine Meistbegünstigungsverträge nicht mehr geschlossen werden". Es kann nicht zweifelhaft sein, dass bei Bestehen der Meistbegünstigungsklausel Zuschläge auf die Einfuhr von Waren zu Dumpingpreisen eine Verletzung dieser Klausel darstellen. Liefmann[130]) ist anderer Meinung: „Auch die internationale Zuckerkonvention war möglich, ohne die Meistbegünstigungsverträge zu verletzen." Aber diese Konvention ist kein Gegenbeweis, denn die daran teilnehmenden Staaten schlossen diese Vereinbarung trotz der Meistbegünstigungsklausel. Wenn eine internationale Eisenzollübereinkunft zustande kommen würde, so würde selbstverständlich das Bestehen einer solchen Klausel berücksichtigt werden müssen. Wenn aber ein Staat, der mit einem andern einen Meistbegünstigungsvertrag geschlossen hat, gegen diesen gleichwohl Zuschläge auf die Zölle erhebt, so ist das eine Verletzung der Meistbegünstigung, mag der Zuschlag sich auch bloss auf bestimmte Waren beziehen und als Strafe aufzufassen sein. Ich konnte diese Schwierigkeiten hier nur andeuten und es würde zu weit führen, eingehend diese Frage zu erörtern.

Nun könnte man einwenden, dass internationale Kartelle tatsächlich die Ausfuhr unter sich geregelt haben, wie z. B. der Stahlwerksverband und dass also bloss die Staaten an die Stelle dieser Mitglieder des internationalen Kartells zu treten bräuchten; aber einmal sind die internationalen Kartelle nicht in dem Sinne international, dass sie alle Industrien ein und desselben Gewerbes in allen Ländern der Erde umfassen; in diesem Falle sind die nichtkartellierten Industrien, wenn sie mächtig genug sind, nicht von der Tätigkeit des internationalen Kartells so betroffen, dass sie nicht ihre Ausfuhrpolitik nach ihrem Ermessen fortsetzen könnten; ebensowenig wie es bei den internationalen Vereinbarungen der Zölle seitens der Staaten der Fall ist, wenn ein mächtiger Staat, wie z. B. die Vereinigten Staaten, sich nicht an der Vereinbarung beteiligt. Ein Boykott gegen einen solchen mächtigen Staat würde wenig vorteilhaft sein; die Folgen wären wahrscheinlich Vergeltungsmassnahmen oder schliesslich politische Verwicklungen und Krieg. Sodann ist der Hinweis auf die internationalen Kartelle deshalb nicht angängig, weil diese nicht oder nicht in erster Linie das Wohl des Staates, dem das betreffende Kartell angehört, im Auge hat, sondern das Wohl des Kartells. Den Kartellen ist es um den grösstmöglichen Gewinn ihrer Mitglieder zu tun; ich verweise bloss auf den Abschnitt über die Wirkung des Dumping im Inlande und auf die Klagen gegen die Ausfuhrpolitik der Kartelle.

Im nächsten Abschnitt geben wir zunächst eine kurze Darstellung der bisherigen praktischen Versuche der Dumpingbekämpfung.

2. Gesetze gegen das Dumping.

Eine der ersten gesetzlichen Massnahmen zur Bekämpfung des Dumping wurde in Kanada getroffen durch die Vorschläge zur Abänderung des Zolltarifes von 1897, welche der Finanzminister am 7. Juni 1904 dem Parlament vorlegte und die dann in Kraft traten.

Das Zollparlament hatte unterm 17. April 1903 an die Zollbeamten eine Anweisung (Memorandum Nr. 1227 B) erlassen, die lautete:

Die folgenden Vorschläge für die Abänderung der Zolltarife vom Jahre 1897, welche dem Parlament am 16. April 1903 durch den Finanzminister vorgelegt worden sind, sollen bis auf weiteres als rechtsverbindlich angesehen werden:

---

[130]) Liefmann a. a. O. S. 58.

Der Gouverneur wird ermächtigt, im Verordnungswege zu bestimmen, dass ein Zoll von 7 Dollars für die Tonne im Verzeichnis A des Tarifes auf alle aus Eisen oder Stahl gefertigten Eisenbahnschienen und sonstiges Stabeisen für Eisenbahnen in irgendeiner Form bei der Einfuhr nach Kanada gelegt wird, dieser Zoll soll von dem Zeitpunkte an, an welchem eine solche Verordnung in der Canada Gazette veröffentlicht ist, von allen derartigen Schienen erhoben werden. —

Eine solche Verordnung darf indessen nicht erlassen werden, bevor der Gouverneur sich überzeugt hat, dass für den Gebrauch der kanadischen Eisenbahnen passende Stahlschienen bester Eigenschaft aus in Kanada erzeugtem Stahl in Kanada selbst in einer Menge hergestellt werden, die den gewöhnlichen Bedürfnissen des Marktes genügt.

Boden- und Gewerbserzeugnisse irgend eines fremden Landes, welches Waren kanadischer Herkunft bei ihrer Einfuhr weniger vorteilhaft behandelt als diejenigen aus anderen Ländern, können einem Zuschlag zu den Zollsätzen des Verzeichnisses A unterworfen werden; der Zuschlag soll sich in jedem Falle auf ein Drittel der Zollsätze im Verzeichnisse A belaufen. —

Der Zuschlag soll auch auf Gegenstände Anwendung finden, deren Hauptwert in einem solchen Lande hervorgebracht worden ist, auch wenn der Gegenstand selbst durch die Arbeit eines andern Landes veredelt oder im Werte erhöht worden ist — ungeachtet der Bestimmungen des britischen Vorzugstarifes und der Ausführungsbestimmungen hierzu. —

Streitigkeiten darüber, ob ein fremdes Land oder fremde Waren unter die Bestimmungen dieses Abschnittes fallen, sollen vom Zollminister endgültig entschieden werden.

Der Zollminister kann im Einverständnis mit dem Gouverneur Ausführungsbestimmungen erlassen, um den Zweck dieser Verordnung zur Durchführung zu bringen. —

Der Zollminister hat bestimmt, dass deutsche Waren in Kanada dem Zollzuschlag nach Massgabe der obigen Vorschläge unterworfen sind.

Es ist zu beachten, dass jede Faktura von nun an auf die unten bezeichnete Art mit einer Zusatzbescheinigung zu versehen ist. —

Solche Erklärungen können in folgender Form erfolgen: Formular Nr. 1.

Ich erkläre, dass von den Waren, die zu den dieser Anmeldung beigefügten Fakturen gehören, keine ein Erzeugnis oder Fabrikat Deutschlands ist und dass der Hauptwert keines der gedachten Artikel in Deutschland erzeugt worden ist mit alleiniger Ausnahme derjenigen Waren, neben welchen das Wort „Deutschland“ auf den Fakturen gesetzt ist. —

Zusatzbescheinigungen auf den Fakturen über nach Kanada ausgeführten Waren:

Angesichts der Bestimmungen über kanadische Zollzuschläge auf deutsche Boden- und Gewerbserzeugnisse und auf Waren, deren Hauptwert in Deutschland erzeugt ist, wenn auch die Waren durch die Arbeit eines anderen Landes späterhin veredelt oder im Werte erhöht worden sind, wird angeordnet, dass Fakturen über Waren, die nach Kanada eingeführt werden, in allen Ländern mit einer von den Ausführern zu unterzeichnenden Zusatzbescheinigung in einer der folgenden Formen zu versehen sind.

K. Da deutsche Waren in Kanada einem Zollzuschlag unterliegen, so bescheinige ich, dass der Hauptwert keiner der in dieser Faktura aufgeführten Ware in Deutschland erzeugt worden ist.

(Unterschrift) . . . . . Ausführer.

L. Da deutsche Waren in Kanada einem Zollzuschlag unterliegen, so bescheinige ich, dass keine der in dieser Faktur aufgeführten Waren deutsches Boden- und Gewerbserzeugnis ist und dass der Hauptwert keiner der genannten Waren in Deutschland erzeugt worden ist mit Ausnahme aller derjenigen Waren, neben welchen auf der Faktura das Wort „Deutschland" geschrieben steht.

(Unterschrift) . . . . . Ausführer.

Die in dieser Verordnung angekündigten Ausführungsbestimmungen, die sich ausschliesslich gegen die deutsche Einfuhr richten, wurden dann auch unterm 28. November 1903 erlassen und lauten:

„Auf Grund des Gesetzes zur Abänderung des Zolltarifs 1897 vom 24. Oktober 1903 hat der Generalgouverneur im Rate, nachdem der Zollminister entschieden hat, dass die Boden- und Gewerbserzeugnisse Deutschlands sowie Gegenstände, deren Hauptwert in Deutschland erzeugt ist, unter die Bestimmungen des genannten Gesetzes fallen, unterm 28. November 1903 folgende Ausführungsbestimmungen erlassen.

1. Deutsche Boden- und Gewerbserzeugnisse sollen bei der Einfuhr nach Kanada einem Zuschlag zu den Zollsätzen des Verzeichnisses A zum Zolltarif 1897 unterworfen werden, ein solcher Zuschlag soll sich in jedem Falle auf ein Drittel der in dem genannten Verzeichnisse aufgeführten Zollsätze belaufen.

2. Der Zuschlag soll auch auf die nach Kanada eingeführten Gegenstände Anwendung finden, deren Hauptwert in Deutschland hervorgebracht worden ist, auch wenn die Gegenstände selbst durch die Arbeit eines anderen Landes veredelt oder im Wert erhöht worden sind — ungeachtet der Bestimmungen des britischen Vorzugstarifes und der Ausführungsbestimmungen dazu.

Für die Entscheidung der Frage, ob eine nach Kanada eingeführte Ware, die durch die Arbeit eines anderen Landes als Deutschland erzeugt, veredelt oder im Werte erhöht worden ist, dem Zuschlage unterliegt, weil ein Teil ihres Wertes in Deutschland hervorgebracht worden ist, soll der wirkliche Marktwert des Gegenstandes, soweit er in Deutschland erzeugt ist oder des in Deutschland erzeugten Materials, das in dem nach Kanada eingeführten Gegenstande enthalten ist, als der im Sinne des Tarifgesetzes mit Bezug auf den Zuschlag in Deutschland erzeugte Wert angesehen werden.

3. Fakturen über Waren, die nach Kanada eingeführt werden, sollen in Zukunft von den Ausführern in allen Ländern in einer der folgenden Formen bescheinigt und unterzeichnet werden. (Dieses Muster entspricht der in der Anweisung vom 17. April 1903 angegebenen Form K und L, Memorandum Nr. 1227 B, siehe oben).

Das Gesetz selbst, dessen Entwurf der Finanzminister am 7. Juni 1904 dem Parlament vorgelegt hatte, hatte die Erhebung eines Zollzuschlages vorgesehen und zwar im allgemeinen bis zur Hälfte des Einfuhrzolles, in gewissen Fällen bei Erzeugnissen der Eisenindustrie bis zu 15 v. H. des Wertes. Das Gesetz richtete sich in erster Reihe gegen eine Anzahl von Trusts der Eisen- und Stahlwarenfabrikanten der Vereinigten Staaten von Amerika. Die Wirkung des Gesetzes soll gut gewesen sein, denn schon 1904 wurde berichtet,[131]) die Dumpingklausel zwecks starker Zollbelastung der von fremden Trusts und Kartellen zu Schleuderpreisen nach Kanada versendeten Waren erweise sich weit besser als man zunächst angenommen

[131]) Österr. Handelsmuseum Bd. 19 Jahrg. 1904 S. 508.

hatte; einige Trusts entschlossen sich, Tochtergesellschaften auf kanadischen Boden zu errichten; so die United States Steel Corporation, ein grosses Stahlwerk mit Hochöfen, das in Kanada für etwa 40 Millionen Dollars eine Tochtergesellschaft zu gründen gedenkt, ebenso die grösste Unternehmung für den Bau stählerner Eisenbahnwaggons, die Pressed Car Steel Comp. Ferner bestand die Absicht eine besondere Waggonbaugesellschaft in Kanada zu gründen und dafür ihre Patente für Kanada zu überlassen; auch eine grosse nordamerikanische Lokomotivfabrik, die American Locomotive Comp. erwarb ein Fabrikgebäude in der Nähe von Montreal zum Bau von Lokomotiven für Kanada.

Den gleichen Zweck verfolgte das kanadische Zolltarifgesetz von **1907**; es sollten die zu Schleuderpreisen von den fremden Trusts und Kartellen eingeführten Waren mit einem besonderen, hohen Zoll belastet werden. Das Gesetz bestimmt in Sektion 6 Punkt 1:

„Wenn nach Kanada ausgeführte Waren von einer Klasse oder Art sind, wie sie in Kanada selbst hergestellt werden und der Ausfuhr- oder der an einen Einführer in Kanada tatsächlich zu zahlende Verkaufspreis niedriger ist als der übliche Marktpreis desselben Gegenstandes, wenn derselbe zum einheimischen Gebrauch nach den gewöhnlichen und üblichen Verhältnissen im Ausfuhrlande zur Zeit seiner Ausfuhr verkauft worden wäre, so wird von diesem Artikel bei der Einfuhr nach Kanada als Zuschlag zu den anderweitig festgesetzten Zöllen ein Sonderzoll (Dumping duty) in dem Betrage des Unterschiedes zwischen dem erwähnten Verkaufspreise für die Ausfuhr und dem erwähnten üblichen Marktpreise für den heimischen Verbrauch erhoben und zwar auch dann, falls der betreffende Gegenstand sonst nicht zollpflichtig ist. Der Sonderzoll darf in keinem Falle 15 v. H. ad valorem übersteigen. — — —

Jeder Versender hat zwei Frachtformulare auszufüllen; das eine erhält die Zollbehörde des kanadischen Einfuhrplatzes, das andere geht unmittelbar nach der Bundeshauptstadt Ottowa an das Zollministerium (Customs Departement). In diesen Formularen muss der Preis, der für den heimischen Verbraucher gefordert wird, und der Verkaufspreis für den kanadischen Einführer angegeben werden. Die massgebenden Stellen in Ottawa halten sich durch Preislisten aus den Vereinigten Staaten und anderen Ländern und durch andere Hilfsmittel dauernd über die Preisschwankungen im Auslande auf dem Laufenden. Wenn sich ein Unterschied von bloss 5 v. H. zwischen den kanadischen Preisen und der Preisansetzung im Bezugslande ergibt, so bleibt dieser ausser Betracht. Ist der Unterschied grösser, so wird der Ausführer aufgefordert aus seinen Büchern nachzuweisen, zu welchen Preisen er seine Waren an die Verbraucher in seinem eigenen Lande verkauft; verweigert der Ausführer die Einsicht in seine Bücher zu gestatten, so gilt das für die kanadische Regierung als Beweis einer Unterwertung und die Regierung bestimmt auf Grund der Preiserhebungen die Höhe des zu entrichtenden Zollzuschlags, wobei ein solcher Ausführer dauernd verdächtig erscheint und seine Umsätze in Kanada schärfer beobachtet werden, was für die Geschäftsverbindungen des Ausführers mit seinem Kunden in Kanada wenig vorteilhaft ist. Eine geheime Verständigung zwischen Ausführer und Einführer ist denkbar, aber die Entdeckung ist leicht, da die heimischen Preise nicht allzu schwer in Erfahrung zu bringen und die Strafen sehr hoch sind, so dass der Einführer nicht leicht zu einer solchen Vereinbarung schreiten wird; der Schaden ist für ihn im Falle der Entdeckung grösser als der Nutzen; dazu kommt noch, dass schon die Mitbewerber des Einführers, falls sie von diesem unterboten wurden, die Behörden auf diese Tatsache aufmerksam machen würden. Von dem Sonderzoll sind eine Anzahl Waren befreit, so die Waren, die ohnehin mit einem Einfuhrzoll von 50 v. H. des Wertes belastet sind; ferner Waren, die in Kanada einer Verbrauchssteuer unterworfen sind.

* * *

Auch Australien und Neuseeland schritten zur Gesetzgebung gegen das Dumping. Am 24. September 1905 wurde in **Australien** das Gesetz gegen Dumping erlassen; das Gesetz heisst „An Act for the Preservation of Australian Industries and for Repression of destructive Monopolies (Australian Preservative Act 1905)“. Dieses Gesetz, auch das australische Kartellgesetz genannt, trat im September 1906 in Kraft, das mit allen strafrechtlichen und zivilrechtlichen Vorschriften und Verwaltungsmassnahmen den Missbrauch der wirtschaftlichen Übermacht der Kartelle und Trusts zu beseitigen sucht; ähnlich wie Kanada und die Vereinigten Staaten von Amerika. Insbesondere will aber das Gesetz auch das Dumping bekämpfen. Die australischen Unternehmer empfanden stark den geradezu erdrückenden Wettbewerb amerikanischer Fabrikanten landwirtschaftlicher Maschinen, die zu ausserordentlich niedrigen Preisen nach Australien eingeführt wurden. Die Landwirte waren mit diesen billigen Maschinen sehr zufrieden, aber die einheimischen Maschinenfabrikanten konnten mit den Amerikanern nicht in Wettbewerb treten und so musste die Regierung ein Gesetz gegen diese Einfuhr erlassen, wenn nicht die einheimischen Maschinenindustrien vernichtet werden sollten.

Das Gesetz [132]) behandelt im ersten Teile die Bekämpfung der Trusts usw., im zweiten Teil die Bekämpfung des Dumping und zwar des „unredlichen“ Dumping, worunter das Gesetz einen Verkauf zu Verlustpreisen versteht oder zu einem Preise, der keinen Gewinn abwirft mit dem Zwecke, durch diesen Verkauf den einheimischen und jeden fremden Wettbewerb zu beseitigen. Gegen diesen „unredlichen“ Wettbewerb werden aber nur diejenigen australischen Industrien geschützt, deren Vorhandensein den zuständigen Verwaltungs- oder Gerichtsbehörden vorteilhaft erscheint hinsichtlich der Unternehmer, der Arbeiter und der Verbraucher. Bei der Frage, ob ein ausländischer Mitbewerb als unredliches Dumping zu betrachten sei, wird geprüft, ob die durch das Dumping geschädigte Industrie nach ihrer Leistung, ihren Erzeugungsmethoden, Anlagen und Maschinen allen zeitgemässen Anforderungen entspricht oder veraltet ist. Als unredlich gilt das Dumping der einführenden Unternehmer unter folgenden Voraussetzungen:

a) Falls dieser Mitbewerb unter den gewöhnlichen Geschäftsverhältnissen wahrscheinlich dazu führen müsste, dass die australische gleichartige Ware nicht länger erzeugt oder vom Markte zurückgezogen würde oder nur mittels einer ungenügenden Entlohnung der Arbeiter ohne Verlust erzeugt werden könnte;

b) falls die vom Einführer oder dem Verkäufer der betreffenden eingeführten Waren angewendete Vertriebsweise als unredlich (unfair) zu betrachten ist;

c) falls der Mitbewerb tatsächlich oder voraussichtlich eine ungenügende Entlohnung der Arbeiter der betreffenden australischen Industrie bewirken müsste;

---

[132]) Österreich. Handelsmuseum Bd. 22, 1907 S. 307.

d) falls der Mitbewerb voraussichtlich oder tatsächlich zu einer tiefgreifenden Zerrüttung einer australischen Industrie oder zur Arbeitslosigkeit australischer Arbeiter führen müsste;

e) falls der Einführer die eingeführten Güter von Fabrikanten oder deren Beauftragten zu Preisen erstanden hat, die tief unter den herkömmlichen Erzeugungskosten oder Marktpreisen am Orte der Erzeugung oder des Einkaufs stehen;

f) falls die eingeführten Waren vom Fabrikanten oder dessen Beauftragten in Australien zu Preisen verkauft werden, die keinen bürgerlichen Gewinn über den Marktwert des betreffenden ausländischen Gebietes übrig lassen, wenn dazu noch alle Lasten hierzu geschlagen werden, die vom Verschickungsorte bis zur Ankunft in Australien auflaufen.

Zu diesen Bestimmungen kommen noch weitere Vorschriften über das Verfahren und zielen insbesondere auch dahin, dem Einführer oder dem einführenden ausländischen Unternehmer Gelegenheit zu geben, die gegen ihn erhobenen Anschuldigungen zu entkräften. Vom Augenblicke an, da ein derartiges gerichtliches Verfahren im Amtsblatt angekündigt worden ist, dürfen angebliche Dumpinggüter der betreffenden Art nur mehr gegen Sicherheitsleistung hinsichtlich des Ergebnisses des Prozesses eingeführt werden, widrigenfalls ihre Einfuhr als solche verbotener Güter behandelt wird. Im Verfahren über eine Klage wegen Dumping wird dem Richter die von allen Formvorschriften absehende völlig freie Beweiswürdigung ausdrücklich zuerkannt. In diesen Dumpingprozessen darf niemand eine Aussage oder die Vorlegung einer Urkunde unter Berufung darauf verweigern, dass er befürchten müsse, sich bei Eingehen auf die Forderung des Gerichts einen Strafprozess zuzuziehen.

Eine Ausnahmebestimmung gilt für die Einfuhr gewisser namentlich genannter landwirtschaftlicher Apparate und Maschinen. Bei einer eine solche Ware betreffende Dumpingklage hat nämlich der Richter vorerst zu untersuchen, ob nicht etwa die betreffende Einfuhr der landwirtschaftlichen Bevölkerung nützt ohne andere Berufsgruppen der australischen Bevölkerung ungebührlich zu schädigen. Die richterliche Entscheidung einer Dumpingklage soll endgültig und ausschliessend sein ohne Möglichkeit einer Berufung oder eines sonstigen Rechtsmittels. Je nachdem die richterliche Entscheidung ausgefallen ist, hat der Justizminister entweder ein Einfuhrverbot zu erlassen oder die Einfuhr nur unter bestimmten Bedingungen zu gestatten. Bei veränderten Verhältnissen steht es dem Generalstatthalter frei, die Einfuhr der betreffenden Ware zu gestatten oder einschränkende Bedingungen zu mildern oder aufzuheben. Eine Entscheidung des Justizministers, der ein Einfuhrverbot ausspricht oder aufhebt, soll binnen 7 Tagen nach Veröffentlichung im Amtsblatte dem australischen Parlament vorgelegt werden oder falls dieses nicht tagt, binnen 7 Tagen nach der Eröffnungssitzung des Parlamentes.

Wer absichtlich im Zusammenhang mit einem Dumpingprozess falsche Behauptungen aufstellt oder sich sonst derart benimmt, dass die Behörden bei der Durchführung ihrer Verpflichtungen irregeführt werden, verfällt dem Strafgesetze und hat eine Busse von 1000 £ zu entrichten oder eine Gefängnisstrafe von 12 Monaten zu tragen. Eine solcher Handlungen überführte Person hat auch dem etwa verleumdeten Einführer, zu dessen Gunsten der Dumpingprozess ausgeht, die aufgelaufenen Prozesskosten ganz oder teilweise zu ersetzen.

In **Neuseeland** wurde 1905 ein ähnliches Gesetz[133]) erlassen, ebenfalls in der Hauptsache zur Bekämpfung des gegen die neuseeländische Herstellung landwirtschaftlicher Maschinen gerichteten vernichtenden Wettbewerbs amerikanischer Fabrikanten besonders des American Harvester Trust. Die Bekämpfung erfolgt durch Gewährung einer Erzeugungsprämie von 30 v. H. des Wertes, die den neuseeländischen Fabrikanten ausbezahlt wird. Die gleiche Vergünstigung erhalten die Einführer von landwirtschaftlichen Maschinen aus grossbritannischen Fabriken. Scharfe Zollmassnahmen als Mittel zur Bekämpfung des Dumping wollte man treffen, weil die meisten neuseeländischen Farmer durchaus gegen eine Erhöhung von Zöllen auf diese Gegenstände waren. Dieses neuseeländische Gesetz heisst „New Zealand Agricultural Implements Manufacture, Importation and Sale Act 1905".

* * *

In den **Vereinigten Staaten von Amerika** beschäftigte man sich schon seit mehr als drei Jahrzehnten mit den grossen Nachteilen, die aus den Kartellen und Trusts für die Allgemeinheit entstehen. Man sah, dass diese Vereinigungen im Inlande höhere Preise für ihre Erzeugnisse forderten als im Auslande; einzelne Fälle haben wir an anderer Stelle gebracht. Dabei aber waren im wirtschaftlichen Sinn Ausland auch die amerikanischen Staaten untereinander. Man suchte also die Trusts und sonstigen Vereinigungen zu bekämpfen, da man sie als die Ursache des Dumping ansah und zwar wollte man das Dumping, das diese Vereinigungen anwendeten, bekämpfen, weil die Preise im Inlande erhöht wurden, einerseits weil dadurch die Verluste, die infolge der billigeren Ausfuhr entstanden, ausgeglichen werden sollten und andererseits, weil diese Vereinigungen selbst ohne solche Ausfuhr auch jeden inländischen Mitbewerb unmöglich machten. Wer nicht den Trusts beitrat und damit seine Selbständigkeit aufgab, wurde durch Preisunterbietungen und alle möglichen anderen Mittel seitens diesen grossen Vereinigungen vernichtet. Das erste Gesetz[134]) gegen die Trusts und sonstige Vereinigungen ist vom 2. Juli 1890 und führt den Namen Sherman Act; dieses Gesetz bestimmt:

Sektion 1. Verträge, Vereinigungen in Form von Trusts oder in anderer Weise zur Beschränkung von Handel oder Verkehr zwischen den einzelnen Staaten oder mit dem Auslande werden hierdurch als rechtsungültig erklärt.

Wer einen derartigen Vertrag abschliesst oder an einer solchen Vereinigung sich beteiligt, macht sich eines Vergehens schuldig und wird nach erfolgter Überführung mit einer Geldstrafe bis zu 5000 Dollars oder mit Haft bis zu einem Jahr oder mit beiden genannten Strafen belegt, je nach Befinden des Gerichtshofes.

Sektion 2. Wer irgendeinen Teil des Handels oder Verkehrs zwischen den einzelnen Staaten oder mit dem Auslande monopolisiert oder zu monopolisieren versucht oder sich mit einer anderen Person oder anderen Personen dazu verbindet, macht sich eines Vergehens schuldig und wird nach erfolgter Überführung — — — (wie oben).

Sektion 3. Verträge, Vereinigungen in Form von Trusts oder in anderer Weise zur Beschränkung von Handel oder Verkehr in einem Territorium der Vereinigten Staaten oder des Distriktes von Columbia oder zur Beschränkung von Handel oder Verkehr zwischen einem derartigen Territorium und einem anderen oder zwischen einem derartigen Territorium und einem

[133]) Österr. Handelsmuseum Bd. 21, 1906 S. 149.
[134]) Deutsches Handelsarchiv 1890.

Staate oder dem Distrikte von Columbia oder mit fremden Ländern oder zwischen den Distrikten Columbia und einem Staate oder Staaten oder fremden Nationen werden hierdurch für rechtsungültig erklärt. Wer einen derartigen — — — — (wie oben).

Sektion 6. Güter, die durch einen Vertrag oder durch eine Vereinigung, wie in Sektion 1 erwähnt, erworben sind (und Gegenstand derselben sind) und auf dem Transport aus einem Staate nach einem andern oder nach dem Auslande sich befinden, verfallen den Vereinigten Staaten und können mit Beschlag belegt und konfisziert werden nach demselben Verfahren wie dies für die Beschlagnahme und Konfiskation von Gütern vorgesehen ist, welche gesetzwidrig in die Vereinigten Staaten eingeführt werden.

Sektion 7: Wer in seinem Geschäfte oder Besitze durch eine andere Person oder Körperschaft durch etwas, was durch dieses Gesetz verboten oder als rechtswidrig erklärt ist, geschädigt wird, kann deshalb bei einem Bezirksgericht der Vereinigten Staaten in dem Distrikte, in welchem der Beklagte wohnt oder sich befindet, ohne Rücksicht auf die Höhe des Streitgegenstandes klagbar werden und als Ersatz den dreifachen Betrag des erlittenen Schadens nebst den Prozesskosten einschliesslich einer angemessenen Anwaltsgebühr erhalten.

Sektion 8: Der Ausdruck „Person" oder „Personen", wo derselbe auch immer in diesem Gesetze gebraucht ist, umfasst auch Körperschaften und Gesellschaften, welche auf Grund der Gesetze der Vereinigten Staaten, der Gesetze eines der Territorien, der Gesetze des Staates oder der Gesetze eines fremden Landes oder durch dieselben genehmigt sind.

Man möchte annehmen, dass auf Grund dieser Bestimmungen die schädliche Tätigkeit der Trusts und anderer Vereinigungen fast ganz eingeschränkt sei; das ist aber nicht der Fall. So entschied der Oberste Gerichtshof der Vereinigten Staaten, die Tatsache, dass ein Trust eine auf einem Territorium eines Staates gelegene Zuckerraffinerie erwerbe, nicht unter die Sherman Act falle, selbst wenn dieser Kauf zur Folge hat jeden Mitbewerb der unabhängigen Raffinerien des Staates beinahe unmöglich zu machen.[135]) Man hatte geltend gemacht, dass der Trust die Absicht habe Zucker in andere Staaten einzuführen, so dass seinerseits ein Zwischenhandel (interstate commerce) vorliege und dass das Gesetz von 1890 deshalb anwendbar sei. Der Gerichtshof antwortete, die Tatsache, dass ein Artikel hergestellt werde zur Ausfuhr in einen anderen Staat, genüge nicht, ihm die Eigenschaft eines Handels zwischen den Staaten zu geben. Das Gesetz von 1890 verbiete nur die Tätigkeit, welche unmittelbar und sofort den Handel zwischen den Staaten hemmt.[136]) Auf diese Weise blieb die Gesetzgebung also ohnmächtig. Nun hat allerdings jeder einzelne Staat das Recht der Gesetzgebung und könnte gegen die Trusts auf diesem Wege vorgehen, insbesondere die Erzeugung und den Handel seitens der Trusts auf seinem Staatsgebiete verbieten. Tatsächlich sind die Antitrustgesetze überaus zahlreich und in einer Reihe von Staaten ist das Verbot der Trusts in die Verfassung aufgenommen und trotzdem ist der Erfolg gleich null. Die Erklärung dieser Tatsache findet man in folgendem Umstande: Ein Staat kann wohl die Gründung eines Trusts auf seinem Gebiete untersagen, aber er kann nicht den Handel zwischen den Staaten verbieten. So kann die Gesetzgebung von New-York die Bildung eines Trusts auf seinem Gebiete

---

[135]) Mény, Le Dumping, Paris 1909 S. 160.

[136]) Mény a. a. O. S. 160.

verhindern, aber nicht einem Trust, dessen Sitz in einem anderen Staate ist, die Einfuhr nach New-York oder den Verkauf aller seiner Erzeugnisse verbieten. Es genügt also einen Staat zu finden, in welchem ein Trust vorhanden sein darf, um seine Tätigkeit in allen anderen Staaten auszuüben. Besonders soll New-Jersey ein solcher für die Trust günstiger Staat gewesen sein; da die amerikanische Verfassung verbietet, eine Person ihres Lebens, ihrer Freiheit, ihres Eigentums ohne gesetzmässigen Prozess zu berauben, so hat der Oberste Gerichtshof ausgesprochen, dass ein Staat nicht das Recht habe, die Bildung eines Trusts zu verbieten, selbst wenn dieser den freien Wettbewerb hemmt, falls nicht diese Hemmung als unvernünftig (unreasonable) bewiesen ist.[137])

Gegen die zu billige Einfuhr nach Amerika richtete sich das Zollgesetz von 1897 (Dingley Bill), das Zuschläge auf den Zoll vorsah auf Waren, für die unmittelbare oder mittelbare Ausfuhrprämien gewährt wurden. Aber dieses Gesetz wendet sich hauptsächlich gegen Prämien, die ein Staat gewährt. So blieben alle Massnahmen gegen das Dumping ziemlich erfolglos. Die Frage des Dumping wurde aber wieder stark durch den Ausbruch des Krieges ins Rollen gebracht. Es herrschte allgemein der Glaube in den Vereinigten Staaten, die europäischen Staaten würden nach Beendigung des Krieges in grösstem Masse billige Ausfuhr nach Amerika vornehmen; der europäische Krieg habe im Auslande die wirtschaftlichen Verhältnisse wesentlich geändert und sicher würden Waren in Europa in grossen Mengen hergestellt zu billigeren Gestehungskosten als in Amerika. Gegen eine Überschwemmung mit europäischen Waren müssten Schutzmassnahmen getroffen werden. Diese Befürchtungen wurden in der vierten Jahresversammlung vom Februar 1916 der National Chamber of Commerce ausgesprochen; ebenso wurden von der American International Corporation erklärt, England und Frankreich beabsichtigen den deutschen und österreichischen Handel in der ganzen Welt zu erlangen und würden sich zu diesem Zwecke der Warenverschleuderung bedienen; anderseits werde auch Deutschland sich anstrengen durch billige Preise die verlorenen Märkte wieder zu gewinnen.[138]) Aber die Antitrustgesetzgebung wurde durch den Ausbruch des Krieges nicht unterbrochen, sondern noch im Jahre 1914 wurden zwei Gesetze erlassen. Das erste Gesetz „An Act to create a Federal Trade Commission to define its power and duties and for other purposes" (Federal Trade Commission Act) war am 6. September 1914 durch den Senat und am 10. September 1914 vom Repräsentantenhaus angenommen, am 26. September vom Präsidenten Wilson unterzeichnet und schuf neue Behörden und erweiterte das Antitrustrecht. Das zweite Gesetz „An act to supplement existing laws against unlawful restraints and monopolies and for other purposes" (Clayton Anti-Trust Act), das am 5. Oktober 1914 vom Senat, am 8. Oktober vom Abgeordnetenhaus angenommen und am 15. Oktober vom Präsidenten unterzeichnet wurde, enthielt auch einige Bestimmungen über das Verfahren des Ausschusses. Der Inhalt dieser Gesetze ist in der Hauptsache folgender:[139])

Während die Sherman-Anti-Trust-Act von 1890 das Monopol ohne weiteres verbot, ist nunmehr nach dem ersten Gesetz die Möglichkeit gegeben, die Methoden zur Erreichung eines Monopols zu verfolgen; das Gesetz bestimmt, dass unbillige Mitbewerbsmethoden im Handel als ungesetzlich erklärt werden, wobei es der Federal Trade Commission vorbe-

[137]) Mény a. a. O. S. 161.
[138]) Wydgodzinski a. a. O. S. 249.
[139]) Nach dem Weltwirtschaftl. Archiv 1917 S. 416 ff. und 422 ff.

halten bleibt, zu entscheiden, welche Methoden jeweils als ungesetzlich anzusehen sind. Die erstmalige Übertretung des Gesetzes ist nicht mehr mit Strafe bedroht, nicht mehr der Staatsanwalt oder ein Gerichtshof hat das Recht das Verfahren zur Verhinderung unlauterer Mitbewerbsmethoden einzuleiten, sondern die Commission; diese braucht nur einzuschreiten, wenn sie dies im öffentlichen Interesse für zweckmässig hält. Sie hat der Person oder Vereinigung, gegen die sie vorgehen will, eine Klageschrift zuzustellen und ihr die Möglichkeit zur Verteidigung zu geben; erst dann darf sie eine Verfügung zur Unterlassung des ungesetzlichen Gebarens erlassen. Erzwingen kann sie die Beobachtung ihrer Verfügung jedoch nur durch Vermittlung eines besonderen Gerichtshofes — Circuit Court of Appeals — der die Verfügung der Kommission bestätigen, verwerfen oder abändern kann, wobei er an die tatsächlichen Erhebungen der Commission gebunden ist, soweit nicht durch neue Beweiserhebungen auf Antrag einer Partei andere Ergebnisse erzielt werden. Im allgemeinen sind die Entscheidungen dieses Gerichtshofes endgültig.

Eine Bestimmung dieses Gesetzes verbietet Preisveränderungen zwischen den Warenkäufern, falls diese Veränderungen eine wesentliche Verminderung des Wettbewerbs oder die Schaffung eines Monopols zur Folge haben; jedoch ist die Anwendung dieses Mittels gestattet, in dem Bestreben gutgläubig einem Wettbewerb zu begegnen. — Ferner wird jeder Verkauf und jedes Verleihen von patentierten und nichtpatentierten Waren, jede Preisfestsetzung und Rabatterteilung verboten unter der Bedingung, dass der Käufer oder Leiher keine Waren von Mitbewerbern gebrauchen oder leihen soll, wenn diese Verabredungen zu einer wesentlichen Verminderung des Wettbewerbs oder zur Schaffung eines Monopols führen. Die Bestimmungen der beiden Gesetze beziehen sich hauptsächlich auf die Verkettung der Verwaltungsräte und die gegenseitige Beteiligung von Vereinigungen durch Aktienbesitz. Es wird der Erwerb von Aktien oder des Aktienkapitals einer Gesellschaft durch eine andere oder mehrerer Gesellschaften durch eine dritte verboten, falls der Erwerb zu einer Verminderung des freien Wettbewerbes, Einschränkung des Handels oder zur Bildung eines Monopols führt. Die Bestimmungen finden auf schon bestehende Verhältnisse keine Anwendung.

Am 27. April 1916 legte die Kommission dem Präsidenten einen Gesetzentwurf zur Ermächtigung der Errichtung gemeinsamer Verkaufsagenturen vor. Ein Bericht[140]) der Kommission sagte darüber: „Die Bill bestimmt, dass die Kommission die Befugnis haben soll, Amerikaner, die im Ausfuhrgeschäft tätig sind, an der Anwendung unbilliger Geschäftsmethoden gegen amerikanische Mitbewerber zu verhindern, auch wenn die Handlungen, in denen sich dieser unbillige Mitbewerb ausdrückt, im Auslande begangen worden sind". Ferner sollte jede Vereinigung oder Verkaufsagentur, die im Auslande tätig ist, bei der Federal Trade Commission den Ort ihrer Geschäftsstelle- oder ihres Betriebes und alle Auskünfte über ihre Mitgliedschaft einreichen.

Diese beiden obengenannten Gesetze suchte man zu mildern in Hinsicht auf den Aussenhandel; die Federal-Trade Commission sagt in ihrem Berichte:[141]) „Die Kommission ist der Meinung, dass amerikanische Ausführer instand

---

[140]) Commercial and Financial Chronicle v. 29. April 1916 abgedruckt im Weltwirtschf. Arch. a. a. O.

[141]) Federal Trade Commission Report on Cooperation in American export trade, Washington 1916 Bd. 1 S. 379 im Weltwirtschf. Arch. a. a. O.

gesetzt werden sollen, auf ausländischen Märkten mehr unter gleichen Bedingungen mit anderen ausländischen Mitbewerbern in Wettbewerb treten zu können; sie meint weiter, dass man den kleineren Fabrikanten und Erzeugern, soweit sie es wünschen, Gelegenheit geben sollte, sich am Aussenhandel zu beteiligen und dass zu diesem Zwecke Ausfuhrhandelsverbände gestattet werden sollen. Es ist der Kommission bekannt, dass Zweifel hinsichtlich der Anwendbarkeit der Antitrustgesetze jetzt eine bemerkenswerte Entwicklung solcher Kartelle hindern, doch glaubt sie nicht, dass der Kongress die Absicht habe durch die Antitrustgesetze Amerikaner zu hindern sich bei der Ausfuhr zusammenzuschliessen, um wirksam mit Ausländern in Wettbewerb treten zu können, wenn solche Zusammenschlüsse den Handel innerhalb der Vereinigten Staaten nicht Einhalt tun und wenn kein Versuch gemacht wird, amerikanische Mitbewerber am freien Wettbewerb im Ausfuhrhandel zu hindern. Man hat keinen Grund anzunehmen, dass der Kongress die Entwicklung des Aussenhandels zu hemmen beabsichtigte, indem er die Änderungen von Organisationsmethoden im Ausfuhrhandel verbot, die dem amerikanischen Volke nicht zum Schaden gereichen, die in den Ländern, mit denen Handel getrieben werden soll, gesetzlich zulässig sind und die notwendig sind, wenn die Amerikaner dem ausländischen Wettbewerb mehr gleichgestellt werden sollen. Daher empfiehlt die Kommission dem Kongresse ein das Antitrustgesetz erläuterndes und Ausnahmen gestattendes Gesetz zu erlassen.“ — — —

Nach der Abgabe dieses Berichtes brachte Webb im Juni 1916 als Vorsitzender des Judiciary Committee des Repräsentantenhauses eine Bill ein, die am 2. September 1916 vom Hause angenommen wurde. Im Senat jedoch zeigte sich starke Gegnerschaft besonders fortschrittlicher Republikaner und es gelang, die Entscheidung zu vertagen; es sollten noch weitere Erhebungen gemacht werden. Endlich am 10. April 1918 wurde der Entwurf Gesetz, nachdem zahlreiche Änderungen und Zusätze vorgenommen worden waren. Dieses „Gesetz zur Förderung des Aussenhandels und für andere Zwecke“ Webb-Bill genannt, ist in den amtlichen Commerce Reports, Washington 17. April 1918 veröffentlicht und lautet:[142])

„Durch den Senat und das Abgeordnetenhaus der Vereinigten Staaten von Amerika wird gesetzlich bestimmt:

§ 1. Das Wort „Ausfuhrhandel“ bedeutet in diesem Gesetze lediglich den Handel oder Verkehr mit Waren oder Gegenständen, die von den Vereinigten Staaten oder einem ihrer Territorien nach einer ausländischen Nation ausgeführt werden oder in der Ausfuhr begriffen sind, nicht aber die Gewinnung, Herstellung und den Absatz zum Zwecke des unmittelbaren Verbrauchs oder des Verkaufs innerhalb der Vereinigten Staaten oder eines ihrer Territorien und nicht irgendeine Handlung im Verlaufe dieser Gewinnung, Herstellung oder dieses Absatzes. Die Worte „Handel innerhalb der Vereinigten Staaten“ bedeuten Handel oder Verkehr zwischen den einzelnen Staaten oder innerhalb der Territorien und dem Distrikt von Columbia. Das Wort Vereinigung (Association) umfasst jede Art der Korporation oder des Zusammenschlusses zwischen zwei oder mehr Personen oder Gesellschaften. —

§ 2. Keine Bestimmung des „Gesetzes zum Schutze des Handels und Verkehrs gegen ungesetzliche Einschränkungen und Monopole vom 2. Juli 1890 (Die Sherman Antitrust Act) darf als ein Verbot einer Vereinigung angesehen werden, die nur für das Ausfuhrgeschäft gegründet und nur

[142]) Abgedruckt im Weltwirtsch. Arch. 13 Bd. 1918 Bd. II S. 146 ff.

darin wirklich tätig ist oder als ein Verbot einer Vereinbarung oder Handlung in Ausübung dieses Geschäftes, sofern diese Vereinigung, Vereinbarung oder Handlung nicht eine Einschränkung des Handels innerhalb der Vereinigten Staaten bedeutet oder eine Einschränkung des Ausfuhrgeschäftes eines einheimischen Mitbewerbes dieser Vereinigung und soferne nicht diese Vereinigung in den Vereinigten Staaten oder im Auslande Vereinbarungen eingeht oder Handlungen begeht, welche die Preise der von ihr ausgeführten Waren innerhalb der Vereinigten Staaten künstlich oder absichtlich steigern oder drücken oder den Wettbewerb innerhalb der Vereinigten Staaten wesentlich vermindern oder sonstwie eine Einschränkung des Handels bedeuten.

§ 3. Keine Bestimmung des § 7 des „Gesetzes zur Ergänzung bestehender Gesetze gegen ungesetzliche Einschränkungen oder Monopole und für andere Zwecke" vom 15. Oktober 1914 (Clayton Anti-Trust Act) darf als ein Verbot des teilweisen oder vollständigen Erwerbs oder Besitzes der Aktien oder des Aktienkapitals einer Gesellschaft ausgelegt werden, die ausschliesslich für das Ausfuhrgeschäft gegründet und ausschliesslich darin tätig ist, soferne dieser Erwerb oder Besitz nicht eine Einschränkung des Handels oder eine Verminderung des Wettbewerbes innerhalb der Vereinigten Staaten bedeutet.

§ 4. Das Verbot „Unlauteren Wettbewerbs" und das Verfahren zu seiner Unterdrückung, die das Gesetz zur Schaffung einer Federal-Trade-Commission (Federal-Trade Commission Act) zur Abgrenzung ihrer Rechte und Pflichten und für andere Zwecke vom 26. September 1914 enthält, sind dahin auszulegen, dass es auch unlauteren Wettbewerb im Ausfuhrhandel gegen Mitbewerber, die im Ausfuhrhandel tätig sind, umfasst, obschon die Handlungen, die einen unlauteren Wettbewerb darstellen, ausserhalb des Jurisdiktionsgebietes der Vereinigten Staaten geschehen sind.

§ 5. Jede Vereinigung, die gegenwärtig ausschliesslich im Ausfuhrgeschäft tätig ist, hat innerhalb 60 Tagen nach der Annahme dieses Gesetzes und jede Vereinigung, die in Zukunft ausschliesslich für die Ausfuhr gegründet wird, innerhalb 30 Tagen nach ihrer Gründung der Federal-Trade Commission einen beglaubigten schriftlichen Bericht einzureichen unter Angabe des Ortes ihres Geschäftssitzes oder ihrer Geschäftstätigkeit, der Namen und Adressen aller ihrer Beamten und Aktionäre oder Teilhaber, wenn eingetragen unter Beifügung der Eintragungsurkunde und der Satzungen, wenn nicht eingetragen unter Beifügung ihrer Statuten. Der gleiche Bericht ist am ersten Januar jeden Jahres neu einzureichen unter Angabe der Veränderungen in den Eintragungsurkunden, in den Satzungen und Statuten. Ausserdem hat jede Vereinigung der Federal-Trade Commission auf deren Verlangen jede Auskunft in Hinsicht auf ihre Organisation, Geschäftstätigkeit, Führung, Praxis, Leitung und ihre Beziehungen zu anderen Vereinigungen, Gesellschaften und Einzelpersonen zu erteilen. (Es folgen Strafbestimmungen). —

Dieses Gesetz erlaubt also unter gewissen Voraussetzungen den Zusammenschluss von amerikanischen Unternehmern und Kaufleuten zwecks Förderung der Ausfuhr und zur Bildung von gemeinsamen ausländischen Handelsagenturen. Aber schon bevor die Webb-Bill Gesetz wurde, suchte die Federal-Trade Commission die Verkäufervereinigungen zur Förderung der Ausfuhr zu begünstigen, von der Auffassung ausgehend, dass solche Ausfuhrkartelle nicht unter die bestehenden Trustverbote fielen. So wurde im Oktober 1916 die Gründung der ersten Vereinigung für auswärtigen

Handel (first union for foreign trade) angekündigt, wonach 80 v. H. der amerikanischen Ausbeuter von Douglasfichten sich zu einer Ausfuhrhandelsvereinigung zusammengeschlossen hätten mit Hilfe des Bureau of Foreign and Domestic Commerce und unter Zustimmung der Federal-Trade Commission.[143]) Die Webb-Bill machte jedem Zweifel endgültig ein Ende. Die Anti-Trustgesetzgebung will die für die einheimischen Verbraucher ungünstigen Wirkungen des Dumping beseitigen oder mildern, während die Webb-Bill und die Tätigkeit der Federal-Trade Commission die Ausfuhr fördern will und damit also das Dumping gegenüber dem Auslande. — Aber man wollte andererseits das gegen Amerika angewendete Dumping, wenn möglich, beseitigen. Schon Ende Oktober wurde offenkundig, dass zwischen dem Präsidenten Wilson und dem Handelssekretär Redfield eine Verständigung zustande gekommen sei über das Vorgehen gegen die Überschwemmung Amerikas mit europäischen Waren unter den Selbstkosten; man wollte diesen Verkauf unter den Selbstkosten seitens der auswärtigen Firmen als unlauteren Wettbewerb unter Strafe stellen als Vergehen gegen die Anti-Trustgesetze. Übrigens wäre schon in dem Zolltarife von 1913 (Underwood-Tarif) beinahe eine der Dumping-Klauseln Kanadas entsprechende Bestimmung aufgenommen worden, aber der Senat war dagegen. Aber nun nach Ausbruch des Krieges war die Furcht vor Überschwemmung mit europäischen Waren zu billigen Preisen gross und stieg fortwährend; selbst die Demokraten, überzeugte Freihändler, waren nicht abgeneigt nunmehr einen anderen Standpunkt einzunehmen, grundsätzlich aber am Freihandel festzuhalten. Die Gegner betonten, der eigene Markt der Vereinigten Staaten sei 17 mal wertvoller als der Aussenhandel und der Regierungsentwurf eines Gesetzes zur Bekämpfung des Dumping sei grundsätzlich nichts anderes als staatliche Beschützung der Industrie; es widerspreche dem Freihandel die Einfuhr zu Schleuderpreisen nachträglich oder sie schon von vorneherein durch Erhebung eines Sonderzolles zu bestrafen. Man behauptete auch, Wilson wolle durch Zollmassnahmen das Dumping gegen Amerika überhaupt unmöglich machen. Ende 1915 wurde in Chicago eine Tariff Commission League begründet mit dem Zwecke, einen ständigen Ausschuss von sieben Männern zu bilden mit weitgehenden Vollmachten zu „Nachforschungen, Untersuchungen und Empfehlungen von Tarifsangelegenheiten", da nur eine solche Kommission die Dumpingfrage wissenschaftlich, gründlich und schnell behandeln könne. „Eine Politik der Verfolgung zu empfehlen, würde nicht nur einen Fehler bedeuten, die Bedeutung des Dumping zu würdigen, sondern es würde ein durchsichtiger Kniff sein um jemandes politisches Gesicht zu retten". Die Gegner hatten keinen Erfolg. Am 10. Juli 1916 nahm das Abgeordnetenhaus mit grosser Mehrheit die Revenue-Bill an. Dieses Gesetz stellt das Dumping in dem Abschnitte über unlauteren Wettbewerb unter Strafe. Unter Dumping wird verstanden die nach den Vereinigten Staaten eingeführten Waren allgemein und systematisch zu einem Preise zu verkaufen, der wesentlich niedriger ist als der Markt- oder Grosshandelspreis dieser Waren im Ausfuhrlande zur Zeit der Ausfuhr einschliesslich Fracht, Abgaben und sonstigen Unkosten der Einfuhr. Strafbar ist aber die Einfuhr zu Dumpingpreisen erst, wenn das Dumping in der Absicht erfolgt, eine Industrie in den Vereinigten Staaten zu vernichten oder zu schädigen oder das Entstehen einer Industrie dort zu verhindern oder irgend einen Teil des Handels mit jenen Waren in den Vereinigten Staaten zu beschränken oder zu monopolisieren. Vergehen gegen diese Be-

[143]) Feld a. a. O. S 461.

stimmungen sollen mit einer Geldstrafe bis zu 5000 Dollars oder mit Gefängnis bis zu einem Jahr oder mit beiden geahndet werden. Diese Bestimmung des Entwurfs war von dem Vorsitzenden der Federal Trade Commission im Manufacturers Record angekündigt worden. Die betreffende Bestimmung lautet:

Sektion 801. „Es ist ungesetzlich für jede Person, welche Waren aus einem fremden Lande in die Vereinigten Staaten einführt oder an der Einfuhr beteiligt ist, solche Waren allgemein und systematisch einzuführen, zu verkaufen oder ihre Einfuhr oder ihren Verkauf zu veranlassen, zu einem Preise, der wesentlich niedriger ist als zur Zeit der Ausfuhr nach den Vereinigten Staaten der Marktwert oder der Grosshandelspreis jener Waren in den Hauptmarktorten des Landes ihrer Erzeugung oder anderer fremder Länder, in die sie gewöhnlich ausgeführt werden, betrug, nachdem jenem Marktwert oder Grosshandelspreise noch Fracht, Abgaben und andere Lasten und Ausgaben zugeschlagen wurden, die notwendig mit der Einfuhr und dem Verkaufe in den Vereinigten Staaten verbunden sind unter der Voraussetzung, dass dieses geschieht mit der Absicht, eine Industrie in den Vereinigten Staaten zu vernichten oder zu schädigen oder das Entstehen einer Industrie in den Vereinigten Staaten zu verhindern, oder irgend einen Teil des Gewerbes oder Handels solcher Waren in den Vereinigten Staaten zu beschränken oder zu monopolisieren."

Voraussetzung der Bestrafung ist also der Verkauf zu niedrigeren Preisen als im Erzeugungsland und die Absicht der Vernichtung des Wettbewerbs auf dem Markte des Einfuhrlandes, also in den Vereinigten Staaten. Die Anwendung dieses Gesetzes scheint verhältnismässig einfach, aber in Wirklichkeit ist es wesentlich anders. Der Nachweis des billigeren Verkaufes in den Vereinigten Staaten dürfte nicht allzu schwer sein; schwierig oder beinahe unmöglich ist aber der Nachweis der Absicht, mit diesem Dumping den Wettbewerb in den Vereinigten Staaten vernichten zu wollen. Wenn ein Einführer im Auslande billig einkauft, äusserten sich amerikanische Juristen,[144]) in der Absicht in den Vereinigten Staaten im Wettbewerb mit den einheimischen Fabrikanten zu verkaufen, so werde seine „Absicht" meist doch nur die sein, einen Gewinn durch möglichst grossen Umsatz zu machen; aber er werde kaum den Wunsch oder die Erwartung haben, eine einheimische Industrie zu vernichten oder zu schädigen, wobei sich auch noch Schwierigkeiten, was hier unter Industrien zu verstehen sei, ergeben; ausserdem müsse nachgewiesen sein, dass der Einführer allgemein und systematisch Waren unter den ausländischen Marktpreisen in den Vereinigten Staaten einführe. — Das ist sicher zutreffend, aber weniger die Ansicht, das Gesetz werde nur in den seltensten Fällen anwendbar sein und ein toter Buchstabe bleiben; ich bin vielmehr der Meinung Wydgodzinski's,[145]) dass die Bestimmung so gefasst sei, dass sie der Schikane, einem beliebten Mittel der amerikanischen Zollpolitik, Tür und Tor öffnen; die Bestimmung des Nachweises billigeren Verkaufes in den Vereinigten Staaten als im Ausfuhrlande gebe Anlass zu einer Fabrikspionage, welche die bisherigen von Amerika für seine Zollpolitik mit Hilfe der Fakturabeglaubigungen betriebene noch übertreffe, die zweite aber gebe die Einführer völlig in die Hand der Zollbeamten oder des Richters, der Begriff Dumping sei hier mit einer Nebenbestimmung belastet, deren jedesmalige Feststellung die reine Willkür sei. —

[144]) Feld a. a. O. S. 467.
[145]) Wydgodzinski a. a. O. S. 246.

Ein ungenannter Verfasser[146]) meint hinsichtlich der Wirkung des Gesetzes auf die deutschen chemischen Industrien, es wäre nach Durchführung des Dumpingverbotes keiner deutschen Fabrik mehr möglich in Amerika einen niedrigeren Preis für ihre Erzeugnisse zu nehmen als sie in Deutschland verlangt und erhält. Entweder würde dieses Verbot zur Gründung besonderer Gesellschaften in Amerika führen, die dann die amerikanischen Patente ausnützten und als selbständige Unternehmungen gälten; für diesen Fall sei natürlich eine Vereinigung der chemischen Fabriken überaus vorteilhaft, weil schliesslich die gesamten vereinigten Fabriken auf diese Weise nur ein Zweigunternehmen in jedem bedeutenden Lande zu errichten bräuchten. Die zweite Möglichkeit sei, dass die Gesellschaften aus irgendwelchen Gründen verzichten, Tochterunternehmungen im Auslande zu errichten; dann dürfen sie dort nicht unter die Preise der Heimat hinabgehen; das würde für die dortigen Verbraucher sehr erfreulich sein, denn die Fabriken müssen auf dem Weltmarkte natürlich billigere Preise fordern, — besonders da, wo der Patentschutz nicht unter allen Umständen wirksam ist; und weil die Fabrikation der deutschen chemischen Erzeugnisse zu einem nicht unerheblichen Teile auf der Ausfuhr aufgebaut sei, so würden eben auch die Inlandspreise verhältnismässig gering sein. Wie das Gesetz sich tatsächlich in der Praxis bewähren wird, bleibt abzuwarten.

Dieses Gesetz richtet sich gegen alle europäischen Länder, in erster Reihe aber gegen Deutschland; denn man hatte schon viele Jahre vor dem Kriege das ungeheure Anwachsen des deutschen Handels mit Neid und Besorgnis gesehen und deshalb die weiter obengenannten Gesetze erlassen, um die deutsche Einfuhr zu erschweren; und trotzdem hatte Deutschland kurz vor dem Kriege bereits die Vereinigten Staaten überflügelt und da man mit Beendigung des Krieges noch mehr den europäischen, insbesondere den deutschen, Wettbewerb in den Vereinigten Staaten fürchtete, so schuf man dieses Gesetz.

Der Vorsitzende der Federal-Trade Commission hatte in der Ankündigung des Gesetzentwurfes im Manufacturers Record erklärt, der Entwurf bezwecke den unlauteren Wettbewerb von aussen her in gleicher Weise zu bekämpfen wie er innerhalb der Vereinigten Staaten verboten sei. Gerade die Industriellen hatten Schutz gegen das europäische Dumping verlangt, so der Vorsitzende des Stahltrusts und der Vertreter der Textilindustrie; die Spitzenfabrikanten der Neu-England Staaten beklagten sich über den französischen und schweizerischen Wettbewerb; diese ausländischen Spitzenfabrikanten hatten infolge des Verlustes der europäischen Nachfrage im Kriege zu Schleuderpreisen nach Amerika ausgeführt. Ausserdem waren seit Kriegsausbruch eine Anzahl grosser chemischer Industrien in den Vereinigten Staaten gegründet worden, die man auf lange Zeit hinaus nach dem Kriege gegen den sicher mit Friedensschluss einsetzenden deutschen Wettbewerb schützen wollte; insbesondere forderten die Farbstoff-Fabrikanten diesen Schutz.[147]) Freilich ein siegreiches Deutschland hätte diesen gegen es gerichteten Bestimmungen durch entsprechende Wiedervergeltungsmassnahmen begegnen können, wie es auch die früheren amerikanischen Zollbestimmungen durch kräftiges Vorgehen hätte unmöglich machen oder in ihrer Wirksamkeit mildern können. Solche Wiedervergeltungsmassnahmen seitens Deutschland haben die Vereinigten Staaten bis auf weiteres nicht mehr zu fürchten. —

* * *

[146]) Plutus 1916 S. 210.
[147]) Feld a. a. O. S. 462.

Wie bereits erwähnt, fanden im feindlichen Ausland schon während des Krieges zahlreiche Beratungen statt über die Frage, wie man sich gegen die deutsche Einfuhr in Zukunft schützen könne. Die Beschlüsse der Pariser Konferenz von 1916 richteten sich ausschliesslich gegen die Mittelmächte, insbesondere gegen das Deutsche Reich; diese Beschlüsse betrafen Massnahmen für die Kriegszeit, für die Zeit des Überganges zum Wiederaufbau und endlich dauernde Massnahmen. Eine Bestimmung lautete: „Um ihren Handel, ihre Industrien, ihre Landwirtschaft und ihre Schifffahrt gegen wirtschaftliche Angriffe zu verteidigen, beispielsweise gegen Warenverschleudern oder anderen unlauteren Wettbewerb, beschliessen die Verbündeten eine Vereinbarung zu treffen zur Festsetzung eines Zeitraums, während dessen der Handel der feindlichen Mächte besonderen Bestimmungen unterworfen ist. Die Waren feindlichen Ursprungs sollen entweder verboten werden oder anderen wirksamen Massnahmen unterliegen." Der Vorsitzende der Konferenz, der französische Handelsminister Clémentel erläuterte das Schleudern als die beliebte Waffe der Deutschen zur Eroberung der Herrschaft im Handel; es gründe sich auf die Gesamtheit der Massnahmen, unmittelbare und mittelbare Ausfuhrprämien, höhere Preise im Inlande als im Auslande usw., die den Zweck hätten, die fremden mitbewerbenden Industrien zu vernichten. Und ebenso erklärte Asquith bei der Besprechung der Konferenzbeschlüsse im englischen Unterhause vom 3. August 1916, dass die drei wichtigsten Resolutionen, nämlich hinsichtlich der Meistbegünstigung, der Unabhängigmachung einzelner wichtiger Industrien von feindlichen Ländern und der Dumpingbekämpfung von britischen Delegierten vorgeschlagen worden seien; aber weder Clémentel noch Asquith konnten angeben, welche Massnahmen zur Bekämpfung des Dumping ausser dem völligen Einfuhrverbote getroffen werden sollten.

* * *

Auch bei den letzten englischen Wahlkämpfen war die Ankündigung eines Gesetzes gegen das Dumping von Bedeutung. Lloyd George[148]) hatte einen Gesetzentwurf eingebracht, wonach das Handelsamt ermächtigt sein sollte im Falle von Dumping Zölle einzuführen, wobei unter Dumping der Verkauf von Waren in England unter ihren heimischen Erzeugungskosten verstanden wird, ferner wenn die fremden Waren in England billiger verkauft werden sollen als der Verkaufspreis im Heimatland beträgt; ursprünglich wollte aber Lloyd George solche Zölle nur für die Erzeugnisse der sog. Schlüsselindustrien Englands eingeführt wissen; als solche bezeichnete er jene, „von denen das Leben der Nation abhängt"; aber in Wirklichkeit sind Zölle auch gegen andere Erzeugnisse vorgesehen; so sagte der Manchester Guardian, aus dem Entwurf könne die englische Nation zu ihrer Überraschung erkennen, dass ihre Existenz nach Lloyd Georges Meinung durch die Einfuhr von fremden Gasmänteln gefährdet werde, denn neben Massen und Gewichten und allen englischen Kleineisengegenständen werden auch Gasmäntel als Schlüsselerzeugnisse in dem Entwurfe bezeichnet und es handle sich im Grunde um nichts anderes als um die Einführung eines Schutzzolltarifes auf Umwegen; der dadurch eingeführte Protektionismus sei um so schärfer als der Begriff des niedrigen Verkaufspreises durch die herrschenden Valutaverhältnisse überaus unklar sei und diese Unklarheit dem englischen Handelsamt (Board of Trade) die Möglichkeit gebe, englische Waren vor jedem ausländischen Mitbewerb zu schützen. —

---

148) Plutus 1919 S. 407. — S. o. S. 93 ff.

Im Plutus[149]) wird zu diesem englischen Antidumping-Gesetzentwurfe bemerkt, dass England doch gar keine Veranlassung habe, sich gegen den billigen Warenbezug aus Deutschland zu wehren; denn beim Dumping handele es sich fast nie um Fertigwaren, sondern um Rohstoffe und Halbfabrikate, deren billiger Bezug doch die Wettbewerbsfähigkeit der englischen Industrie stärken müsste; der englische Entwurf sehe nun anscheinend gar nicht in erster Linie den Schutz gegen solche Waren vor, sondern gerade den Schutz gegen den erfolgreichen Wettbewerb in Fertigwaren; nur hier könne der Schutz auch praktisch werden; denn es sei auch kaum anzunehmen, dass es in Zukunft noch den deutschen Erzeugern gestattet werde Kohlen, Stabeisen, Bleche, Träger zu billigen Preisen in das Ausland zu verschleudern.

Dazu ist nur zu bemerken, dass wir es schon den Engländern überlassen müssen, gegen welche Waren sie sich schützen wollen; es ist unrichtig, dass es sich bei Dumping fast nie um Fertigwaren handle; wir haben schon öfters hervorgehoben, dass Dumping sowohl bei Roh- und Halbstoffen, aber ebenso auch bei Fertigwaren und auch bei landwirtschaftlichen Erzeugnissen aller Art möglich ist und tatsächlich auch vorkommt.

3. Internationale Kartelle.

Diese Bekämpfung des Dumping durch Gesetzgebung wie in Kanada, den Vereinigten Staaten und anderen Ländern mag für diese Länder günstige Wirkungen haben. Die Einfuhr vieler deutscher Waren nach Kanada sank ausserordentlich und bei vielen andern Waren nahm die Einfuhr nicht mehr in dem Masse zu, wie es ohne das Vorhandensein des Dumpinggesetzes der Fall gewesen wäre. Aber diese Art der Lösung der Frage ist nicht überall möglich, wozu noch die Wiedervergeltung kommt, ganz abgesehen davon, dass die Feststellung, ob wirklich ein ungesetzliches Dumping vorliegt, überaus schwierig ist und zu vielen Unzuträglichkeiten einschneidenster Art führt; ich erinnere bloss an die mit dieser Feststellung notwendig verbundene Handelsspionage. Ein anderer Weg, die Frage zu lösen, haben wir oben kennen gelernt, nämlich die internationale staatliche Vereinbarung zur Beseitigung der Zuckerprämienwirtschaft; diese Lösung war vortrefflich und viele glaubten auf diesem Wege könnten auch alle anderen Fälle von Dumping gelöst werden. Diese Anschauung ist irrig, denn die Voraussetzungen bei der Zuckerprämie waren und sind ganz andere als bei den übrigen Industrien. Die Erzeugungsverhältnisse bei Zucker sind einfach und übersichtlich; schon bei den gewöhnlichsten anderen Massenerzeugnissen wie Kohle, Eisen, Stahl usw. sind die Voraussetzungen verwickelter, unübersichtlicher und in den Erzeugnissen selbst zu verschieden, als dass die Staaten selbst die Regelung der Ausfuhr in die Hand nehmen könnten; Zucker ist eine leicht herzustellende Fertigware, selbst wenn sie noch raffiniert werden muss und dient zum unmittelbaren Verbrauch, während Kohle, Eisen, Stahl als Rohstoffe oder Halbstoffe eine sehr grosse Rolle für die Weiterverarbeitung spielen; dazu kommen noch die zahlreichen Verschiedenheiten in der Beschaffenheit dieser Stoffe, die durch ein Gesetz schwer zu erfassen sind. Ich glaube daher nicht, dass wieder jemals die Staaten selbst die Ausfuhr gemeinschaftlich regeln werden. Die Zuckerübereinkunft blieb deshalb auch der einzige Versuch einer internationalen Regelung. Da aber gleichwohl die Nachteile der gegenseitigen Preisunter-

---

149) Plutus 1919 S. 409.

bietungen auf den Weltmärkten zu den grössten Nachteilen der ausführenden Industrien führten, so suchten diese selbst zu Vereinbarungen zu gelangen und das geschah durch die Schaffung internationaler Kartelle. Diese bildeten sich nur sehr langsam, erlangten aber bis zum Ausbruch des Krieges eine immer grössere Bedeutung. Wir wissen, wie die einzelnen Unternehmer auf den inländischen Märkten sich gegenseitig unterboten, einzelne Unternehmer schliesslich zugrunde gingen, weil sie nicht mehr in Mitbewerb treten konnten, andere ohne Gewinn arbeiteten und selbst die erfolgreichen Unternehmer verhältnismässig geringe Gewinne erlangten; die Folge war, dass selbst diese Unternehmer es für vorteilhafter hielten, wenn sie sich zusammenschlössen und gemeinschaftlich die Erzeugung, die Preise, die Ausfuhr und sonstige handelspolitische Massnahmen regelten und so entstanden die nationalen Kartelle. Die Frage, ob diese Kartellbildungen für den einzelnen Verbraucher von Vorteil oder Nachteil sind, können wir hier ausser Betracht lassen. Wie sich auf den einheimischen Märkten die einzelnen Unternehmer gegenseitig bekämpften, so taten es auf den internationalen Märkten zunächst ebenfalls die einzelnen Unternehmer, dann auch die Unternehmervereinigungen, die Kartelle. Aber auch hier sahen die gegenseitigen Wettbewerber ein, dass es zweckmässiger und vorteilhafter sei, wenn sie die Erzeugung, insbesondere die Ausfuhr und die Preise durch Verträge gemeinschaftlich regeln würden und so entstanden die internationalen Vereinbarungen, die internationalen Kartelle. Bereits vor dem Kriege war die Zahl internationaler Kartelle ziemlich gross. Ihre Zwecke und Ziele sind überaus mannigfaltig, ebenso ihre Zusammensetzung. Das Wort international will hierbei nicht sagen, dass die Kartelle oder sonstigen Unternehmer aller Länder Übereinkommen treffen, sondern nur, dass Unternehmer von mindestens zwei Ländern sich zu irgendeinem gemeinschaftlichen Zweck zusammenschliessen. Der Zweck kann sein die Regelung der Erzeugung; die Verteilung der Märkte untereinander, wobei regelmässig den Unternehmern ihre nationalen Märkte ausschliesslich vorbehalten sind, während die neutralen Märkte verteilt werden; der Einkauf von Rohstoffen oder Halbstoffen usw. Im folgenden gebe ich eine Übersicht von internationalen Kartellen und ihren Zwecken, was am besten die Tätigkeit dieser Unternehmerverbände zeigt.[150])

Die Gebietskartelle sind jene, in welchen die nationalen Mitglieder oder Teilkartelle bestimmte Gebiete des Weltmarktes sichern; dadurch ist es möglich bei ungleichartigen Erzeugungs- oder Absatzbedingungen in den verschiedenen Gebieten jeden ungesunden Wettbewerb zu beseitigen. Das älteste und eines der wichtigsten dieser Kartelle ist das Schienenkartell, das 1884 zwischen Deutschland, England, Belgien und Frankreich abgeschlossen wurde. Die Vertragschliessenden hielten sich ihre nationalen Märkte vor, die sie allein versorgen durften, die übrigen europäischen Märkte verteilten sie unter sich. Der Anteil der Engländer wurde — 1904 zunächst auf 3 Jahre — auf 53,50 v. H., der Deutschen auf 28,83 v. H., der Belgier auf 17,67 v. H. bestimmt; als nachträglich die Franzosen beitraten, wurde die Gesamtmasse auf 104,8 v. H. für das erste Jahr, auf 105,8 v. H. für das zweite Jahr und auf 106,4 v. H. für das dritte Jahr angenommen, an welcher dann die Franzosen mit 4,8, 5,8 und 6,4 v. H. für die einzelnen Jahre teilnahmen. Nach dem Beitritt der Amerikaner betrug der deutsche Anteil 21 v. H. — Im Trägerkartell, von dem sich die Engländer aus-

---

[150]) Nach Tschiersky im Weltwirtsch. Archiv 1913 Bd. I B. 202 ff.

schlossen, wurden 73,45 v. H. für die Deutschen, 15,05 v. H. für die Belgier und 11,50 v. H. für die Franzosen bestimmt; diesen wurde aber eine Erhöhung der Quote zugestanden, wenn die französische Ausfuhr den des Jahres 1903 übersteigen sollte. Dem Internationalen Schienenkartell trat die am 23. Februar 1901 begründete United States Steel Corporation, zugleich für die Lackawanna und die Pensylvana Company bei, die zwei Dritteile der amerikanischen Stahlerzeugung umfasste mit einem Kapital von 1100 Millionen Dollars. Das Schienen- und Trägerkartell gehörte dem 1904 begründeten Stahlwerksverband an.[151]) — Das Internationale Drahtgeflechtkartell regelte die Preise auf dem russischen Markt. Die deutsch-englische Schraubenkonvention verschloss den britischen Markt für die deutsche Einfuhr. — Durch das österreichisch-deutsche Jutekartell wurde der schlesische Markt für die österreichischen Erzeugnisse gesperrt. — Das Internationale Schwefelkartell regelte die Absatzgebiete zwischen den sizilianischen und nordamerikanischen Erzeugern. — Das Internationale Kerosinkartell zwischen der Standard Oil Co. und Ausfuhrhändlern russischen Kerosins überlässt den italienischen Markt ausschliesslich dem Standard. — Das Kartell der französisch-belgischen Spiegelglaskartelle verteilt ebenfalls die Absatzgebiete. —

Ferner gibt es Submissionskartelle besonders in elektrischen Industrien, zum Zwecke der Verhinderung von Preisdrückereien bei grossen staatlichen und anderen Ausschreibungen. Diese Vereinbarungen sind meistens geheim aus leicht begreiflichen Gründen. —

Wieder andere internationale Kartelle regeln die Erzeugungsverhältnisse, insbesondere wollen sie eine Übererzeugung verhindern durch eine Kontingentierung oder auch durch Beseitigung oder Erschwerung zu weitgehender technischer Spaltung (Differenzierung); das soll dadurch erreicht werden, dass sie die für die verschiedenen Kartellmitglieder natürlich günstigen Erzeugungs- oder Frachtverhältnisse oder technische Überlegenheit zur Grundlage nehmen für die Verteilung der Erzeugung. Oder dadurch, dass die einzelnen Kartelle nach ihrer Fähigkeit bloss bestimmte Waren herstellen dürfen; so dürfen z. B. die Mitglieder des Internationalen Kartells der Porzellanknopf- und Perlenfabriken, nur je eine einzige bestimmte Ware erzeugen. Ähnlich sucht das Internationale Gummikartell die verschiedenen Erzeugungszweige für die geeignetsten Waren zu verteilen. Das Internationale Glühlampenkartell regelt die Absatzquoten in Verbindung mit der Festsetzung von Mindestpreisen, die gefordert werden dürfen. Das Internationale Boraxkartell regelt die Kontingentierung und den Bezug der Rohstoffe; es schreibt seinen Mitgliedern, zu denen ausser den europäischen Kartellen auch die der Vereinigten Staaten gehören, den Bezug des Rohstoffes durch eine Londoner Hauptstelle der Borax Consolidated Akt.-Ges. vor und verteilt ausserdem den Absatz der einzelnen Mitglieder.

Wichtig sind auch die internationalen Einkaufskartelle. Der „Verband deutsch-österreichisch-italienischer Ripsgerber" wurde gegründet zur Verbesserung der Einkaufsbedingungen und der Festsetzung der Beschaffenheitsbedingungen für Ripse. — Die „Konvention deutsch-französischer Ziegenlederfabrikanten" regelte gemeinschaftlich den Einkauf roher Ziegenfelle.

Das internationale Kamerun-Kautschuksyndikat wurde begründet zur Verhinderung preistreibenden Wettbewerbs beim Einkauf von rohen Kautschuk in Kamerun.

---

[151]) Riesser a. a. O. S. 159.

Der Europäische Verband der Flaschenfabrikanten kaufte 1907 die Owens-Patente auf und konnte infolgedessen von der bisherigen Flaschenbläserei zur maschinellen Herstellung von Flaschen übergehen, was in wirtschaftlicher und sozialer Beziehung für die Unternehmer und für die Arbeiter von grösstem Werte war.

Die Herstellung betrug 1428,5 Millionen Flaschen, davon trafen auf das deutsche Kontingent 530 Millionen, auf das englische 305 Millionen, auf das französische 295 Millionen Stück usw.[152])

Die Vereinigte Dampfturbinengesellschaft m. b. H. ist eine Interessengemeinschaft zwecks Erwerbung von Patenten.

Andere internationale Kartelle sind der Pulvertrust, der Schiffahrtstrust, das deutsch-belgische Kohlensyndikat, der Nobel Dynamit Trust, der Internationale Baumwollverband. Ich habe hier nur einige der wichtigsten internationalen Kartelle und sonstiger Vereinigungen angeführt, ihre Zahl war im Jahre 1914 bereits sehr gross und bei einigen zeigte sich das Bestreben Monopolvereinigungen zu werden, so vor allem bei der Standard Oil Comp. und dem Tabaktrust. Abgesehen von den Monopolbestrebungen sind die internationalen Kartelle eine durchaus nützliche Einrichtung, ebenso wie die nationalen Kartelle. Nur soweit Missbräuche entstehen, müssten die Regierungen der einzelnen Länder dagegen einschreiten, was freilich eine sehr schwierige Sache ist und die bei den internationalen Kartellen noch verwickelter wird. Von der grössten Bedeutung sind die Gebietskartelle, die schon sehr ausgedehnt in der Schwerindustrie, in der Glas-, Textil- und Elektrizitätsindustrie waren, da sie nicht bloss eine verlustbringende Preispolitik im Wettbewerb verhindern, insbesondere auch durch Einsparungen an Frachtkosten aller Art, sondern auch Wertminderungen oder Vernichtungen aus weiteren Versendungen verhüten.[153]) Zu ihrer grösseren Entwicklung bedürfen die internationalen Kartelle besonders zweier Voraussetzungen, nämlich einer entsprechenden Ausgestaltung des internationalen Privatrechtes und der zunehmenden Entwicklung günstiger Wirtschaftsverhältnisse. Sobald allerdings die internationalen Kartelle die Mehrzahl oder die meisten Industrien der gleichen Unternehmungen umfassen, besteht die grosse Gefahr, dass die Mitglieder, denen die nationalen Märkte vorbehalten sind, nicht bloss auf diesen hohe Preise verlangen, sondern auch auf den neutralen Märkten, da sie ja diese unter sich verteilen, also keinen Wettbewerb zu fürchten haben. Damit ist auch das Dumping beseitigt; eine andere Frage ist es, ob die Ausschaltung des Wettbewerbes für die Verbraucher von Vorteil ist. Je grösser ein internationales Kartell ist, desto leichter kann es das Entstehen neuen Mitbewerbs verhindern. Es ist möglich, dass die internationalen Kartelle in Zukunft eine grosse Bedeutung erlangen: Voraussetzung ist, dass die Gesetzgebung die Tätigkeit der Kartelle im Inlande so regelt, dass kein Monopol entstehen kann und nicht nur die Kartelle für ihre Mitglieder grosse Gewinne erzielen, sondern dass das ganze Volk in seinem Gedeihen gefördert wird. Die zweite Voraussetzung ist, die ich bereits andeutete dass das internationale Privatrecht sich ebenfalls mit diesen Fragen beschäftigt und sie zum Wohle aller Staaten löst. An Versuchen und Vorarbeiten zur Kartellgesetzgebung wenigstens für das Inland hat es nicht gefehlt. —

* * *

[152]) Hauser H., Les Méthodes a. a. O. S. 137.

[153]) Tschiersky a. a. O. S. 203.

Durch den Ausbruch des Krieges wurden alle diese Fragen zurückgedrängt und wie sich die Entwicklung der deutschen Volkswirtschaft und besonders des deutschen Handels in Zukunft gestaltet, lässt sich nicht voraussagen. Tschiersky[154]) meint, dass die wirtschaftlichen Umwälzungen durch den Krieg nicht derartige sein könnten, dass nicht die früheren bewährten Organisationen wieder auflebten; allerdings glaube er, es müsse damit gerechnet werden, dass nicht wie vor dem Kriege die Handelspolitik und das internationale Recht das internationale Organisationswesen, sich selbst überlasse, sondern dass allen scharfen wirtschaftlichen Reibungen, weil sie im Zeitalter des Kapitalismus nur zu leicht zu politischen Störungen führen, möglichst vorgebeugt werden solle. Man dürfte vielleicht auch durch besondere Staatsverträge in den Handelsverträgen Dumpingklauseln zur Bekämpfung oder wenigstens zur Einschränkung der organisierten Ausfuhrpolitik aufstellen; unter den veränderten wirtschaftlichen Verhältnissen im eigenen Lande werde auch das deutsche Wirtschaftsleben ein Interesse an einer solchen Regelung nehmen müssen, soweit seine durch die ungeheuren Kriegsopfer und ihre noch gar nicht zu übersehenden Wirtschaftsfolgen hierdurch gegen Angriffe ausländischen Wettbewerbs geschützt werden könnten. Zollpolitische Massnahmen aber könnten hiergegen, abgesehen davon, dass sie eine sehr unwillkommene und zweischneidige Waffe seien, allerdings nichts helfen, es müssten vielmehr internationale Bestimmungen vereinbart werden, die das Dumping schlechthin verbieten; die Kontrolle der Durchführung sei bei der Öffentlichkeit, der jede solche Dumpingpolitik unterliege, verhältnismässig einfach zu erreichen; die rückwirkenden Schwierigkeiten eines solchen Verbotes auf einzelne internationale Industrien seien dagegen nicht gering anzuschlagen. Das Ventil einer Generalausfuhr auch zu Verlustpreisen sei für Gewerbe, die sich auf Massenerzeugung einstellen müssten, um überhaupt kapitalistisch rationell erzeugen zu können, von so grosser Bedeutung, dass es ohne Gefahr nur durch eine straffe nationale und zugleich internationale Organisation reguliert werden könne; zumal international gut organisierte Kartelle könnten durch einen fortwährenden, sorgfältigen Überblick über den Weltmarkt die Entwicklung der Konjunkturen, wie die Absatzmöglichkeiten auf den einzelnen Märkten sehr wohl so rechtzeitig und umfassend voraussehen, dass sie wenigstens in grossen Zügen ihre Erzeugungs- und Absatzpolitik im Sinne internationaler periodischer Einschränkungen der Herstellung bestimmter Güter wie auch eine Verständigung über die Verteilung der Lieferungen und ihren Abfluss nach den jeweiligen günstigen Märkten zu regeln vermöchten.

Diese Lösung, so vortrefflich sie an sich ist, wird nicht leicht durchführbar sein. Ein absolutes Verbot des Dumping ist wohl unmöglich, denn das würde gleichbedeutend sein mit einem Verbot der Einfuhr bzw. der Ausfuhr. Würde z. B. England ein solches Dumpingverbot erlassen haben — ich nehme die Verhältnisse vor dem Kriege an — so hätte Deutschland nichts mehr nach England ausführen können, denn schon durch den deutschen Schutzzoll waren alle Waren, die auch für die Ausfuhr bestimmt waren, in Deutschland selbst teuerer als in England; aber selbst wenn kein Schutzzoll bestanden hätte, so würde eine Ausfuhr auch nur dann möglich gewesen sein, wenn die Preise sich den auf den englischen Märkten üblichen angepasst hätten oder niedriger gewesen wären. Dazu kommt noch, dass keine Einigkeit über den Begriff des Dumping besteht. Wird Dumping

[154]) Weltwirtschaft-Arch. 14 Bd. 1919 S. 196ff.

als Verkauf unter den Selbstkosten aufgefasst, so lässt sich ein Verbot des Dumping auf dem Papier leicht durchführen, aber in der Praxis ergeben sich sofort ungeheuere Schwierigkeiten bei der Feststellung der Selbstkosten. Wir haben schon an anderer Stelle erwähnt, dass diese Feststellung, selbst wenn sie sich machen lässt, regelmässig erst nach Ablauf des Geschäftsjahres gemacht werden könnte; sodann müssten in unserem Beispiel die deutschen Unternehmer ihre sämtlichen Erzeugungsverhältnisse bis in das Kleinste offenlegen (Grösse der Betriebe und der Gesamterzeugung, Lohnzahlungen, Preise des Einkaufs der Rohstoffe; Nachweis der Leistungsfähigkeit der Maschinen; Aufdeckung der verbilligenden technischen Verfahren usw. usw.); den Engländern könnte nichts erwünschter sein als diese Darlegungen und diese wären notwendig zum Nachweis der Erzeugungskosten. Fasst man das Dumping aber, wie wir es tun, auf als den Ausfuhrverkauf zu niedrigeren Preisen als im Inlande, also ohne Berücksichtigung der Selbstkosten, dann würde ein Dumpingverbot ebenfalls gleichbedeutend sein mit einem Ausfuhrverbot gemäss dem einige Zeilen weiter oben Gesagten; denn ausführen kann man regelmässig nur zu billigeren Preisen, nämlich zu den Preisen, die auf dem Weltmarkte herrschen. Ist der Weltmarktpreis höher als der Inlandspreis, dann findet keine Anwendung des Dumping statt, wobei wir die Frachtkosten ausser Betracht lassen können. Kanada hatte in seinem Zolltarif, wie wir sahen, eine solche Dumpingklausel gegen Deutschland; die Wirkung war, dass die deutsche Ausfuhr nach Kanada kaum mehr nennenswert war; der deutsche Wettbewerb war fast völlig ausgeschaltet, wozu allerdings noch kam, dass England sich eines Vorzugstarifs erfreute. Wird aber mit dem Dumpingbegriff noch ein bestimmtes Moment verbunden, nämlich die Absicht, eine Industrie in dem Lande, gegen welches sich das Dumping wendet, zu vernichten oder zu schädigen usw., wie es in dem Gesetze der Vereinigten Staaten vorgesehen ist, dann ist der Willkür freie Bahn gelassen; ich verweise auf die Beurteilung, die ich an anderer Stelle zu dieser Klausel gab.[155])

Auf diese Weise, nämlich durch ein Verbot, wäre eine Dumpingbekämpfung allerdings möglich und zwar so gründlich, dass die Ausfuhr unmöglich gemacht würde. Würde jedoch der Überzoll nicht in ganzer Höhe des Unterschieds zwischen den Preisen im Einfuhr- und Ausfuhrlande erhoben, so würde die Ausfuhr in beschränktem Masse erfolgen können, je nach der Möglichkeit des Ausführers, diesen Überzoll zu tragen; der grösste Teil der Ausfuhr würde aber von diesem Überzoll, auch wenn er nicht in ganzer Höhe erhoben würde, doch so betroffen, dass von einer grösseren Ausfuhr nicht mehr gesprochen werden könnte.

XI. Ergebnis.

Wir haben also gesehen, dass weder in der Wissenschaft noch in der Praxis eine Übereinstimmung über den Begriff des Dumping besteht. Die einen nehmen an, Dumping sei der billigere Verkauf seitens der Kartelle; die andern setzen das Bestehen eines Schutzzolles voraus, wieder andere betrachten Dumping als jeden billigeren Verkauf nach dem Ausland als im Inlande, aber auch hierbei herrschen verschiedene Meinungen; bald soll der billigere Verkauf eine Übererzeugung zur Voraussetzung haben, wobei die Inlandspreise hoch gehalten oder sogar erhöht werden; bald wird unter

155) S. o. S. 122.

Dumping der Verkauf unter den eigenen Selbstkosten verstanden. Nicht selten wird der Zweck als ausschlaggebend angegeben; dieser Zweck soll nach der Ansicht der einen sein, durch die Ausfuhr den Inlandsmarkt von den überschüssigen Erzeugnissen zu entlasten, nach Ansicht der andern soll Dumping angewendet werden zur Eroberung der fremden Märkte durch Vernichtung der fremden Industrien und durch Verhinderung der Entstehung neuer Unternehmungen und deren Entwicklung. Welche Meinung ist nun die richtige? In der Theorie mögen alle vertreten werden können, aber damit ist wenig zu einer befriedigenden Lösung der Frage erreicht. Wenn ein Engländer, Franzose oder Amerikaner sich auf dem Weltmarkte unterboten fühlt und Anhänger der Lehre von Dumping als der Ausfuhr unter den Selbstkosten ist, so wird er wenig befriedigt sein, wenn ihm der Nachweis gebracht wird, das ausführende Unternehmen habe tatsächlich nicht unter den Selbstkosten verkauft, sondern habe billiger verkaufen können, weil die Selbstkosten infolge Verwendung billiger Rohstoffe oder infolge besonders günstiger technischer Verfahren niedriger waren, als der Engländer, Franzose oder Amerikaner annahm. Wer kann beweisen, ein Ausführer habe die Absicht, die fremde Industrie zu vernichten? Ein solcher Beweis lässt sich niemals erbringen, selbst wenn der Ausführer unter den Selbstkosten verkauft. Es kann meines Erachtens ausschliesslich auf die unmittelbare Wirkung ankommen. Wenn ein fremder Unternehmer aus dem Auslande nach Deutschland Erzeugnisse einführt und diese hier billiger verkauft als in seinem Lande, dadurch den deutschen Unternehmern Wettbewerb macht und ihn so unterbietet, dass der Deutsche seine Erzeugnisse nicht verkaufen kann, so wird dieser über die Tatsache der Preisunterbietung erbittert sein, noch erbitterter aber, wenn er weiss, dass im Ursprungslande selbst die nach Deutschland gebrachte Ware teuerer ist. Es wird ihm zunächst völlig gleichgültig sein, warum der fremde Unternehmer seine Erzeugnisse auf den deutschen Märkten billiger verkauft d. h. es ist ihm gleichgültig, ob jener durch seine Verkäufe einen Verlust erleidet oder nicht, ob seine Preise über oder unter den Selbstkosten sind, ob er die deutschen Waren verdrängen will oder nicht. Da Deutschland das nach England grösste Handelsland der Erde wurde und seine Erzeugnisse auf alle Märkte des Auslandes gelangten, — die deutschen herrlichen Schiffe kamen in die fernsten Häfen Südamerikas und Asiens, ebenso wie nach den Inseln der Südsee — so ist es nicht überraschend, dass die andern grossen Handelsstaaten diesen erfolgreichen, mächtigen Mitbewerber höchst ungern sahen. Endlos waren die Klagen der englischen, französischen und anderen Konsule über das Ein- und Vordringen deutscher Waren; um so unfreundlicher sah man diese Entwicklung, als Deutschland noch vor wenigen Jahrzehnten mehr oder weniger bloss ein geographischer Begriff war und im Welthandel und Weltverkehr keine irgendwie bedeutende Rolle spielte. Man wollte nicht glauben, wenigstens gab man es nicht zu, dass deutsche Arbeit, deutsche Gewissenhaftigkeit, deutsche Erfindungsgabe die Kräfte waren, die das Deutsche Reich instand setzten, mit den Erzeugnissen seiner Industrie auf dem Weltmarkt in Mitbewerb zu treten, sondern man erklärte, unlautere Mittel ermöglichten es den Deutschen ihre Erzeugnisse in das Ausland zu bringen. Wies man darauf hin, dass ja England, Frankreich und vor allem auch die Vereinigten Staaten im Auslande auch billiger verkaufen als im Inlande, so wurde heuchlerisch erklärt, bei ihnen geschähe das nur vorübergehend, wenn infolge der Konjunktur augenblicklich eine Übererzeugung bestände, während Deutschland dauernd und systematisch unterbiete. An heftigsten Vorwürfen fehlte es nicht; besonders während des Krieges wurde in allen Büchern und Zeitschriften, die sich mit den deutschen Wirtschaftsverhältnissen befassten, das „deutsche Dumping" zum Gegenstand von Erörterungen gemacht und der Nachweis zu bringen versucht, die deutsche Ausfuhrpolitik sei zu einem sehr grossen Teile nur unlauterer Wettbewerb gewesen. So schrieb Henry Hauser,[156]) um nur ein Beispiel von dem „wissenschaftlichen" Ton feindlicher Untersuchungen zu geben, über die deutsche Ausfuhr: „Weder Entfernung noch Gebühren schützen die Industrie (des Auslandes) gegen das, was ein italienischer Schriftsteller mit Recht als gesetzliche Konterbande bezeichnete. Da die Syndikatsprämien immer auf das Niveau der Fracht und der Gebühren erhöht werden können, da das Syndikat entschlossen ist, Verluste zu tragen, bis — wie die Strategen sagen — der Wille des Feindes gebrochen ist, des Feindes d. h. unser aller, die dieser neuen von Deutschland in den Wirtschaftskampf eingeführten Methoden Rechnung tragen müssen, so wäre es eine Dummheit, die Kriegsgesetze einem Feinde gegenüber, der aus der Verletzung dieser Gesetze ein System macht, zu beobachten, es wäre eine Dummheit den Regeln der Tauschfreiheit treu zu bleiben gegenüber dieser Verallgemeinerung des Dumping. Unter diesen Bedingungen ist es verrückt anständiges Spiel (fair play) zu treiben mit einem Spieler, der betrügt." Aber auch schon vor dem Kriege konnte und wollte das Ausland nicht begreifen, dass auch das Deutsche Reich im Auslande nicht teuerer als höchstens zu den Weltmarktpreisen verkaufen konnte ohne Rücksicht auf die Inlandspreise. Was alle Länder taten und tun mussten, wenn sie ihre Erzeugnisse ausführen wollten, das wurde den Deutschen übel genommen. Man wusste dabei genau, dass auch für die deutsche Ausfuhr nicht die Inlandspreise massgebend sein konnten, sondern die Weltmarktpreise; ernster zu nehmende Schriftsteller als Henry Hauser und seinesgleichen gaben das auch notgedrungen zu, aber damit hätten sie auch zugegeben, dass Deutschland ebensolche Ausfuhrpolitik treibe, wie jedes andere Land; um dies nicht zugeben zu müssen, suchte man andere Gründe zu finden und so erklärte man, die Deutschen verkauften ohne Gewinn oder sogar mit Verlust zum Zwecke der Eroberung des Weltmarktes, nachdem sie durch ihre Preisunterbietungen die fremden Industrien vernichtet und jeden Wettbewerb beseitigt hätten. Das wurde nun theoretisch genau bewiesen; aber der Nachweis auch nur eines einzigen praktischen Falles gelang nicht und konnte nicht gelingen, wie wir weiter oben dargelegt haben. Verstände man Dumping als den Verkauf in das Ausland unter den Selbstkosten, so würde das ein verhältnismässig so seltener Fall sein, dass er in der Handelspolitik und der Lehre davon ausser Betracht bleiben müsste und auch geblieben wäre; Dumping aber als Verkauf unter den Selbstkosten zum Zwecke der Vernichtung fremden Wettbewerbs und Eroberung der fremden Märkte gibt es nicht; es konnte auch nicht ein einziger Fall nachgewiesen werden. Unter Dumping kann nur die Ausfuhr zu billigeren Preisen als im Inlande verstanden werden und das dürfte die herrschende wissenschaftliche Meinung sein oder werden. Erkennbar und feststellbar ist zunächst tatsächlich bei der Ausfuhr zu niedrigeren Preisen bloss die Preisverschiedenheit; die Frage nach den Gründen, Ursachen und Zwecken dieser Preisverschiedenheit kommt erst in zweiter Reihe. Wydgodzinski[157]) dagegen meint, ein blosses Unter-

---

[156]) Hauser Henry, Les Méthodes a. a. O. S. 129.
[157]) Wydgodzinski a. a. O. S. 246.

bieten der Preise anderer Erzeuger, insbesondere der Erzeuger des Einfuhrlandes möge für diese sehr unangenehm sein, könne auch im Interesse der Volkswirtschaft des Einfuhrlandes durch Schutzzölle oder andere Mittel zu beseitigen versucht werden, aber unter keinen Umständen dem Ausführer ohne weiteres zum Vorwurf gemacht werden; sonst wären ja die amerikanischen oder argentinischen Landwirte, die ihr auf jungfräulichem Boden erzeugtes Getreide nach Europa schickten, die englischen Spinner und Weber, die auf Grundi hrer technischen Überlegenheit billiger auf den Märkten der minder industriell entwickelten Staaten liefern können, Dumper. Wydgodzinski lehnt diese Ausfuhr zu niedrigeren Preisen als Dumping ab und erblickt Dumping in dem Verkauf unter den Selbstkosten.

Wenn die amerikanischen und argentinischen Landwirte ihr Getreide in Europa billiger verkauften als in ihren Ländern selbst, so ist das Dumping, — Preisunterbietung —, und wurde auch von den mitbewerbenden Verkäufern so empfunden, die gar nicht untersuchten, wodurch es jenen möglich war, billiger zu verkaufen. Die Engländer, die deutsches Eisen und deutschen Stahl kauften, wussten, dass dieser billiger sei als in Deutschland und erblickten darin Dumping, wie das ganze englische volkswirtschaftliche Schrifttum beweist; ob die Preise, die die Deutschen in England verlangten, die Selbstkosten deckten oder nicht, war ihnen gleichgültig; die Engländer nahmen nur an, dass den deutschen Unternehmern dieser billigere Verkauf von Vorteil sein müsse, sonst würden sie es wohl nicht getan haben. Den englischen Eisen- und Stahlerzeugern war der deutsche Wettbewerb höchst unangenehm; sie beklagten sich über die deutsche Preisunterbietung, über das deutsche Dumping, ohne sich um die deutschen Herstellungskosten zu bekümmern; denn diese waren und blieben unbekannt. Daran ändert auch nichts, wenn diese englischen Erzeuger oft genug erklärten „die Deutschen wollen unsere Industrie vernichten". Das sind Ausrufe der Unzufriedenheit, die jeder Unternehmer gegenüber einem Mitbewerber hat. Ich bin überzeugt, dass kein deutscher Unternehmer jemals die Absicht hatte, die englische Eisenindustrie zu vernichten; der Gedanke daran wäre auch verrückt gewesen; sondern die deutschen Unternehmer verkauften Eisen und Stahl nach England, um einen Gewinn zu erzielen, sonst würden sie es gewiss nicht getan haben; und selbst wenn sie in Zeiten deutschen wirtschaftlichen Niederganges mit Verlust verkauften, was erst im einzelnen Falle zu beweisen wäre, so müssen sie doch auch davon irgend einen Vorteil gehabt haben und sei es auch bloss, um durch den Verlustverkauf sofort wieder Betriebskapital zu erhalten.

Das Ergebnis ist also, dass wir unter Dumping die Ausfuhr zu niedrigeren Preisen als im Inlande verstehen müssen. Auch ein vorübergehender Verkauf ohne Gewinn oder sogar mit Verlust ist dem Wesen nach nichts anderes als ein Verkauf zu niedrigeren als den Inlandspreisen, ist also selbstverständlich auch eine Preisunterbietung, auch Dumping, ebenso ein gelegentlicher Verkauf unter den Selbstkosten, um einen einzelnen Gegner zu beseitigen oder der Verkauf unter den Selbstkosten, um die Mitbewerber zu veranlassen, einem Kartell beizutreten oder sonstige Vereinbarungen zu treffen; aber in allen diesen Fällen ist auch bloss das ohne weiteres erkennbare Merkmal die Preisverschiedenheit der im Inlande und im Auslande verkauften Ware.

Das Ergebnis der vorstehenden Untersuchungen lässt sich in folgenden Leitsätzen zusammenfassen:

1. Dumping ist der Verkauf nach dem Auslande zu niedrigeren Preisen als im Inlande.
2. Dumping findet hauptsächlich Anwendung bei der Ausfuhr von Roh- und Halbstoffen, aber auch von allen anderen Erzeugnissen der Industrie und der Landwirtschaft.
3. Für die Anwendung des Dumping ist es grundsätzlich gleichgültig, ob der inländische Markt oder der ausländische Markt durch Zölle geschützt ist oder nicht. Ist das Ausfuhrland durch Zölle geschützt, so ist die Anwendung des Dumping gegen dieses Land erleichtert; ist das Einfuhrland durch Zölle geschützt, so ist die Anwendung des Dumping gegen dieses Land erschwert.
4. Ebenso ist es grundsätzlich belanglos, ob die ausführenden Unternehmungen, die Dumping anwenden, in Kartellen oder durch andere Vereinbarungen zusammengeschlossen sind oder nicht.
5. Für den Begriff des Dumping kommt es weder auf die Ursachen noch auf die Zwecke der Preisunterbietung an; insbesondere ist es gleichgültig, ob die Ausfuhrpreise höher, gleich oder niedriger als die Selbstkosten (Gestehungskosten) sind. Der Zweck des Dumping ist regelmässig, durch die Ausfuhr zu niedrigeren Preisen den inländischen Markt von einer Übererzeugung zu entlasten. Die Begriffsbestimmung des Dumping als eines Mittels zur Vernichtung fremden Wettbewerbs ist abzulehnen; es konnte kein Fall eines solchen Zweckes nachgewiesen werden; wohl aber ist die Anwendung von Dumping zum Zwecke der Bildung internationaler Vereinbarungen (internationaler Kartelle, Trusts usw.) denkbar.
6. Die Anwendung des Dumping bringt sowohl für das Ausfuhrland wie für das Einfuhrland Vorteile und Nachteile; welche davon überwiegen, lässt sich nicht allgemein, sondern nur im einzelnen Falle feststellen, doch scheinen die Nachteile für das Einfuhrland grösser zu sein als die Vorteile, weshalb diese Länder die Wirkungen des Dumping besonders durch Erhebung von Zuschlagszöllen zu bekämpfen suchen.
7. Internationale Regelung des Dumping wäre zweckmässig, stösst aber auf fast unüberwindliche Hindernisse.

XII. Schluss.

Wir haben also gesehen, dass das Dumping eine Massnahme der Handelspolitik ist, das angewendet wird, um einheimische Erzeugnisse, die im Inlande keinen Absatz finden können, in alle Teile der Welt in Wettbewerb mit den gleichen Erzeugnissen anderer Länder zu bringen und sie infolge des Wettbewerbs zu niedrigeren Preisen als daheim zu verkaufen und so den Unternehmern den grösstmöglichen Gewinn zu verschaffen. Dieser Wettbewerb mit gegenseitigen Preisunterbietungen ist so alt wie der Handel selbst. Zu allen Zeiten versuchte ein Verkäufer den andern zu unterbieten, wenn die angebotenen Waren in grosser Menge vorhanden waren, so dass der

Verkäufer nur dann mit Sicherheit auf den Verkauf rechnen konnte, wenn er billiger als der andere seine Waren abgab. Freilich spielten diese Unterbietungen in vergangenen Jahrhunderten eine geringe Rolle und selbst heute noch in solchen Ländern, die noch nicht oder nur in bescheidenem Umfange dem Weltverkehr und dem Welthandel erschlossen sind. Wenn im Mittelalter die Kaufleute aus Venedig, Florenz, Genua oder aus Flandern Stoffe etwa nach Deutschland brachten, so hatten sie keine Veranlassung niedrigere Preise in Deutschland zu verlangen, selbst wenn in jenen Städten Überfluss an Tuchen aller Art vorhanden war; die grosse Entfernung, die gefahrvolle Reise und viele andere Umstände verhinderten die leichte Versendung der Waren und nur die Aussicht auf grosse Gewinne verlockten die Kaufleute mit ihren Waren die Reise anzutreten. Andererseits war die Nachfrage nach den Waren fremder Länder so gross, dass nur in den bedeutenderen Handelsstädten ein Wettbewerbt sattfand. Erst im Zeitalter des Merkantilismus suchten die Staatsregierungen selbst die Ausfuhr einheimischer Erzeugnisse in jeder Weise, insbesondere durch Gewährung von Ausfuhrvergütungen, zu fördern; die Preisunterbietungen auf den ausländischen Märkten waren aber von geringer Bedeutung. Das wurde anders, als in der zweiten Hälfte des vergangenen Jahrhunderts immer mehr Länder Industrien aller Art schufen, Argrarländer überwiegende Industrieländer wurden und immer mehr Staaten in die Weltwirtschaft eintraten. Freilich hatte England, das früheste und grösste Industrieland der Erde den frommen Wunsch, alle anderen Völker der Erde sollten weiter Landwirtschaft treiben, das Handwerk pflegen, bescheidenen Handel treiben, die Versorgung mit Industrieerzeugnissen aber England überlassen. Doch die Entwicklung ging anders; die Völker suchten ihre Bedürfnisse an Waren aller Art nach Möglichkeit selbst durch eigene Arbeit zu befriedigen. Frankreich, die Vereinigten Staaten von Amerika und Deutschland vor allem gründeten eigene Industrien und vermehrten und vergrösserten sie von Jahr zu Jahr.

Deutschlands Volkswirtschaft nahm seit 1871 einen ungeahnten Aufschwung, seine Bevölkerung vermehrte sich ausserordentlich rasch und stark, stärker als dass der deutsche Boden sie alle hätte ernähren können; deshalb mussten in immer steigenderem Masse Industrieerzeugnisse in alle Länder der Welt ausgeführt werden, um Lebensmittel und andere Waren, namentlich Rohstoffe, deren wir bedurften, dagegen einzutauschen. Da mit der Entwicklung des Deutschen Reiches und seines ganzen Wirtschaftslebens sein Wohlstand entsprechend zunahm, so stieg auch die Nachfrage nach einheimischen und fremden Erzeugnissen fortwährend. Nicht mit Unrecht sprach man von einer treibhausähnlichen Entwicklung Deutschlands; es kann nicht überraschen, das vielfach jeder Blick für die tatsächlichen Bedürfnisse fehlte und so kam schon 1873 der erste grosse Rückschlag, von dem sich das Deutsche Reich jedoch verhältnismässig rasch erholte. Die Auswanderung, die nach dem deutsch-französischen Krieg sehr gross war, ging allmählich auf ein Mindestmass zurück; da aber die Bevölkerung fortwährend wenigstens bis 1910 sich stark vermehrte, so mussten immer mehr Arbeiter beschäftigt werden und sie fanden Beschäftigung in den neugegründeten und in den vergrösserten alten Unternehmungen; dazu kam der Zustrom aus der Landwirtschaft; die Landflucht der bäuerlichen Arbeiter hörte nicht auf und das Arbeiterheer wurde dadurch beständig vermehrt, nicht zum Vorteil der Landwirtschaft und des ganzen Volkes. Immer grösser wurde die Ausfuhr von Waren aller Art; da aber auch die anderen Kulturländer ihre Ausfuhren von Jahr zu Jahr vergrösserten, so entstand ein immer zunehmender Wettbewerb auf dem Weltmarkt. Dass die älteren Industrieländer, allen voran England, das wirtschaftliche und zugleich politische Emporkommen Deutschlands mehr als ungern sahen, war begreiflich, konnte aber nichts daran ändern, dass auch das Deutsche Reich seinen Platz an der Sonne suchte und sich nicht verdrängen lassen wollte. Immer häufiger wurde von dem Auslande Deutschland der Vorwurf des unlauteren Wettbewerbs gemacht und wir haben gesehen, dass das Dumping vielfach als ein ausschliesslich deutsches Kampfmittel im internationalen Wettbewerb erklärt wurde zum Zwecke der Vernichtung fremder Industrien und zur Verhinderung der Entstehung und Entwicklung neuer ausländischer Unternehmungen. Diese Vorwürfe waren wider besseres Wissen gemacht, verfehlten aber nicht ihre Wirkung auf die urteilsunfähigen Massen; es wurde verschwiegen, dass alle diese Länder im gleichen Masse Dumping anwendeten, die Vereinigten Staaten ebenso wie Grossbritannien und Frankreich. Wies man darauf hin, dass diese Staaten selbst die Ausfuhr mit Hilfe von Ausfuhrprämien aller Art und auf jede sonst mögliche Weise genau so wie Deutschland förderten, so hiess es, ihr Dumping sei bloss die vorübergehende Ausfuhr von augenblicklich entstandenen Überschüssen, während Deutschland systematisch und dauernd Dumping übe. Man sprach gern von deutscher „Schmutzkonkurrenz“. Wir wissen zur Genüge, dass jede unsern Mitbewerbern unerwünschte deutsche Handlung als ein rücksichtsloses Vorgehen betrachtet wurde und wird, mag das Ausland sich der gleichen Handlungen in weit grösserem Umfange schuldig machen. Professor Smart[158]) an der Universität in Glasgow führte Waren an, die England jahrelang zum halben Inlandspreis nach Indien ausführte, um die Indier daran zu gewöhnen und dann die Preise später zu erhöhen, „wenn man billigen Auslandsverkauf Dumping nenne, so seien wir, die freihändlerischen Engländer die Meisterdumper der Erde (champion dumpers of the world)“. Ebenso sagt Hookham,[159]) wenn man unter Dumping den billigeren Verkauf auf fremden Märkten als auf den einheimischen bezeichne, so sei das Schlimme, dass England dies allgemein tue und der Hauptdumper der Welt sei. Im mindesten gleichen Umfange führten die Vereinigten Staaten ihre Erzeugnisse zu niedrigeren Preisen als den im Inlande üblichen aus und konnten es infolge der Schutzzölle und des Bestehens der mächtigen Trusts um so leichter tun. Ebenso handelte Frankreich, insbesondere mit Hilfe der Ausfuhrvergütungen aller Art. Aber auch alle kleineren Handelsländer wie Belgien, die Schweiz, Dänemark, Schweden usw. usw. verfolgten diese Handelspolitik und mussten sie verfolgen, wenn sie ihre Erzeugnisse auf dem Weltmarkt verkaufen wollten.

Nun soll damit nicht gesagt sein, dass überhaupt immer auf dem Weltmarkte billiger als im Inlande verkauft wird oder werden muss; zunächst ist jeder Ausführer bestrebt, im Auslande zum mindesten zu demselben Preise zu verkaufen wie im Inlande, wenn möglich sogar zu höheren Preisen, was auch häufig in allen Ländern der Fall war. Aber regelmässig ist den Unternehmern möglich, im Inlande höhere Preise zu erlangen, namentlich wenn das Land durch Zölle geschützt ist und wenn die Unternehmer in Kartellen oder durch sonstige Vereinbarungen zusammengeschlossen sind. Es bedarf keines Beweises, dass bei Monopolwaren von Dumping keine Rede sein kann; es besteht für solche Waren keine Veranlassung für den Unternehmer im Auslande billiger zu verkaufen als im Inlande, im Gegenteil, er kann höhere Preise verlangen und sich sogar die Frachtkosten vom Käufer ersetzen lassen, eben weil kein Mitbewerb besteht. Nun

---

[158]) Smart, The return to protection, London 1904 S. 145 zit. bei Morgenroth a. a. O. S. 39.

[159]) In „Recht und Wirtschaft“ 1915 S. 246.

wurden allerdings in Deutschland Klagen laut, das deutsche Kalisyndikat habe Kali in das Ausland billiger verkauft als im Inlande. Da Kali bis in die neueste Zeit ein deutsches Monopol war, so konnte das Syndikat die Inlandspreise so hoch gestalten, als es die Nachfrage erlaubte. Aber auch für die Ausfuhrpreise galt der Satz von Angebot und Nachfrage; das Syndikat hatte bloss zu berechnen, was ihm einen grösseren Gewinn einbringen konnte: hohe Preise und infolgedessen geringere Nachfrage oder niedrigere Preise und grosse Nachfrage. Die Inlandspreise kamen für die Ausfuhr hierbei nicht in Betracht, und es gab im Auslande auch keine Klagen gegen dieses Dumping, weil keine Preisunterbietung wegen fehlenden Mitbewerbs vorliegen konnte. In Zukunft wäre aber Dumping auch bei Kali denkbar, da grosse Kalilager in Amerika und anderen Ländern gefunden worden sein sollen und weil höchst wichtige und ergiebige deutsche Kalilager in Lothringen durch den Raub Elsass-Lothringens an Frankreich gelangten.

So notwendig es für uns wäre, unsern Auslandshandel in einem grossen Umfange wiederzugewinnen, um unserem Volke bloss die notwendigen Nahrungsmittel und Rohstoffe zu verschaffen, so ist auf lange Zeit an die Erfüllung dieser Forderung nicht zu denken. Im Laufe der nächsten Jahre und Jahrzehnte werden Millionen an den Folgen der Unterernährung, wie Tuberkulose und andere Krankheiten zugrunde gehen; das heranwachsende Geschlecht wird weniger widerstandsfähig sein, Millionen werden auswandern. Jeder, der die Geschichte der Revolutionen kennt, weiss, dass diese nicht das erträumte Paradies auf Erden bringen, sondern zunächst Hunger, Elend und Not. Gerade der deutsche Arbeiter war im allgemeinen fleissig. Das Auskommen der meisten war mehr als hinreichend, um ein menschenwürdiges Dasein zu führen; gute Gesetze sorgten für den kranken und arbeitsunfähigen Arbeiter; freilich war damit nicht alles erreicht, noch fehlte die Arbeitslosenversicherung und eine gesetzliche Regelung des Mindestlohnes für die Heimarbeiter und Heimarbeiterinnen und jene Arbeiter, die nicht imstande waren trotz Arbeit einen genügenden Lohn zu erlangen, aber auch diese Ziele wären noch zu erreichen gewesen. Kurz, die weitaus meisten Arbeiter nahmen schon an den Gütern der Zivilisation teil, dagegen fehlte es bedenklich an wahrer Kultur. Die Erziehung beschränkte sich auf die Lehrgegenstände der Schule, dagegen wurde die sittliche, moralische und wahrhaft christliche Erziehung vernachlässigt. Über vier Jahrzehnte versprachen sog. Führer des Volkes den Arbeitern glückliche und herrliche Zeiten, sobald das Volk selbst einmal die Regierung in der Hand habe; von Jahr zu Jahr wuchs die Zahl der Unzufriedenen, wozu allerdings das Beispiel innerhalb kurzer Zeit reich Gewordener nicht wenig beitrug, die von ihrem Reichtum selten einen guten Gebrauch zu machen wussten. Den Arbeitgebern fehlte leider häufig jedes Verständnis für die Arbeiter und selbst von jenen, die sich in Arbeiterwohlfahrt betätigten und dies reklamehaft kundgaben, taten wenige es aus wahrer Nächstenliebe. Deutschland war zu rasch wohlhabend und reich geworden. Schon vor dem Kriege schrieb ich einmal[160]) „Unendlich weit sind wir heute noch entfernt von dem erstrebten Ziele; Jahrtausende sind vergangen, Völker und Geschlechter entstanden und stiegen empor und sanken wieder, um anderen Platz zu machen, bis auch diese den Höhepunkt ihrer Kultur überschritten und ebenso vergingen wie andere und so wird es auch in Zukunft sein. Nur die Kulturfortschritte, die Ideen eines Volkes konnten nicht ganz verloren gehen, selbst wenn sie Jahrhunderte oder länger schlummern; einmal in irgendeinem Volke entstehen sie wieder zu neuem Leben, wirken befruchtend

---

[160]) Pesl D., Der Mindestlohn, München und Leipzig 1914 S. 385.

und so erscheint uns das Ziel der gesamten Menschheit die möglichste Vollendung Aller. Sind wir in der modernen Zeit diesem Ziele viel näher gekommen? Hass, Neid und Unzufriedenheit sind heute stärker denn je; das Streben sehr vieler geht dahin, möglichst mühelos zur Wohlhabenheit, zum Geniessen zu kommen. Der Reichtum hat durch die moderne Volks- und Weltwirtschaft in den grossen Kultur- und Industriestaaten ungeheuer zugenommen. Da viele grosse Vermögen fast mühelos erworben wurden oder innerhalb sehr kurzer Zeit, so führte der Reichtum zum ungesunden Geniessen, zur Verweichlichung, zur Verschwendung. Der Durst nach Genüssen aller Art beherrscht immer weitere Kreise, infolge der Übersättigung werden immer raffiniertere Genüsse begehrt; die Arbeit, auch die leichteste, erscheint als eine Last und wird verhasst. Trägheit, Selbstsucht, Ekel vor den reinen Genüssen sind die Folgen".

Bei Ausbruch des Krieges kamen noch einmal die guten Eigenschaften des deutschen Volkes zum Durchbruch, aber schon bald waren Kräfte am Werk, den deutschen Geist und den deutschen Willen zu brechen; land- und rassenfremde Elemente vor allem suchten unermüdlich diesen Geist und Willen zu zermürben und sie hatten bei der langen Dauer des Krieges um so leichteres Spiel als Unternehmer und Kaufleute die Not des Vaterlandes benützten, um für sich Kapital daraus zu schlagen. Insbesondere waren es Kartelle, die sich übermässig bereicherten. Mit Recht betont Liefmann,[161]) dass die Gefahren noch gewachsen seien; diese Gefahren bestünden darin, dass unter den Verhältnissen der Kriegswirtschaft in sehr viel grösserem Umfange noch als früher die Möglichkeit vorhanden sei durch monopolistische Organisationen die Nachfrage auszubeuten oder das geringere Angebot, das Missverhältnis zwischen Angebot und Nachfrage, das eben unter den Verhältnissen des Krieges bestehe, auszunützen. Und die vielleicht noch grössere Gefahr nach dem Kriege würde darin bestehen, dass die Kartelle versuchen würden, die hohen Preise der Kriegswirtschaft aufrechtzuerhalten; übrigens hätten sich längst nicht alle Kartelle, an denen unsere Feinde beteiligt seien, aufgelöst, eines der am festesten organisierten internationalen Kartelle, das der Spiegelglasindustrie, sei bestehen geblieben. — Was hier Liefmann für die Zeit nach dem Kriege vorausahnte, ist durch die tatsächlichen Ereignisse bei weitem übertroffen. Hatten die Kartelle, Aktiengesellschaften und andere Gesellschaften und vor allem Einzelunternehmer und Kaufleute während des Krieges von Jahr zu Jahr steigende, oft fabelhafte Gewinne, so wurden diese für sehr, sehr viele Unternehmungen seit der Beendigung des Krieges noch grösser. Hundert und mehr Prozente Dividenden waren und sind keine Seltenheiten, und die meisten Gesellschaften suchten auf jede mögliche Weise die Gewinne zu verschleiern durch übermässige Abschreibungen und Rücklagen, Gewährung von sog. Bonus, und sogar falsche Bucheinträge kamen vor. Vielleicht noch schlimmer lagen und liegen die Dinge bei den Einzelunternehmungen, deren Gewinne nicht an die Öffentlichkeit dringen und besonders schlimm bei Kaufleuten. Ich brauche wirklich nicht auf den Wucher- und Schleichhandel hinzuweisen; diese wüten wie eine Seuche, gegen deren Bekämpfung die massgebenden Stellen leider sehr wenig kraftvoll einschreiten. Die ungeheuren Gewinne würden eine Ermässigung der Warenpreise in sehr erheblichem Umfange zulassen, aber der Egoismus und die Gewinnsucht kennen keine Grenzen. Die Lohnsteigerungen rechtfertigen keineswegs die hohen Preise. Millionen und Abermillionen wurden als Gewinne eingestrichen und während das arbeitende und das vor dem Feinde stehende Volk Entbehrungen aller Art

[161]) Liefmann, R., Die Kartelle in und nach dem Kriege, Berlin 1918 S. 4.

ertragen musste und zum grossen Teil willig ertrug, wussten die neuen Reichen nicht, wie sie ihren so rasch und leicht gewonnenen Reichtum verschwenden sollten; sie lebten besser als je und liessen sich nichts abgehen; für Geld konnten sie sich alles verschaffen. — Die Regierung sah dem zu. Und als dann der Umsturz kam, der von keiner einzigen sittlichen Idee getragen war, wurde kein Widerstand geleistet; die Zermürbung hatte schon zu weite Kreise ergriffen. Und Protzentum, Genusssucht, Ausschweifungen aller Art, Verschwendungen wuchsen riesengross und es ist ein hässliches, höchst unerfreuliches Bild auch vom grossen Teil des Arbeitervolkes, besonders der heranwachsenden Generationen ihr Vergnügen im Kino, im Tanz, in Festen aller Art, im Kauf von gaumenkitzelnden Waren (Zigaretten, Schokolade, Wein usw.), in Ausschweifungen aller Art, besonders auch auf geschlechtlichem Gebiete, suchen zu sehen. Damit soll nicht in Abrede gestellt werden, dass ein immerhin grosser Teil der Arbeiterschaft, besonders der auf christlicher Anschauung stehenden, dieses Treiben missbilligt und sich davon abwendet. Aber noch ist die Zeit nicht gekommen, dass die grosse Masse des Volkes zur Ernüchterung gelangte; noch immer wird geschürt und gehetzt und noch ist der Ausgang ungewiss. Wenn nicht bald die besonnenen Elemente das Übergewicht erlangen. der Einzelne sich besinnt, dass er ein Deutscher ist und das Wohl des Vaterlandes das wichtigste und heiligste ist, um vorwärts zu kommen, dann sinken wir immer weiter hinab, bis der Zusammenbruch vollständig ist. Es hat den Anschein, dass wir diesen Weg gehen müssen. Aber noch sieht erst ein kleiner Teil der deutschen Arbeiterschaft ein, dass sie nicht mehr für die eigenen Volksgenossen arbeiten, sondern für unsere Feinde; sehr oft kann man Arbeiter sagen hören, es sei gleichgültig, für wen sie arbeiten, ob für die deutschen oder fremden „Kapitalisten". In nicht zu ferner Zukunft wird es auch diesen Arbeitern vielleicht zur Erkenntnis kommen, dass es ein grosser Unterschied ist, ob die Früchte der Arbeit im eigenen Lande bleiben und dazu dienen, neue Unternehmungen zu schaffen, einheimische Arbeitskräfte zu beschäftigen und zu einem wohlhabenden oder mindestens zu einem auskömmlichen Leben zu gelangen oder ob die Gewinne deutscher Arbeit in das Ausland fliessen. Noch haben Millionen nicht gemerkt, wie arm wir in Wahrheit bereits geworden sind. Aber kommen wird der Tag, an dem sie das Unheil und Unglück erkennen, in welches jene das deutsche Volk gestürzt haben, die das deutsche Schwert zerbrachen und den Vertrag von Versailles unterzeichneten. Nur Arbeit, Pflichtgefühl, Gewissenhaftigkeit und vor allem nationales Denken, nicht aber die Verwirklichung der Pläne und Absichten der Sozialdemokraten, Kommunisten und anderen sozialistischen Parteien können uns retten.

So erdrückend und schmachvoll der Vertrag von Versailles ist, so grausam und sadistisch die Franzosen mit Billigung des perfiden Englands Deutschland tagtäglich vergewaltigen, so würde doch dagegen mit Erfolg anzukämpfen sein, wenn das deutsche Volk deutsch und einig wäre und seine Befriedigung in strengstem Pflichtgefühl und in der Arbeit fände. Ich schliesse mit den Worten W. H. Riehls[162]) „darum sollen wir Deutsche das letzte Ziel unserer Arbeitsschule grossen Stiles nicht dahin gesteckt sehen, dass wir das reichste Volk werden, sondern dahin, dass wir am grössten von der Arbeit denken und durch alle Volksschichten in freiester Sittlichkeit arbeitsgewaltig ringen nach diesem Ideal".

[162]) Riehl, W. H., Die deutsche Arbeit, 2. Aufl., Stuttgart 1862 S. 330.

FSC
www.fsc.org
MIX
Papier | Fördert gute Waldnutzung
FSC® C083411

Kolibri 360 GmbH
Ferdinand-Jühlke-Straße 7
99095 Erfurt, Deutschland
produktsicherheit@kolibri360.de